Klaus Vack

Politisch-biographische Skizzen und Beiträge

anlässlich des
70. Geburtstags von Klaus Vack

Das andere Deutschland nach 1945 – als Pazifist, Sozialist und radikaler Demokrat in der Bundesrepublik Deutschland – Klaus Vack

Politisch-biographische Skizzen und Beiträge

herausgegeben von:
Wolf-Dieter Narr, Roland Roth
Martin Singe, Elke Steven und Dirk Vogelskamp

Komitee für Grundrechte und Demokratie

Impressum

Herausgeber und Bestelladresse:
Komitee für Grundrechte und Demokratie
Aquinostr. 7 - 11
50670 Köln

1. Auflage: Mai 2005, 1.400 Exemplare

Preis: 10,- Euro

Buchhandel: 40% Rabatt zzgl. Versandkosten

Redaktion: Wolf-Dieter Narr, Roland Roth,
Martin Singe, Elke Steven, Dirk Vogelskamp

Fotos: Titel: Willi Baumeister: Zwei Weltalter II, 1947, In: deutschlandbilder, Hrsg. Eckart Gillen, Köln 1997; S. 5: Regina Amann-König: Anti-Irak-Kriegs-Demonstration in Berlin im März 2003; S. 11: Dorothea Hartung: Gerichtsverfahren wegen des „Desertionsaufrufs" während des Nato-Krieges gegen Jugoslawien, 2000

Presserechtlich verantwortlich: Wolf-Dieter Narr, Berlin

Druck und Herstellung: hbo-Druck, Einhausen

ISBN: 3-88906-116-8

NEIN zum Krieg
SCHWERTER

Inhaltsverzeichnis

Vorwort

Klaus Vack ist ein politischer Mensch aus Beruf. Was immer er anpackt, ballt sich politisch. Politisch im originären Sinne. Diese Politik hat dauernd mit Menschen zu tun. Sie und ihre Befindlichkeiten bilden den Anfang und das Ende. Diese Politik geschieht als Handeln mit anderen. Mit ihnen werden soziale Verhältnisse angestrebt und praktiziert, die die gleiche Freiheit und die freie Gleichheit aller erlauben. Ekstasen des aufrechten Gangs. Darum ist Klaus Vack zum sozialen Anarchisten geworden, der alle Verhältnisse herrschaftlicher Ungleichheit und Ungleichheit erhaltender Herrschaft bekämpft. Solcher Kampf verwirklicht in den eigenen Mitteln schon die konkrete Utopie, von deren Möglichkeit er lebt und die er praktisch anstrebt. Alle Mittel, die benutzt oder auch nur erwogen werden, halten sich an die erste aller menschenrechtlichen Normen: die Unversehrtheit des Menschen in seinem sozialen Sein. Gewalt als Mittel scheidet in jeder ihrer Formen aus. Das hat entsprechende ökologische Wirkungen.

Wer so politisch berufen ist und politisches Engagement zum Beruf machen kann, der ist ein Außenseiter. Seine biographischen Motive stecken und recken sich im Erleben des 2. Weltkriegs, dem Wissen um die unsägliche Unpolitik des nationalsozialistischen Deutschlands und den Lichtflecken sozialistischer Tradition im heimatlichen Offenbach. Er reibt sich an herrschender Politik und ihren unnötigen Opfern täglich wund. Er leidet. Aber er leidet aktiv. Er tut, was er kann. Tagaus und tagein. Darum hat Klaus Vack einen anderen beruflichen Weg ausgeschlagen. Ein solcher, verlockend, war ihm früh angeboten worden. Angesichts seines ungewöhnlichen organisatorischen Talents und seiner buchhalterischen Genauigkeit, die seinen erlernten Beruf bei weitem politisch moralisch überstieg, hingen große politisch-organisatorische Traubenangebote immer wieder vor seiner Hand, seinem Mund.

Solche Politik in der ersten Person, Einzahl und Mehrzahl, war zum einen nur möglich, weil Klaus Vacks Politik sich in der eigenen Familie fortsetzte, an erster Stelle seiner Lebensgefährtin, der politisch und sachlich kompetenten Mitstreiterin Hanne Vack, geb. Wagner. Hier, im Familienkreis, ist Klaus Vack in seinem politischen Sinne heute mit seinen beiden Enkelsöhnen aktiv: Joscha und Leon. So sehr Klaus Vack der treibende politische Verstand und das sympathetische, das mitleidende, gerade darum zum Handeln pochende Herz war und ist, so wenig kann seine politische Lebensarbeit von Jugendtagen an ohne Hanne Vacks eigenständigen politischen Mit-Verstand und politisches Mit-Herz begriffen werden. Hanne und Klaus Vack führ(t)en nicht nur ein ungewöhnlich partnerschaftliches Leben, das den anderen, das die andere ins eigene Leben ganz hineinnahm und zugleich als eigenständige Person akzeptierte. Klaus Vack wäre ohne die vielgeschickte und immer präsente Hanne Vack in seiner ungewöhnlichen politisch-persönlichen Sensibilität trotz allem Urteilsboden geradezu bodenlos gewesen. Darum ist ein Buch, das an erster Stelle Klaus Vack ehrt, das seine „Botschaften", seine Erfahrungen lernattraktiv auch an Jüngere weitervermitteln lassen soll, immer auch ein Buch, das Hanne Vack ideell mitgeschrieben und mitgetragen hat. Ihre spezifischen Erfahrungen, so weit sie nicht in denen Klaus Vacks aufgehoben sind, können wir in diesem knappen Band nicht irgend zureichend wiedergeben. Dennoch bleiben die biographisch-politischen Notizen, die den ersten Teil des Buches bilden, ebenso wie die Aufsätze und Reden, die den zweiten Teil ausmachen, ein Ausdruck beider. Beiden sind sie darum in gleicher Weise gewidmet: zum 70. Geburtstag, Klaus Vack; zum nur zwei Tage im Mai verschobenen 65. Geburtstag, Hanne Vack. Sie äußern sich in diesem knappen Buch persönlich und politisch gemeinsam. Wie eine Plastik: zwei selbstständige Personen in einer Figur.

Politisches Handeln, das nicht nur herrschenden Inhalten, das vielmehr und ausschlaggebend allen herrschenden Mitteln abhold ist, bedarf einer besonderen Eigenschaft. Und das macht den ungewöhnlichen Politiker aus Beruf, Klaus Vack, aus. Solche Politik, die Menschen als gesellige Wesen rundum fasst, lokalnah und weltweit, erfordert soziale Phantasie, die Vorstellungskraft organisatorisch angemessener Formen,

um Kritik zu üben und für herrschafts- und gewaltfreie Politik zu werben, die die anders Denkenden und anders Lebenden akzeptiert. Die Kraft, Mittel und organisatorische Wege vorzustellen, zu erfinden und das Erfundene zu verwirklichen, das machte diesen Politiker aus Beruf groß. Die politischen Projekte, die er zu seinem Beruf machte, wurden deshalb so erfolgreich, wie dies oppositioneller Politik kontextgemäß möglich ist.

Die von uns zusammengestellte Biographie und die von uns ausgewählten Äußerungen lohnen unseres Erachtens nicht nur der Erinnerung halber. Sie lassen, wenn auch nur verbal, gereifte Erfahrungen pflücken und in anderen Situationen für die eigene politische Urteilsfähigkeit lernen. Klaus Vacks ungewöhnliches politisches Talent bestand im Denken, im Vorstellen, im Erfinden für die politische Praxis. Diese wirkt ihrerseits auf die zuvor genannten Fähigkeiten zurück. Erst dadurch gewinnt eines seiner Lieblingsleitworte, in diesem Fall von Kästner, in seiner Einfachheit Gewicht und Glanz: Es gibt nichts Gutes, es sei denn man tut es.

Klaus Vack, ein politischer Mensch hier und heute, kann sein politisch organisatorisches Talent, alters- und krankheitsbedingt nur noch eingeschränkt einbringen. Wir, seine Freunde und Weggefährten neben vielen anderen, wissen, dass wir dem politischen Handeln von Klaus Vack nur sehr unzulänglich gerecht werden können, wenn wir einige schriftlich vorliegende Artikulationen von ihm herausgeben. Es liegen im übrigen sehr viel mehr vor, als wir in einer knappen Auswahl präsentieren können. Als wir allerdings daran gingen, alte Zeitschriften wie die „links“ des Sozialistischen Büros oder Jahrbücher des Komitees für Grundrechte und Demokratie oder Verteidigungsreden vor Gericht gewaltfreier Aktionen halber durchzuschauen, schwanden unsere eigenen, Klaus Vack geschuldeten Vorbehalte. Gewiss: politisch organisatorische Erfindungskraft findet in der Praxis ihren besten Ausdruck. Er hat mit seiner prägenden hauptamtlichen Arbeit für den Ostermarsch, das Sozialistische Büro und das Komitee für Grundrechte und Demokratie die Protestgeschichte der Nachkriegszeit mitgeschrieben. Richtige politische Formen der Artikulation und Organisation von Protest zu erfinden, kann nicht allgemein geschehen. Dann würden sie unvermeidlich abstrakt. Wie problematisch das ist, zeigen die besten Verfassungsnormen. Sie leiern meist rasch aus. Sie wirken nur noch symbolisch. Sie gaukeln vor. Oder sie werden zur multiplen bürokratischen Sklerose. Dieses ungewöhnliche praktische Talent, das mehrere Organisationen in der Geschichte der BRD atmen machte, können wir auch durch Klaus Vacks eigene Aufsätze nicht ersetzen. Wir setzen jedoch darauf, dass auch die Aufsätze politische Phantasie anregen und Erfahrungen vermitteln.

Eine letzte Vorbemerkung ist erforderlich. Der Band mit vielerlei Knoten quer durch die Geschichte und Gegenwart der Bundesrepublik ist zweigeteilt. Eher politisch-biographischen Skizzen folgen Aufsätze und Reden seit den 70er Jahren. Diese Zweiteilung resultiert aus einem doppelten Umstand. Zum einen liegen von Klaus Vack aus den 50er und 60er Jahren des 20. Jahrhunderts wenige längere Beiträge aus eigener Hand vor. Der politische Sekretär, schon früh geprägt, entwickelte sich und griff politisch aus. Zum anderen hat Klaus Vack früh geplant, mit Freundeshilfe seine eigene politische Biographie zu schreiben. Nicht um des Biographischen im engeren Sinne willen, wohl aber um die Bundesrepublik Deutschland im Spiegel seiner Arbeit und seines basisdemokratischen Organisierens wider die herrschenden Umstände und ihre Vertreter so einzufangen, dass die politische Richtung, auf die es ankommt, von Jüngeren nachvollzogen und eigenständig weitergegangen werden kann. Dieses Buch soll(te) politik- und freundschaftspassend als Ko-Produktion von ihm selbst und seinem engen Mitarbeiter über 30 Jahre, Wolf-Dieter Narr, komponiert und vor der Publikation anderen engen Freundinnen und Freunden zum kritisch ergänzenden Lesen gegeben werden. Dazu ist es bisher nicht gekommen. Krankheit minderte die Kraft, es in den letzten Jahren zu schaffen. Erste Kapitel sind aber im Entwurf skizziert worden. Wolf-Dieter Narr spielte nach langen Diskussionen, in denen Klaus Vack vor allem erzählte, ohne angesichts der Fülle der Einzelheiten den roten politischen Faden zu verlieren, die Rolle des „Schreibschenks" (nach der bekannten Rolle des „Mundschenks" gebildet). Nicht mehr. Wir wollen diese von Klaus Vack noch nicht abschließend korrigierten Entwürfe auch deswegen in diesen Band aufnehmen, weil sie Klaus Vack dazu anregen mögen, dieses Buch in den nächsten Jahren zu Ende zu schreiben. Ein dringender Wunsch, nicht ein drängender Auftrag der Freundinnen und Freunde und, wenn sie es schon wüssten, der politischen Enkelinnen und Enkel.

Berlin, im März 2005

Wolf-Dieter Narr, Roland Roth,

Martin Singe, Elke Steven, Dirk Vogelskamp

I. Politisch-biographische Skizzen

A. Die formierenden Jahre 1935-1958: Kindheit im nationalsozialistisch geführten Krieg, Offenbach, Kaltenwestheim, Schule und erster Beruf (geschrieben 2002)

1. Grundlegungen

Menschen werden als Möglichkeitswesen geboren. Grenzen, über geschöpfliche Merkmale menschlicher Existenz in Geburt und Tod hinaus, sind in den Möglichkeiten jedes Menschen mitgegeben. Sie sind nie genau zu bestimmen. Das, was sich von den angeborenen Möglichkeiten aktualisiert, ob sie, welche von ihnen und wie sie entwickelt werden, hängt vom sozialen Raum und von der sozialen Zeit ab, in die hinein wir geboren werden, in denen wir und durch die wir erwachsen werden und später als Erwachsene handeln. Man nennt diesen Vorgang „Sozialisation". Diese Vergesellschaftung jedes einzelnen Menschen, wie der Ausdruck deutsch lautet, währt von der Wiege bis zur Bahre. Indem wir leben, leben wir immer schon „vergesellschaftet", so individuell eigenartig wir uns vorkommen wollen. Unsere Individualität ist in ihrer Eigenart vom aktiv auf uns einwirkenden Kontext abhängig, in dem wir aufwachsen und in dem wir uns erwachsen bewegen. Vor allem die frühen Konstellationen, in denen wir zu dem werden, was wir dann später zu sein scheinen, sind wichtig. Nie hört jedoch deren prägende Wirkung auf. Sie gilt noch im Pflegeheim und seinen Eigenarten. Dort gibt es auch immer noch gesellschaftlich unabgegoltene Möglichkeiten der alten Menschen. Ob und wie wir in den sich wandelnden Kontexten werden, von anderen Menschen beeinflusst werden und in der Auseinandersetzung mit ihnen selbst werden, ist schwer genau auszumachen. Einige dieser verschachtelten, dynamisch durcheinander gehenden sozialen Raum- und Zeitgrößen und deren personale Repräsentanten haben wir im biographischen Gespräch nachzuvollziehen gesucht.

Meine kindlichen Erlebnisse im Umkreis des 2. Weltkriegs: Sie sind dann später zu Erfahrungen geworden, die mich geradezu „konstituierten". Sie haben das geformt, was man den Habitus eines Menschen nennt, also meinen Habitus, das Bündel „Spontan"-Reaktionen, das in den eigenen Körper, die eigenen Gefühle und den eigenen Verstand eingebrannt ist. Daran schließen sich in den weiteren Abschnitten wichtige, sich überschneidende Einflusskreise meiner ersten Versuche, zu gehen und zu handeln, an. Diese sind bis heute grundlegend geblieben. Ich beschränke mich hierbei darauf, Aspekte anzupeilen, die mich zu einem politischen Menschen gemacht haben. Als dieser habe ich Politik immer schon, wie es dann die Frauenbewegung in den 70er Jahren formulierte, in der ersten Person, als meine Sache verstanden und betrieben. Wenn heute zuweilen von einer „humanen" oder „menschlichen" Politik lobend die Rede ist, werde ich von solchem Reden immer erneut fast getroffen wie von einem Schlag. Als werde Politik nicht notwendig von Menschen gemacht. Als habe Politik einen anderen Sinn, als sich auf andere Menschen wie auf mich in ihrem gesamten Leben zu beziehen, um dessen Bedingungen zu verbessern. Wenn die humane Qualität eigens betont werden muss, dann handelt es sich um eine verräterische Tautologie. Eine solche war lange im „realen Sozialismus" erkenntlich. Sie ist es heute, glücklicherweise erzeugt sie weniger negative Effekte, im Reden von der „zivilen Gesellschaft", gar, auftrumpfend von der „zivilen Bürgergesellschaft". Dringender Verdacht von camouflierter Unwahrheit war und ist angebracht.

2. Elternhaus

Die enge, kindliche Beziehung zu meiner Mutter, verstand sich von selbst. Meine Mutter war zuverlässig da. Sie stiftete Vertrauen. Sie gab Sicherheit. Dieses enge und unauflösliche Mutter-Sohn-Verhältnis wurde durch mehrere Umstände noch intensiver.

Bis ich erwachsen wurde, war ich eher klein und zerbrechlich. Darum hat sich meine Mutter möglicherweise um mich, den mittleren Sohn von drei Kindern, einem sechs Jahre älteren Bruder und einer drei Jahre jüngeren Schwester, besonders gekümmert. Das war auch der Grund, warum mich meine Mutter die letzten 1 ½ Kriegsjahre vom Herbst 1943 bis zum Frühjahr 1945 zu Verwandten ins thüringisch dörfliche Kaltenwestheim gebracht hat (meine prägenden Kriegserlebnisse habe ich 1984 für einen von Hellmut Lessing herausgegebenen Band „Kriegskinder“ aufgeschrieben). Mein Magen verdaute damals schon die schlimmen Zeiten nicht. Körper und Gefühl, bald verbunden mit dem Verstand, bildeten eine sensibel einheitliche Dreiheit.

Mein Vater wurde schon 1939 als Soldat in den Nazi-Krieg eingezogen. Er war bis zu seiner Rückkehr aus der Gefangenschaft 1946 nur in Briefen, in einer Photographie und in gelegentlichen Urlauben präsent. So hat meine Mutter notgedrungen väterliche Aufgaben übernommen (sie hat mich übrigens, um keine Missverständnisse aufkommen zu lassen, nie geschlagen. Das tat dann auch mein Vater später nur ein einziges Mal). Diese Aufgaben hat sie übrigens, familiezentriert wie sie war, nach der Rückkehr meines Vater sogleich wieder an den heimgekehrten Vater „zurückgegeben“.

Schon ein Jahr nach meiner Geburt, 1936, ist meine Familie in eine neue Siedlung, nahe am Wald in Offenbach, in ein neues kleines Halbhaus mit Garten im Lohrweg 17 eingezogen. Das taten nicht nur „die Vacks“. Der gesamte Weg, die gesamte Siedlung wurde von Familien, Frauen, Kindern und manchen nicht mehr kriegstüchtigen oder „uk“, sprich als „unabkömmlich“ vom Soldatendienst freigestellten Männern neu behaust. Dadurch entstanden besonders zwischen den Frauen und ihren Kindern, die sich meist in ähnlichem Alter befanden, enge Kontakte und viele Bekanntschaften, ja Freundschaften. Auf diese Weise war die Kleinfamilie immer zugleich eine Großfamilie. Diesem Anfang wohnte ein kleiner, im dauernden Umgang mit anderen sozial vertraut machender Zauber inne. Die Mütter, meine Mutter, spielte(n) hierbei zunächst die wichtigste Rolle.

Übrigens der Garten. Ich vergäße einen wichtigen Aspekt, wenn ich Sie über die Formulierung: 1936 zogen wir „in ein neues kleines Halbhaus mit Garten“ hinweglesen ließe. Zum einen war das familieneigene Haus, das in den 50er Jahren mit einem Anbau versehen worden ist, weil es dort so eng zuging – später haben dann meine Frau Hanne und ich in einem eigenen Anbau länger gelebt –, ein wahres Zu-Hause aller Familienangehörigen. So auch von mir. Ein vertrauter, trotz der Kriegserfahrungen ein sicherer Bezugsort. Zum anderen hat meine Mutter uns Kinder zur Arbeit im kleinen, ernährungswichtigen Garten früh mitgenommen. Garten, Gartenarbeit, der Umgang mit Erde und Pflanzen, die Sorgfalt für deren Wachsen und Gedeihen wurden so fast noch zu Teilen meiner „ersten Natur".

Der Ausdruck Großfamilie, den ich gerade für meinen Kindheits- und Jugendort, den Lohrweg in Offenbach und sein nahes Siedlungsdrumherum eher bildlich für einen nahen sozialen Zusammenhang gebraucht habe, trifft wörtlich für die große Zahl von Verwandten mütterlicher- und väterlicherseits in Kaltenwestheim und engerer Umgebung zu, mit denen wir Kinder mit meiner Mutter zunächst regen Verkehr hatten. Auf diese Weise kann ich von meinen Eltern, meiner Mutter zuerst und von meinen Geschwistern von allem Anfang an und andauernd nur reden, wenn ich die eng geknüpften sozialen Netze mit erwähne, in denen wir im Lohrweg lebten und uns mit unseren Verwandten austauschten. In diesem Sinne erlebte ich keine „Kindheit im Abseits", sondern wuchs inmitten förderlichen täglichen oder doch periodischen sozialen Umgangs heran. Meine Verwandten in Kaltenwestheim waren mir und waren für mich sehr wichtig. Und das nicht nur, weil ich in die Kindergefühlsseele tief einschneidende 1 ½ Kriegsjahre dort verbracht habe. Vor allem mein Onkel Max, älterer Bruder meines Vaters mit seinen vier Kindern, und mein Onkel Ludwig, Mann der Schwester meiner Mutter, haben Sehnen meines späteren Habitus „knospen" gemacht oder gestärkt. Onkel Ludwig, von dem ich später erfahren habe, dass er Glied einer geheimen informellen Kette gewesen ist, die jüdische Deutsche und andere dem Nazi-Regime missliebige Personen außer Landes beförderte, dieser Onkel Ludwig war es, der mich in der Art, wie er mit mir 1945 vor allem umgegangen ist – wie mit einem jungen Erwachsenen, richtiger, wie mit einem erwachsenen Jungen – gleichschultrig ernst genommen hat. Auch in der Art, was er mir zumutete. Man nimmt Kinder nicht ernst, wenn man kindisch zu ihnen sich herabzulassen meint.

Im Spiel mit den Nachbarskindern wurde ich, zuweilen wohl etwas fürwitzig, bald zu einem „kleinen Anführer". Als ich 1941 in die Schule gekommen war, habe ich einen Mitschüler, einen mich einen Kopf hoch überragenden Nachbarsjungen, Mitschülern gegenüber streitbar verteidigt. Sie hatten ihn gehänselt, weil seine Länge seinen Mut umgekehrt proportional überragte. Er war also ein „Angsthase“. Viele Spiele und ihre Pläne habe ich mit ausgeheckt und phantasievoll dirigiert. Solch spielende Zusammenhänge wuchernder Einfälle waren dann daran schuld, dass mich mein Vater – das war dann schon nach dem Krieg – einmal geschlagen hat. Ich hatte ihm für unsere „Bande“ und ihr Treiben ein wertvolles Beil entwendet. Dieses war von einer anderen „Bande“ von Kindern, kaum einen halben Kilometer von uns entfernt zuhause, im „Bandenkampf“ zeitweilig entwendet worden. Nein, ein Mitläufer war ich nie. Aktionen phantasievoll zu planen, ist eine Kindesgabe.

Vater war zunächst vor allem auf einem Photo im Elternschlafzimmer gegenwärtig. An seiner Seite befand sich bis zum bitteren Ende der schon bitteren Gegenwart, wie er in Uniform, ein Photo von GröFaZ (Hitler der nazistisch und ironisch so benannte „Größte Führer aller Zeiten“, am besten dargestellt in Charly Chaplins Film „Der große Diktator“). Mein Vater war also in den ersten formierenden Jahren fast nie zuhause. Seit 1946 hat er sich – als „Ernährer“ der Familie – vor allem darum gekümmert, sein Zimmermannsgeschäft zu gründen und zu betreiben. Nicht nur als Vorstellung war er dennoch wichtig. Ich hatte immer das gewisse Gefühl, mich auf ihn verlassen zu können. Nur das erwähnte eine Mal hat er mich aus gegebenem Anlass geschlagen. Wenn er etwas mit mir unternommen hat, dann hat er mich fürsorglich wie einen jüngeren Partner behandelt. Auf meinen Vater führe ich zurück, dass mir der „gestirnte Himmel“, ohne dass ich denselben mystifizierte, so viel bedeutet. Eine beträchtliche astronomische Kenntnis ist die Folge davon. Mein Vater war geradezu so etwas wie ein „Mondfanatiker“. Als ich im Frühherbst 1946 mit ihm die noch nicht sehr feste „Zonen“-Grenze nach Kaltenwestheim überqueren wollte, hörten wir in naher Ferne Schüsse. Nach Kaltenwestheim wollten wir, weil zwischen der Stadt Offenbach und den Vacks, die vorvätermütterlich aus Kaltenwestheim stammten, dem dörflichen Kaltenwestheim und den dortigen Verwandten eine nicht nur nachkriegsbedingte Beziehung gegenseitiger Hilfe gegeben war. Angesichts der bedrohlichen

Situation wollte mein Vater im Wald herumschweifen, um Genaueres zu erkunden. Weil es nicht hundertprozentig sicher war, ob und vor allem wann er zurückkommen würde, schärfte mir mein Vater ein, ich solle den Platz, eine Buche, unter der wir uns gerade befanden, zusammen mit dem Fahrrad, das wir zu besserem Gütertransport mit uns hatten, zu einer bestimmten Zeit verlassen und in einen kleinen, uns bekannten Ort in der Nähe einkehren. Um mir ohne Uhr die Zeit einzuschärfen, zu der ich mich weg und aus jeder Gefahr begeben sollte, wies mein Vater auf den Mond und seinen aktuellen Stand. Er markierte mit entsprechenden Informationen die Himmelsstelle, bis zu der der Mond vorgerückt sein müsse, um mir anzuzeigen, nun habe die Stunde meines Aufbruchs ohne Vater geschlagen. Glücklicherweise kam mein Vater, entwarnend, vorher zurück.

Das unterschiedliche Verhältnis zu meinen Geschwistern erklärt sich in den Kinder- und Jugendtagen fast aus dem Altersabstand, der zwischen ihnen und mir bestand. Mein älterer Bruder, 1929 geboren, der dann in die beruflich-geschäftlichen Fußstapfen meines Vaters getreten ist, hat zeitweise fast so etwas wie die Rolle des Vaterersatzes bei mir eingenommen. Er war mir im Alter und seiner Entwicklung, so sehr wir uns mochten, viel zu weit voraus, als dass wir spielend, lernend und in den ersten Berufsjahren viel miteinander zu tun gehabt hätten. Meine drei Jahre jüngere Schwester war mir eng zugetan. Wir haben bis zu ihrem 17. Lebensjahr im selben kleinen Schlafzimmer genächtigt. Vor dem Ausbau haperte es an Zimmern. Ich wurde zum ersten Vertrauten und Geschichtenerzähler meiner Schwester. Meine Freude am Erzählen, die Lust des Fabulierens kamen mir im nahen, nah gebliebenen Bruder-Schwester-Verhältnis zustatten.

3. Schule und erster Beruf

Die Schulen fielen mir leicht. Als ich im Herbst 1945 nach einem Dreivierteljahr kriegs- und unmittelbar nachkriegsbedingter Pause im 5. Schuljahr weiter in die eine halbe Gehstunde am Wald entlang entfernte Offenbacher Volksschule ging, lehrte uns ein junger Lehrer, Kühlwein mit Namen. Dieser war Soldat gewesen und nach vierteljährlicher

Schulungsbleiche zu unserem Lehrer erkoren worden. Die Lehrer waren knapp seinerzeit. Kühlwein war, wie man heute sagen würde, „ein dufter Typ“. Er hatte freilich eine große, bei einem fächerübergreifenden Volksschullehrer nicht zu verbergende Schwäche. Mathematik, genauer, seinerzeit und dem Schwierigkeitsgrad angemessener gesprochen, Rechnen war nicht seine Stärke. So kam es, dass ich, dessen Stärke just Rechnen gewesen (und geblieben) ist, den Rest der Schulzeit lang zu einer Art Ersatzlehrer im engen Kontakt mit Herrn Kühlwein aufgestiegen bin.

Nach der mittleren Reife in der Handelsschule ohne besonders erwähnenswerte Vorkommnisse – auf's von mir zuvor schon angestrebte Gymnasium hatte ich des zu teuren Schulgeldes wegen nicht gehen können – trat ich 1951 in der chemischen Fabrik in Offenbach Tiefenbach meine kaufmännische Lehre an. Früh erhielt ich dort die Aufgabe der schwierigen, peniblen und zugleich für alle Betriebsmitglieder unmittelbar wichtigen Lohnbuchhaltung. Weitere Nebenaufgaben freiwilliger Art wie der Getränkevertrieb im Betrieb und der Verkauf von Süßigkeiten kamen hinzu. Diese Beschäftigungen besaßen alle den Vorzug, dass sie mich in verschiedener Weise oft täglich, in jedem Fall wöchentlich mit allen Betriebsangehörigen in Verbindung brachten. Ich lernte über die Lohnbuchhaltung nicht nur das materiell entscheidende Band genau kennen, das Unternehmer und Betriebsleitung einerseits und Betriebsangehörige andererseits in systematisch, sprich kapitalistisch geteilter Abhängigkeit zusammenhielt und voneinander distanzierte. Ohne theoretische Vorkenntnisse fiel mir auch im täglichen, lohnbuchhalterisch präzisierten Umgang mit einem seinerzeit eher „sozial gesinnten“ Unternehmer eines eher kleinen Mittelbetriebs, seinem leitenden Angestellten und den Arbeitern des Betriebs auf, wie ohne irgendeine grundsätzliche Kritik eher sozial gerechte Betriebspolitik angelegt werden kann, wie sich die positionell unterschiedlichen Interessen etwa von Seiten des leitenden Angestellten und der übrigen Betriebsangehörigen ergeben und artikulieren und wo bei Arbeitern der Eindruck entstehen kann, sie würden ungerecht behandelt. Wenn es um solche ersten Probleme der Gerechtigkeit ging, konnte ich schon, Ungerechtigkeiten abhelfend, tätig werden.

Nach meiner kaufmännischen Gehilfenprüfung, 1953, einer Qualifikation, zu der sich eine nebenher absolvierte Sonderausbildung als Bilanzbuchhalter gesellte, wurde ich 1954, in der Zwischenzeit in der gleichen Firma zum Kontokurrentbuchhalter aufgerückt, als Betriebsratsvorsitzender gewählt. Da ich erst 19 Jahre alt war, war dies, damals vor meiner Volljährigkeit, nur möglich, wenn die Betriebsleitung und die einschlägige IG Chemie dieser Wahl zustimmten. Zusätzlich übernahm ich, die Beiträge der Gewerkschaftsmitglieder des Betriebs zu kassieren. Aus eigenem Antrieb habe ich darum meine Aufgabe als Lohnbuchhalter abgegeben. Ich wollte mögliche Interessenkonflikte vermeiden.

1956 erhielt und akzeptierte ich das Angebot, die hauptamtliche Stelle eines 2. Kassierers bei der Gewerkschaft Leder in der Ortsverwaltung Offenbach zu übernehmen. Auch die Aufgabe der Buchhaltung übernahm ich sofort, bald darauf ebenso die Aufgabe, die Betriebsjugendvertretung zu betreuen. In diesen meinen neuen Funktionen lernte ich betriebliche Gewerkschaftsarbeit sozusagen von der Pike auf kennen, bevor sich die Gewerkschaften in ihren Verwaltungsformen, die immer auch Politikformen darstellen, wie andere Verwaltungen technisch und organisatorisch modernisierten. Seinerzeit musste ich die Beiträge noch von allen Mitgliedern der Gewerkschaft persönlich kassieren. Das hatte den großen Vorzug, dass ich mit den Arbeitenden, soweit sie Gewerkschaftsmitglieder waren, in all den zahlreichen Lederbetrieben der Lederstadt Offenbach regelmäßigen Kontakt hatte. Gleicherweise hatte ich den Gewerkschaftern, die Rente erhielten, diese persönlich an dafür vereinbarten Orten auszuzahlen. In die Betriebe kam ich außerdem, wenn ich Jugendvertreterversammlungen zu leiten hatte. So lernte ich Nöte, Qualitäten und Interessen unterschiedlicher Altersgruppen in etlichen Betrieben im dauernd nahen persönlichen Umgang kennen. Der Flöz an Erfahrung, der dadurch allmählich anhob und wuchs, vorbereitet schon durch meine Tätigkeit als Lohnbuchhalter und Betriebsratsvorsitzender zuvor, ist auch für mich schwer ein-, er ist jedoch mutmaßlich schwer zu überschätzen.

Zwei Ereignisse, die mir seinerzeit schon auffielen, also Kristallisationsstäbe für Erfahrungen wurden, eher neben meiner normalen professionellen Gewerkschaftstätigkeit gemacht, will ich eigens erwähnen.

Ein befreundeter Gewerkschafter lud mich einmal zur Betriebsversammlung des größten Lederunternehmens in Offenbach, der Firma Krumm, ein, Goldpfeil mit Werbenamenszeichen. Er teilte mir nicht genau mit, worum es gehe, er ließ mich nur wissen, es werde für mich interessant sein. Auf der Betriebsversammlung sprach zunächst der erste Vorsitzende des Betriebsrats. Er kündigte an, dass erhebliche Änderungen des Betriebs anstünden und begründete deren Notwendigkeit. Seine Rede wurde mit mäßigem Applaus bedacht. Nach ihm kam ein anderer Gewerkschafter. Er teilte, wie man so sagt, inhaltlich das, was sein Vorredner vertreten hatte. Am Ende seiner Rede brandete der Beifall hoch, als habe er den Zuhörern aus dem Herzen geredet. Und das hatte er getan. Nicht nur, weil er seine Rede rhetorisch besser wortdrechselte. Der stürmische Beifall galt einem Mann, der sich zuvor mit ganzer Person für die angekündigten Änderungen eingesetzt hatte. Von ihm wussten die Zuhörer, auf den ist Verlass. Der ist kein Taktiker. Der sagt, was er meint, und tut, was er meint und sagt. Der befreundete Gewerkschafter musste mir darum nicht weiter erklären, warum diese Betriebsversammlung von besonderem Interesse war, obwohl nichts Neues in ihr vorkam, außer den schon vorweg bekannten Ankündigungen von Veränderungen.

Bei dieser oder anderer Gelegenheit habe ich den seinerzeitigen Vorsitzenden der IG Metall, Otto Brenner, kennengelernt. Daraus erklärt sich, dass dieser mich zum anstehenden Gewerkschaftstag der IG-Metall einladen ließ. Ich nahm, wie die anderen Teilnehmenden mit dicker Tagungsmappe versehen, als Gast am Gewerkschaftstag teil. Neben mancherlei Spannendem und Anödendem, das die „Gruppendynamik" von Versammlungen dieser Größe, in diesem Fall der wichtigsten bundesdeutschen Gewerkschaft während der Hochzeiten des CDU-Staats kennzeichnete – CDU-Staat nennt man die Zeit eindeutiger Vorherrschaft der CDU/CSU in der alten Bundesrepublik zwischen 1949 und 1966, die zugleich durch einen starken kirchlichen Einfluss des Milieu-Katholizismus und Milieu-Protestantismus ausgezeichnet gewesen ist –, hatte ich zwei Aha-Erlebnisse, die sich, bedacht, sogleich zu weiter geltenden Einsichten kristallisierten. Ich beobachtete, wie vielfältig in den Wandelgängen, im Bühnenhintergrund und in den Pausen alle möglichen Kungeleien im Gange waren. IG-Metaller „links“ wie „Mitte“ und „rechts“, die ich seinerzeit schon kannte und schätzte und die inner- und außergewerkschaftlich schon eine wichtige Rolle spielten und an Spielerbedeutung später noch zunahmen, versuchten, den Ausgang des Gewerkschaftstages, seine Wahlen und seine sonstigen Entscheidungen durch alle möglichen persönlichen Absprachen, Bündnispartnerschaften, taktischen Finten und dergleichen, den Teilnehmenden sonst verdeckt, zu beeinflussen. Das missfiel mir sehr. Das war, wie ich später erst richtig begriff, die fast unvermeidliche Folge solcher großen Organisationen und Versammlungen. In ihnen hatten sich die Prozesse der Willens- und Entscheidungsbildung längst entgegen schönen, demokratisch geschminkten Satzungsnormen fast im Sinne des „eisernen Gesetzes der Oligarchie“ von Robert Michels umgekehrt. Von letzterem hörte und las ich erst später. Das haben mir all meine vielen sozialwissenschaftlich besser belehrten Freunde beigebracht. Michels, ein Soziologe, hat im Jahre 1906 schon ein Buch zur Parteiensoziologie am Beispiel der SPD veröffentlicht. Darin beobachtete er, wie sehr und, wie er meinte, schier unvermeidlich aus der SPD als einer Massenpartei die Partei der Politik bestimmenden Funktionäre auf Massenbasis geworden war. Die Beobachtungen, die er anhand der Sozialdemokratie gemacht hatte, hat er verallgemeinert. Jede große Organisation, worin immer ihre Ziele und Verheißungen bestehen mögen, kehre die Bestimmungsrichtung von unten nach oben notwendig um. Diejenigen, die hauptamtlich nur für und von der Organisation lebten, bestimmten, was die Organisation wie entscheide und wie sie handele.

Das andere Aha-Erlebnis ist dem ersten nah. Eine Gruppe von Gewerkschaftern, zu der auch der mir schon bekannte und bald sehr nahe Fritz Lamm aus Stuttgart gehörte, stellte einen Antrag zur Abstimmung. Dieser Antrag, nicht vorständisch abgesegnet, nicht mit Kungeltricks seilschaftenartig durchzusetzen versucht, fiel prompt durch. Warum also einen Antrag stellen, der erwartbar keine Mehrheitschance haben würde? Wollte die Gruppe um Fritz Lamm schwarzen Humor praktizieren? Nein, das wollten Fritz Lamm und Genossen nicht. Sie nahmen ihre Niederlage nicht billigend, jedoch erwartet in Kauf, weil allein schon der Antrag und die Art, wie er formuliert war, die Sache, die mit ihm verfolgt wurde, dazu führte, dass alle Delegierten in der Diskussion und der darauf folgenden Abstimmung sachlich und prozedural aufmerkten. Fritz und die anderen hofften nicht auf einen kurzfristigen Erfolg, wohl aber hofften sie auf mittel- und längerfristige Lernergebnisse. Dass der von vornherein verlorene Antrag politisierend wirke; dass er vielleicht später noch bei dem einen oder anderen Delegierten nachwirke; dass er auch diejenigen in ihrem Zusammenhalt und in ihrer Politik stärke, die ihm, obgleich minderheitlich, zugestimmt haben. Was also ist Erfolg? Wie ist derselbe zeitlich und sachlich zu bewerten? Ist Misserfolg von vornherein eben ein Misserfolg?

4. Auf dem Weg zum *eigenen* Beruf – Aktivitäten im Rahmen der Naturfreunde

Im Herbst 1951 bin ich, 16-jährig, den Naturfreunden in Offenbach beigetreten. Naturfreunde-Vereine sind Ende des 19. Jahrhunderts im Umkreis der Arbeiterbewegung gegründet worden. Wie die Arbeitersportvereine und andere Vereine im Kontext der Arbeiterbewegung drückten sie bewusst oder unbewusst das von der herrschenden Politik und der besitz- und bildungsbürgerlichen Gesellschaft des 2. deutschen Kaiserreichs aufgenötigte Bestreben aus – das repressive „Sozialistengesetz“ war erst nach Bismarcks Abgang 1891 aufgehoben worden, galt aber in vielerlei Hinsicht weiter –, alle Lebensbereiche der arbeitenden Bevölkerung eigenständig zu organisieren. Darum sind diese Vereinigungen noch stärker, als dies für die „bürgerlichen“ gegolten hat, nach der „Machtergreifung“ der Nationalsozialisten systematisch unterdrückt und aufgelöst worden. Sie waren nicht einmal im nazistisch üblichen Sinne „gleichzuschalten“. Viele dieser Vereinigungen, etwa die meisten Arbeitersportvereine, sind nach der nationalsozialistischen Katastrophe nicht neu gegründet worden. Nicht so die Naturfreunde. An zahlreichen Orten innerhalb der Besatzungszonen fanden sich alte Mitglieder zusammen. Sie nahmen die Tradition auf. Sie gründeten die Naturfreunde erneut. So auch in der Arbeiterstadt Offenbach. Über die Bundesrepublik verstreut gibt es an vielen Orten die Naturfreunde noch heute.

Auch als Bundesverband. Allerdings haben sich die sozioökonomischen und die politischen Umstände seit den 50er und 60er Jahren in ausgreifendem Maße so verändert, dass die Naturfreunde längst von ihrer sozialen Quell- und Motivationsbasis gefährdet sind. Eine Arbeiterbewegung mit den ihr eigenen negativen und positiven Bedingungen gibt es nicht mehr.

Die Naturfreunde, ursprünglich auch als Touristenverein bezeichnet, hatten und haben mehr im Sinn als Freizeitgestaltungen aller Art. Wandern, Schwimmen, Klettern, Singen, Theaterspielen, Feste aller Art organisieren und Tanzen. In Kinder- und Jugendgruppen wurden Kinder außerschulisch und zusätzlich zu ihren Herkunftsfamilien betreut oder fingen in den Jugendgruppen an, sich nach ihrem Lehrlingstag in den Betrieben gemeinsam ihre Freizeit zu gestalten. In diesem Sinne bildeten die Naturfreunde den ersten, über die Familien hinausgehenden sozialen Kreis, das erste soziale Engagement, das nicht betriebsgebunden war.

Nach meinem Eintritt in die Offenbacher Gruppe der Naturfreunde wurde ich selbstverständlich Mitglied der Jugendgruppe. Das blieb ich, bis ich dann im Alter und aufgrund meines weiteren politischen Engagements aus ihr herauswuchs. Eine Kindergruppe, die ich bald nach meinem Eintritt zu betreuen übernommen hatte, habe ich in immer erneuten, zweijährigen „Kinderwellen" bis 1972 „gehabt". Der Umgang mit Kindern war und blieb mein Lebensthema weit über die eigenen Kinder und die Enkelkinder hinaus. Kinder, voll ihrer kostbaren und zugleich leicht verletzlichen Möglichkeiten, für die gesellschaftliche Wirklichkeit vorzubereiten, die dem kindlichen Streben, sich selbst zu bestimmen und seine besten Möglichkeiten selbstbewusst zu entwickeln, meist eher entgegensteht und entgegenwirkt, wurden zu meiner großen Liebe. Es ist wohl das, was die alten Griechen die Liebe zur Kinderentwicklung, wie ich statt Kindererziehung lieber sage, genannt haben.

Bevor ich zu den Naturfreunden gestoßen bin, durchlebte ich eine mir, wie ich bis heute annehme, ohne Abstriche förderliche, mich prägende und mein Schon-Geprägtsein zum Ausdruck bringende Krise.

Vielleicht untergründig von meinem Onkel Ludwig mitbewirkt, bin ich 12-jährig aus eigenem Antrieb der Jungschar der protestantischen Kirche in unserer Nähe beigetreten. Ich habe die letzten zwei Jahre in der Volksschule den Religionsunterricht besucht, habe mich taufen und dann als 14-jähriger konfirmieren lassen. Christlicher Glaube in einem gewiss eher gefühligen Sinn wurde mir wichtig. Zeit der Orientierungssuche. „Und redete ich mit Gottes- und Engelszungen und hätte der Liebe nicht, dann wäre ich nichts als tönernes Erz." Dieser Satz aus dem Neuen Testament hing über der Tür einer Nachbarfamilie. Deren Tochter gab ich als Schüler der 7. oder 8. Klasse Nachhilfeunterricht. Mir ist, als sei diese christliche Weisheit als Dauerhefe in mich hineingefallen. Mitten in dieser Orientierungssuche und erster Orientierungsfindung ereignete sich die Krise.

1950 wurde öffentlich allgemein bekannt, dass die Bundesregierung, an erster Stelle Bundeskanzler Konrad Adenauer, die BRD „wieder", in meinen und anderer Augen neu, mit Armee und Rüstung ausstatten wollten. Um „notfalls" Kriege, Menschenmördereien, wie ich es schon damals ahnte, führen zu können. Der seinerzeitige Innenminister Gustav Heinemann ist aus Protest dagegen zurückgetreten. Heinemann wurde von 1966 bis 1969 Bundesminister der Justiz, danach von 1969-1974 Bundespräsident. Während der NS-Zeit ist er Mitglied der Bekennenden Kirche gewesen.

Ich wusste in mir, dass das, was dann Remilitarisierung oder Wiederaufrüstung genannt worden ist, radikal falsch war. Wie sollte Frieden mit Krieg und seinen rüstenden Voraussetzungen gewahrt werden können? Krieg, der mich mit seinen Bombendrohungen in Offenbach und seinen tödlichen Folgen in Kaltenwestheim selbst so nachhaltig erschreckt hatte, dass sein Schrecken aus mir nie mehr verschwand, wurde dadurch wieder möglich. Darüber kam ich mit „meinem" Pfarrer in Streit. Pfarrer Hickel war mehr als nur ein förmlicher Christ, der seinen Beruf wie einen üblichen Job ausgefüllt hätte. Indes, er stand als Mitglied der CDU auf der anderen Seite der Argumentation und der daraus folgenden Entscheidung. Pfarrer Hickel blieb bei seiner, argumentativ mir selbstredend überlegenen Position, dass Frieden auch militärisch – angesichts gegebener kommunistischer Bedrohungen zumal – geschützt werden müsse. Auch ich blieb bei der meinen. Ich wusste, tief in mir verankert, dass christlicher Glaube und Militär sich ausschlossen. Wieder mag mein Onkel Ludwig, Mitglied der Bekennenden Kirche auch er, insgeheim in mir Überzeugungshilfe geleistet haben. Darum kam es zum Bruch. Bei mir war dies auch ein Bruch mit kirchlich-christlicher Orientierung insgesamt (obwohl ich damals wie vor allem später viele Christen zu Freundinnen und Freunden hatte. Diese Christen-Freunde, die mir in meinem Leben viel bedeut(et)en, waren bzw. sind meines Erachtens wahrhaft Christen. Sie versuch(t)en also das zu leben, was sie im Munde führen).

Nach einigem Hin und Her, den Nachwirkungen der Krise, deren erster, wichtigster Entscheidungsknoten schon in der Grundüberzeugung pazifistisch geplatzt war – obwohl ich seinerzeit noch kein zureichend begründeter Pazifist gewesen bin –, schloss ich mich einige Monate später den Naturfreunden an. Diese hatte Pfarrer Hickel in unseren Streitgesprächen abwertend erwähnt. Meine antimilitaristischen Argumente stimmten gefährlich mit denen überein, die von solchen „linken“ Gruppen wie den Naturfreunden gebraucht würden. Pfarrer Hickel, dem engagierten Pfarrer, sei's gedankt.

Bei den Naturfreunden in Offenbach lud ich mich in meiner Freizeit neben meiner Arbeit als Lehrling auf wie einen Akkumulator. Ich konnte von all den Aktivitäten, die ich mit den anderen unternahm, oft von mir mitinitiiert, aber immer auf die Gruppe, auf das gemeinsame Tun bezogen, gar nicht genug kriegen. Das Bild vom Akkumulator könnte allerdings insofern in die Irre führen, als es einen einseitigen Vorgang des Aufladens nahe legt. Bei den Naturfreunden fand „learning by doing“ statt, wie es der große amerikanische Pädagoge und Demokrat John Dewey ausgedrückt hat. Wir lernten dort, indem wir etwas unternahmen. Wir taten dort etwas, weil es uns Spaß machte, weil es uns wichtig war, aber auch, weil wir die Chance ergriffen, etwas lernen zu können, begierig, das, was uns als „Wirklichkeit“ umgab und vorgegeben war, zu begreifen.

Zuerst wurde ich Mitglied der Jugendgruppe von ca. 40 Jungen und Mädchen. Fast jeden Abend haben wir uns zwischen 20 und 22 Uhr getroffen. Zuvor hätten wir Lehrlinge alle insgesamt keine Zeit gehabt. Das Spektrum unseres gemeinsamen Tuns und Treibens war breit. In den Abenden der Woche widmeten wir uns jeweils primär einer Aktivität. Dem Sport. Dem Tanzen. Dem Laientheater. So führten wir etwa Günther Weisenborns „Eulenspiegel" auf. Der Vorbereitung des 1. Mai, die jeweils in unserer Kompetenz lag. Bildungsveranstaltungen zu Themen wie: „Die Entstehung der Erde" oder „Die Konstellation des Weltalls". In diesem Sinne wirkten die Jugendgruppe speziell und die Naturfreunde örtlich und überörtlich wie eigene intensive, thematisch zuweilen politisch ungleich zugespitztere Volkshochschulen. Wichtig war auch, dass wir uns immer erneut vorlasen. Und ich nagte und fraß wie eine unersättliche „Leseratte". Längst lebe ich auch von diesem lesend angeeigneten Grundwasser. Jede(r) konnte zu den „Vor-Lesungen" selbst die Initiative ergreifen, einen Text nennen und daraus vorlesen. Das tat ich häufig. Wie Lieder aus der Arbeiterbewegung, von der „Internationalen" angefangen – „Völker, höret die Signale!/Auf zum letzten Gefecht!/Die Internationale erkämpft das Menschenrecht!" –, lernten und sangen wir Lieder eigener Naturfreunde- und solche anderer Dichter. Mag sein, dass mir deshalb Gedichte, die wir uns auch vorlasen, so wichtig wurden und blieben. Ohne Gedichte Bert Brechts, beispielsweise, über lange Passagen auswendig gelernt, könnte ich mich gar nicht denken. Das Auswendiglernen ging bei jungem Gedächtnis gut und schnell. Das im Gedächtnis Gespeicherte trieb in mir weiter und erweiterte mein eigenes Wahrnehmungsvermögen und meine Fähigkeit, mich, eventuell sogar mit einem Kästner- oder Brecht-Gedicht auszudrücken. Mein in der Schule kaum vermitteltes Sprachempfinden, das immer auch für die Fähigkeit der Kritik mitentscheidend ist, ist vor allem durch die wortdichte Form der Gedichte, die Töne der Worte in ihrer Zusammenstellung entlockt, entwickelt worden.

An meine Landsleute

(Bertolt Brecht 1950 – direkt zur Wiederaufrüstung passend, jedoch für alle Vorkriegszeiten geltend, denen die den Kriegstreibern immer wieder folgen, Klaus Vack)

Ihr, die ihr überlebtet in gestorbenen Städten
Habt doch endlich mit euch selbst Erbarmen!
Zieht nun in neue Kriege nicht, ihr Armen
Als ob die alten nicht gelanget hätten:
ich bitt euch, habet mit euch selbst Erbarmen!

Ihr Männer, greift zur Kelle, nicht zum Messer!
Ihr säßet unter Dächern schließlich jetzt
Hättet ihr auf das Messer nicht gesetzt,
Und unter Dächern sitzt es sich doch besser.
Ich bitt euch, greift zur Kelle, nicht zum Messer!

Ihr Kinder, daß sie euch mit Krieg verschonen
Müßt ihr um Einsicht eure Eltern bitten.
Sagt laut, ihr wollt nicht in Ruinen wohnen
Und nicht das leiden, was sie selber litten:
Ihr Kinder, daß sie euch mit Krieg verschonen!

Ihr Mütter, da es euch anheimgegeben
Den Krieg zu dulden oder nicht zu dulden
Ich bitt euch, lasset eure Kinder leben!
Daß sie euch die Geburt und nicht den Tod dann schulden
Ihr Mütter, lasset eure Kinder leben!

Ausschlaggebend für mich war, dass die Tätigkeiten der Jugendgruppe von der Jugendgruppe, von uns allen als ihren Mitgliedern selbstbestimmt waren. Heute redet man von „Basisdemokratie". Nicht nur unsere Themen und Aktionen, das Was und das Wie legten wir fest. Wir wählten uns auch einjährig selbst unsere Leitung. Den Leiter samt einem noch weitere vier Mitglieder umfassenden Vorstand. Die Wahlen waren durchgehend geheim, wie sich dies für Personenwahlen gerade in kleinen Gruppen ziemt. Außer dem Jugendleiter wurden die Vorstandsmitglieder en bloc gewählt. Jede(r) hatte vier Stimmen. Diese konnten nicht gehäuft werden. Allenfalls konnte man einen Teil der eigenen Stimmen ungenutzt lassen.

1961 wurde ich Schriftleiter der Jugendzeitschrift der Naturfreunde „wir sind jung". Sechs Jahre habe ich diese redaktionelle Tätigkeit ausgeübt, wie alle im Rahmen der Naturfreunde strikt ehrenamtlich. Nun habe ich gelernt, wie man Aufsätze anderer redigiert, Hefte komponiert, mit Autorinnen und Autoren gewinnend und sie, so man will, haltend umgeht; wie man Hefte nützlich, spannend und politisch zugleich zu machen versucht, Termine pünktlich einhält, Illustrationen nicht vergisst, Manuskripte satzfertig zu machen versteht und mit Druckereien umgehen kann.

Die vierteljährlich erscheinende Zeitschrift zeigt, wie mir beim Nachblättern wieder aufgefallen ist, dieselbe bunte Themenpalette wie die Aktivitäten der Jugendgruppe. Die Themenfarben changieren von Äußerungen zum neuen Bundesjugendplan, Reiseberichten über nicht zu sparsam eingestreute Gedichte zu Informationen über Spiele wie Faustball und Korbball, Skizzen von Veranstaltungen bis hin zu Terminkalendern. Auch kurze Theater- und Sprechstücke, zum Beispiel zum Tun und Tod der Geschwister Scholl, finden sich. Als verantwortlicher Redakteur habe ich den schon zuvor gegebenen politisch kritischen Akzent zu verstärken gesucht. Das hat in einem Falle auch dazu geführt, dass ich von Naturfreunden anderer Landesverbände als „Klassenkämpfer" zur bundesdeutschen Normalordnung, allerdings folgenlos, zurechtgerufen wurde.

Zwei Themen stachen hervor. Das Thema der jungen nationalsozialistischen Vergangenheit der neuen Bundesrepublik und der Umgang eben dieser Bundesrepublik und ihrer Repräsentanten mit dieser Vergangenheit. Wir kritisierten nachdrücklich das, was später als „Vergangenheitspolitik" genau beschrieben und untersucht worden ist: die Art und Weise, wie quer durch nahezu alle Institutionen und ihre Vertreter nicht Verzeihen nur jung zurückliegender menschenwidriger Taten, sondern Verleugnung und Vergessen die Runde machten, ja, wie „braune, geradezu tiefbraune" Personen wieder auf führende Positionen berufen wurden bzw. solche vergleichsweise mühelos erkletterten. Der

Staatssekretär im Bundeskanzleramt Heinrich Globke, führender Kommentator der Nürnberger (Rassen-) Gesetze von 1935, war ein besonders hervorspringender Fall. Kanzler Adenauer hielt, typischerweise ohne negative Folgen für ihn und sein Amt, an ihm fest, obwohl die gerade zitierte Charakteristik von ihm stammt: „braun, geradezu tiefbraun“ sei Globke gewesen. Der Kanzler wusste also, ohne sich weiter legitimieren zu müssen, was er tat. Globkes nationalsozialistisches Kommentieren schadete nichts, er war gut genug, eine zentrale Position im Zentrum der Bonner Macht oder der liberalen Demokratie des Grundgesetzes – wer die Wahl hat, hat die Qual – auszuüben.

Das andere besondere Thema umkreiste Friedens- bzw. sein Gegenteil Militär- und Aufrüstungspolitik. Ohne Frage gab es eine ganze Reihe eher unpolitischer Jugendgruppen auch unter den Naturfreunden. In der Offenbacher Gruppe jedoch und dann dort, wo ich selbst zusätzlich mitwirken konnte wie in „wir sind jung“, hatte die friedenspolitische Kritik an all dem Vorrang, was an Wiederaufrüstung, nachdem dieselbe erfolgt war, an atombombenausstattender zusätzlicher militärischer Vernichtungskapazität, den Verfassungsänderungen im Zuge der Wiederaufrüstung bis hin zu den „Notstandsgesetzen“ von 1968 (und darüber hinaus und später in anderen Zusammenhängen) der Fall war oder angestrebt wurde.

Diese besonderen, uns politisch qualitativ von anderen Jugendgruppen unterscheidenden Merkmale kennzeichneten die ältere und die jüngere Mitgliedschaft der Naturfreunde allgemein, die der Offenbacher Naturfreunde im besonderen. Wir, die „Jungen“, die wir die Jugendgruppe bildeten und dann auch die Verbandszeitschrift komponierten – in dieser Zeit war ich selbst auch Landesjugendleiter der Naturfreunde für Hessen geworden –, wir Jüngeren stammten alle aus Arbeiterfamilien im weiteren, also auch kleine Handwerker einschließenden Familien. Wir befanden uns deswegen alle nach der Volksschule oder Mittleren Reife in diversen Lehrverhältnissen. Das war Anfang, Mitte und Ende der 50er Jahre lange vor allen, heute zum Teil wieder zurückgenommenen oder nie konsequent aus- und fortgeführten Bildungsreformen Mitte der 60er bis Mitte der 70er Jahre. In der kurzen Reformphase der Bildung lautete die fast allgemein geteilte, offenkundig aber sehr unterschiedlich verstandene oder bald verleugnete Devise: „Bildung ist Bürgerrecht!"

Zu dieser Herkunft und diesem Leben im noch weithin bestehenden Arbeitermilieu kam, dass die Älteren, die die Naturfreundegruppen wiedergegründet hatten und nun stark mit prägten, vielfach aus der Emigration wiedergekommen waren oder sich, ohne dazu in die Weißwäscheanstalt der frühen Republik und ihre dampfvernebelnden oder dampfverflüchtigenden Kessel gehen zu müssen, in verschiedenförmiger Opposition zur nationalsozialistischen Herrschaft überwintert hatten. Als eine solche Weißwäscherei – das zu eindeutig Braune raus, die antikommunistisch-liberal gefärbte Gesinnung rein – stellte sich die Bundesrepublik und schon die Jahre zuvor (1945-1949) vielfach dar. Darum war auch vom „Persilschein", einem neuen politischen Wort der Nachkriegszeit, viel die Rede.

Diese Umstände erlaubten es uns zum einen, Distanz zur „jungen" Bundesrepublik und ihren sich herrschend entwickelnden, nicht zufällig also herrschaftlichen Zügen zu gewinnen. Und die Fähigkeit zur Distanz, zum Halbaußen, erst bildet die Voraussetzung von Kritik und erlaubt darin begründete Opposition. Zum anderen ermöglichten es uns diese unsere „Herkünfte", auf eine in der Tat politisch systematisch und, soweit wir dazu schon Phantasie und Denkkraft besaßen, auf eine ökonomisch andere, genauer auf eine *neue* Bundesrepublik Deutschland zu drängen. Der Devise „Nie wieder!" zu folgen, wie sie von Überlebenden der KZs formuliert worden ist, konnte unseres Erachtens, so wussten wir „instinktiv", nur genügt werden, wenn andere und wir die Gegenwart und Zukunft, zuvörderst in unserem eigenen Umkreis und dem der BRD entsprechend grundlegend verändert gestalteten. Darum konnten wir das geradezu routinierte, auf gute frühere Traditionen setzende „Wieder" der „Wiederaufrüstung" nicht akzeptieren. Darum bekämpften wir dieses unseres Erachtens perverse „Wieder" als Neu-Aufrüstung mit tödlichen Gefahren.

Ich erinnere mich an die erste Jahreshauptversammlung der Naturfreunde nach meinem Eintritt. Der Vorsitzende begrüßte die etwa vierhundert Anwesenden. Er stellte fest, mit den Naturfreunden gehe es aufwärts. Besonders wolle er hervorheben, so fuhr er im Herbst 1951 fort, dass im Versammlungssaal auch über 400 Jahre Zuchthaus und KZ zusammensäßen. Das waren Leute, die die Nazi-Diktatur überlebt hatten. Sie arbeiteten nun, wie sie dies meist bis 1933 getan hatten, bei den Naturfreunden mit. Sie haben uns Jüngeren viel mitgegeben. Im Zusammensein und der Zusammenarbeit mit ihnen vermochte sich der „restaurative Geist der Epoche" nicht auszubreiten. Die den „restaurativen Geist" beförderten, waren vor allem solche, die ihre vergangenen Kapitalfehler und eigenes Fehlverhalten verleugneten. Darum waren sie nicht lernfähig. Sie waren nur clever und fleißig wiederneuaufbau- und wiederneukarrierebastelfähig.

Unsere Kritik an der Bundesrepublik, unser Engagement für einen anderen, einen grundsätzlichen Neuanfang, der gerade deswegen eine „Stunde Null" nicht akzeptierte, wurde durch eine Reihe uns förderlicher Bedingungen begünstigt. Das zu verkennen, hieße die Chancen, die uns gegeben waren, unterzubelichten. Diese Bedingungen kamen ohne uns, zum Teil sogar unter unserer kritischen Begleitung, zum Teil aber auch mit uns zustande. Wir waren zwar eine kleine Minderheit. Diese Einsicht erschließt sich im Rückblick noch mehr, als sie uns seinerzeit bewusst gewesen ist. Diese Feststellung gilt freilich nicht für Offenbach, unserem Haus- und ersten Bewusstseins- und Verhaltensgrund. Wir wuchsen aber in einem Kontext auf, wurden politisch bewusst(er) und aktiv – indem wir Politik durchgehend mehr praktisch als theoretisch in einem breiten, fast alle Lebensbereiche ernst wie spaßvoll umfassenden Sinne verstanden –, ohne dass unsere kritische und oppositionelle Haltung uns in unserer beruflichen Existenz auch nur vorstellbar gefährdet hätte. Trotz all der massiven Beengungen des Kalten Krieges und des aus allen bundesdeutschen Abzugskanälen dicht empor dringenden ideologischen Antikommunismus. Auf diesen werde ich später noch zurückkommen müssen. Wir, die Jüngeren zumal, profitierten von manchen der „Wieders", die die Bundesrepublik im umfassend veränderten internationalen und im darum auch national geteilten Kontext kennzeichneten. Nach den Hungerjahren der Nachkriegszeit, den Persilscheinergatterjahren, den Jahren der ersten breiteren „Bewegung" gegen die Entnazifizierung ging es seit Anfang der 50er Jahre mit zunehmendem Tempo aufwärts. Die bundesdeutsche Ökonomie expandierte. Das, was man fälschlicherweise „Wirtschaftswunder“ genannt hat, bestimmte Bewusstsein und Verhalten fast aller Bundesbürger. Die Anfang der 50er Jahre noch hohe Arbeitslosigkeit schrumpfte. Schon Ende der 50er Jahre wurden die ersten so genannten Gastarbeiter angeworben. Damals noch und zuerst italienische Arbeiter für die Landwirtschaft. „Vollbeschäftigung“ morgendämmerte als erreichbarer Zustand. Als sie 1967 im Stabilitäts- und Wachstumsgesetz gesetzlich verankert worden war, folgte rasch und andauernd ein andauernder Normverstoß auf dem Fuß.

Dieser sich herausmäntelnden ökonomischen Tatsache entsprach ein geradezu sprunghaft ausgebauter Sozialstaat. Die wichtigsten gesetzlichen Markierungen bilden die Jahre 1957 und 1961. Die neue, dynamische Rentenversicherung kurz vor der 57er Bundestagswahl samt einer heute massiv zurückgenommenen Regelung der Arbeitslosigkeit. Unter anderem darauf ist die absolute Mehrheit, die die CDU/CSU in den Wahlen ergatterte, zurückzuführen. 1961, erneut auf Wahlverhalten, regierungsparteienfördernd angelegt, unter anderem das Jugendwohlfahrtsgesetz mit vergleichsweise fülligen Gaben für die „normalen“ Jugendverbände und, indirekt, für die Kirchen und ihre Einrichtungen.

Neben dieser ökonomisch-kapitalistischen und sozialpolitischen allgemeinen Aufwärtsentwicklung war die Bundesrepublik mancherorts noch erfreulich von Vorstellungen, Institutionen und Personen bestimmt, die die Bedingungen, die den Nationalsozialismus ermöglicht hatten, systematisch überwinden wollten. Die allgemeine, bald wohlständische Aufwärtsentwicklung erlaubte es übrigens auch, die über 10 Millionen Flüchtlinge aus den ehemaligen deutschen Ostgebieten trotz massiver Vorurteile zu Beginn vergleichsweise mühelos zu integrieren. Die ehemaligen Flüchtlinge trugen sogar erheblich zum treibhausartigen Wirtschaftswachstum bei. Allerdings waren sie es auch, die den verleugnend restaurativen Geist der Epoche verstärkten. Der Wiedergewinn der ehemaligen deutschen Ostgebiete wurde zur politischen Leitdevise der 50er und frühen 60er Jahre. „Dreigeteilt niemals!“ lautete das wie ein Tabu formulierte Postulat.

Die Beobachtung, dass es erfreulicherweise auch andere Landstriche gegeben hat, trifft nahezu exklusiv für das seinerzeit sozialdemokratisch regierte Land Hessen zu. In Hessen gab es eine ungewöhnliche Reihe von Personen, die es zu hohen Stellungen gebracht hatten, obwohl, nein gerade weil sie harte Gegner und Verfolgte des nationalsozialistischen Regimes gewesen waren. Dieser in anderen Ländern meist nicht gegebene Umstand zeitigte für uns Naturfreunde Hessens und uns Offenbacher, schließlich auch für mich persönlich, ausgesprochen positive Effekte. Wir klopften offiziell nicht vergeblich an sonst verschlossen bleibende Türen. Diese öffneten sich leicht. Wir wurden sogar eingeladen. So lernten andere und ich die Frauenhaftanstalt in Frankfurt-Preungesheim und deren Leiterin, Helga Einsele, kennen. Von ihr, erfahren, in jedem einzelnen Fall skrupulös und menschenrechtlich eindeutig engagiert wie sie war, habe ich beispielsweise erfahren, welche Ungeheuerlichkeit sich hinter der Lebenslangen Freiheitsstrafe verbirgt. Die Bundesdeutschen rühmen sich, dass der Parlamentarische Rat die Abschaffung der Todesstrafe ins Grundgesetz aufgenommen hat. „Die Todesstrafe ist abgeschafft" lautet Artikel 102 des Grundgesetzes. Dass menschenrechtlich konsequent auch die lebenslange Freiheitsstrafe abgeschafft werden müsste, wird hinter der Abschaffung der Todesstrafe, die ihrerseits immer erneut umstritten ist, füglich übersehen.

Über Helga Einsele habe ich den seinerzeitigen hessischen Generalstaatsanwalt, Fritz Bauer, kennen gelernt. Ohne Fritz Bauer wäre es entweder nie oder noch später zum ersten großen Verfahren in der Bundesrepublik gegen Täterinnen und Täter im Umkreis der Konzentrationslager gekommen, den Auschwitz-Prozess 1964 in Frankfurt/M. Ihn hat Peter Weiss in seiner „Ermittlung" (1965) dokumentarisch dicht zusammengefasst. Zusammen mit dem Prozess gegen Adolf Eichmann 1960 in Israel – auch zur Enttarnung und Erfassung Eichmanns in Argentinien hatte Fritz Bauer beigetragen –, war nun das bundesdeutsch allgemeine Nachkriegsverhalten des „Beschweigens" nicht mehr möglich. Auch an den Universitäten nahmen die Diskussionen um die „braune Vergangenheit" derselben und der „arischen" Hochschullehrer zu. Wirkungen sind davon meines Wissens nicht ausgegangen. Das

Sprichwort von der mangelnden Kraft einer Schwalbe, einen Sommer zu machen, ist allerdings in einer Hinsicht zu korrigieren. Schwalben wie Fritz Bauer sind nicht dadurch „nutzlos", dass ihr wirkender Flug begrenzt wird. Sie werden dadurch umso wichtiger. Beispielsweise, um Leute, wie uns Junge seinerzeit zu orientieren, die wir Schwalben als Sommerzeichen nicht kannten. Nun erkannten wir, was real möglich war. So konnten wir tagträumen und darauf hinwirken, dass aus einer Schwalbe viele würden. Dann wäre plötzlich Sommer.

Auch mit Erdmute Falkenberg, Leiterin des Landesjugendamtes Hessen und Schwester Helga Einseles, kam ich als Landesjugendleiter der Naturfreunde in engen Kontakt. Mit ihren Mitarbeitern, darunter Arno Klönne, habe ich seinerzeit und später eng zusammengearbeitet.

All diese und andere Kontakte zu wichtigen Behörden und ihren Vertreterinnen und Vertretern unterstreichen, dass und warum wir die Politik der Bundesrepublik Deutschland, dass wie das Land wird und agiert, nicht zuletzt als unsere Sache verstehen konnten. Gerade in unserer Kritik waren wir Teil dieses Landes und seiner Politik. Auch wenn letztere weitgehend herrschaftlich anders betrieben wurde, als wir dies wollten, ging sie doch nicht einfach unerreichbar, unbegreifbar, unbeeinflussbar über unsere Köpfe hinweg. Wir hatten den nicht nur illusionären Eindruck, wir könnten zusammen mit anderen mitwirken und ändern.

Schon erwähnt habe ich, dass ich früh eine Kindergruppe der Offenbacher Naturfreunde betreute. Diese Kinder-„Arbeit" begleitete mich, so lange es irgend ging, bis kurz bevor meine Frau Hanne und ich mit unseren kleinen Töchtern, deren ältere, Sonja, noch eine Kindergruppe besuchte, unseren Wohnsitz ins Sensbachtal im Odenwald nach Obersensbach verlegten (1974). Solange ich noch in der Lehre steckte oder dann Betriebsrat, Gewerkschaftssekretär oder später Sekretär von mir mitgegründeter politischer Vereinigungen wurde, habe ich mir jeden Mittwochnachmittag freigenommen. Ich musste diese betrieblich „verlorenen" 4 Stunden an Wochenenden nacharbeiten. Nicht als zusätzliche Belastung habe ich den wöchentlichen, bei gemeinsamen Fahrten auch über Tage sich erstreckenden Umgang mit Kindern erfahren.

Vielmehr als Freude, als Freiraum, meine Phantasie gestaltend auszuleben, meiner eigenen Spielfreude mit Kindern nachzugehen. Am Beginn noch nicht bewusst, begriff ich diesen Umgang als wichtige, herrschaftsfreie Chance, Kinder zwischen 10 und 14 Jahren in einer überschaubaren, regelmäßig zusammenkommenden Gruppe so in Selbstbewusstsein und eigenbestimmtem, das heißt immer zugleich sozial andere einzunehmenden Verhalten zu fördern, dass dadurch die Wahrscheinlichkeit wuchs, sie würden einmal als urteilsfähige Bürgerinnen und Bürgern ihren eigenen, nicht nur „mitlaufenden" Weg aufrecht gehen. Dieser Umgang mit Kindern hat mir viel anhaltende Freude bereitet. Ich habe mich nie kindisch zu den Kindern herabbücken wollen oder müssen, sondern das Kind in mir, lebendig gehegt und gepflegt, als Jugendlicher mit 17 Jahren – damals fing ich mit der ersten Kindergruppe an –, als junger Erwachsener, als junger, älterer und nun alter Mann in mir aufgehoben. Das schwäbische Zeitwort „aufheben" meint bekanntlich ein Dreifaches. Davon sind zwei Bedeutungen für meinen Versuch wichtig, den richtigen Zugang für den Umgang mit Kindern unbeschadet der Fülle verschiedener Temperamente und Verfahrensweisen herauszuarbeiten. Zum ersten, und hier vernachlässigbar, meint aufheben, beispielsweise ein Blatt vom Fußboden auf den Tisch zurückzulegen. Zum zweiten kann aufheben die Bedeutung von beseitigen haben. Ich hebe eine Zusage auf. Die dafür zuständigen Instanzen heben eine Gefängnisstrafe auf. Oder ich hebe einen Teil meiner kindlichen Beschränkungen auf. Zum dritten hat aufheben den Sinn von aufbewahren, von erhalten.

Wären wir nicht in der Lage, aus unseren Kinderschuhen herauszuwachsen, so schmerzlich das zuweilen und zuerst sein mag, wir würden nie selbstständig erwachsen. Wir benähmen uns, da niemand dem Alterungsprozess ausweichen kann und – im Sinne des in den Menschen angelegten „Entwicklungsprogramms" – ausweichen darf, kindisch, nicht Fisch, nicht Fleisch, unfähig, verantwortlich für uns selbst zu stehen. Das heißt also, wir müssen auch aufheben in seiner zweiten Bedeutungen von auflösen, beseitigen, zu Ende bringen, praktizieren.

Zugleich aber wäre es schlimm für uns, wir verlören all das, was Kinder ausmacht. Ihre Prägsamkeit, ihre Plastizität (das meint das vom

Lateinischen kommende Fremdwort Pubertät insbesondere), ihre damit verbundene Fähigkeit, zu lernen, Wirklichkeit neu zu ergreifen und neu zu gestalten. Damit innig verbunden ist die lernoffene Beweglichkeit und Bewegungslust der Kinder, die ihren ganzen Leib, die ihre ganze Psyche, die ihren ganzen Geist in nicht enden wollenden Äußerungsformen umfasst. Alle Potenzen, die Knospe um Knospe treiben, machen das aus, was man den geradezu natürlichen Anarchismus von Kindern nennen könnte. Ihren Überschwang; dass sie ihre Grenzen oft erst mühsam und schmerzlich lernen müssen. Darum können Kinder auch neu anfangen. Mit jedem Kind ist die Chance, ist fast so etwas wie die Pflicht eines Neuanfangs verbunden.

Darin zuallererst besteht schlechte Sozialisation: Diese zerschlägt die Möglichkeiten der Kinder. Sie gibt von Erwachsenen fixierte Institutionen, Prozeduren und Inhalte vor, die die Kinder erwachsen machen soll, indem sie all ihre kindliche Plastizität, die Fülle ihrer Spielfreude, einschränkt, austreibt und die Kinder in einen immer schon etablierten Verhaltenskäfig zwingt. Auf dass sie werden wie die Erwachsenen, die ihrerseits der Sklerose herrschender Verhaltensmuster unterlegen sind. Alle möglichen Karrieremuster sind allen sonstigen zuckerwattig süßen rhetorischen Wertefloskeln zum Trotz darauf geeicht. Das ist das, was im Extrem die „schwarze Pädagogik" beabsichtigte, für die es zahlreiche Zeugnisse aus dem 19. und dem 20. Jahrhundert gibt. Untertanen erzeugen. Den Eigenwillen von Kindern und Jugendlichen brechen wie grausame Pferde- und Hundehalter Pferde und Hunde einbrechen. Das heißt, sie ihres eigenen Willens enteignen. Das verlangt, aus der sozialen Anarchie die asoziale Herrschaftshörigkeit zu machen. Indes, nicht nur die schwarze Pädagogik ist schlimmer Kinder-Trimmerei zu zeihen. Und nicht nur die pädagogischen Einrichtungen im engeren Sinne samt dem, was babyanfänglich an nächsten Bezugspersonen gegeben ist, sind dafür verantwortlich, dass die meisten erwachsenen Äpfel nicht weit vom gekrümmten Stamm der in der Regel elterlichen Bezugspersonen früh verhutzelt fallen. Die hauptsächlichen ökonomischen, politischen und im weiteren Sinne kulturellen Produktionsformen und ihre Funktionen sind es, die heute mehr denn je auch das noch so individuelle Dasein und intime Detail bis in die letzte Faser beeinflussen und ausrichten, die darüber entscheiden, ob Kinder so erwachsen werden können, dass sie selbstständig und handlungsfähig werden und gerade darum ihre ungebrochene kindliche Neugier, Lern- und Spielfreude erhalten. Manche Einrichtungen der Arbeiterbewegung, so die der Naturfreunde, waren bewusst und unbewusst, gezielt und ungezielt, genau darauf ausgerichtet, den Arbeiter-Kindern eine Sozialisation außer der – wenn nicht gegen diese – herrschenden, Klassenkampf von oben betreibenden zu gewährleisten, die sie zu unterdrücken ausging. Das, was heute unter den pädagogischen Schlagworten von „Mobilität" und „Flexibilität" und „Lernen, um zu Lernen" verstanden wird, Fähigkeiten, die den Kindern und Jugendlichen vermittelt werden sollen, hat nicht das Mindeste mit selbstbestimmter Aneignung immer neuer Aspekte der Wirklichkeit zu tun; nichts mit Mobilität aufgrund eigener Beweglichkeit und Ziele; nichts mit größer und beweglich bleibender Fähigkeit, das eigene Selbst auszuweiten. Damit Ausgebildete in Richtung von anderem und anderen, wahrnehmungsoffener, vorstellungskräftiger und also urteilsfähiger werden. Das genaue Gegenteil ist der Fall. Vom globalen Kapitalismus, der technologische Innovationen ununterbrochen bedarf, und von seinen lokalen Folgen überall mehr oder minder sublim abstrakt aufgezwungene „Mobilitäten" und „Flexibilitäten" sollen die Kinder und Jugendlichen dazu anhalten – später dann die allein in dieser Weise „jung" zu erhaltenden Erwachsenen –, alle ihre Lebenszeit bereit zu sein zu jeder Aufgabe und jeder Arbeit an jedem Ort. Dazu gehören: vor allem die „Fähigkeiten", wegzuwerfen, was eine/r zuvor gelernt hat; keinen Eigensinn zu entwickeln; und zu allem Tun bereit zu sein. So die dauernd tickende Stunde der Arbeitslosigkeit, der Unterarbeit, der Mehrfach- und der Kurzarbeit schlägt.

Zurück zu „meinen" Kindergruppen. Seinerzeit waren die gesamtgesellschaftlichen Vorgaben noch besser, nicht zu reden davon, dass unter den Naturfreunden und ihren Familien beste fördernde Bedingungen gegeben waren. Also konnte ich mich mit meinem eigenen Spiel- und Lerntrieb zu den Kindern bewegen, mit ihnen spielen und lernen, ohne zu verleugnen, dass ich älter war, andere Verantwortungen hatte und älter wurde. Also konnten die Kinder ihren Spiel- und Lerntrieb entfalten, ihn besser und phantasievoller noch ausbilden, weil die Bedingungen günstig waren, dass sie sich selbstsuchend selbstbestimmt weiter entwickeln und kindlich unkindisch erwachsener werden konnten. Wie viel Spiele haben wir gemeinsam gefunden, erfunden, geplant und ausgeführt. Alle Dimensionen menschenmöglicher, von Menschen zu begreifender und zu gestaltender Wirklichkeit kamen dran. Meine spiel- und lernpraktisch sich übende Phantasie blühte wie die der Kinder. Oft musste ich nur Anreize liefern. Auch wenn ich genauere, vorab gut geplante und vorbereitete Vorgaben machte, versuchte ich dies immer so zu tun, dass den Kindern ein eigener Gestaltungsraum blieb. Als ein solcher Kindergruppenleiter übt man unvermeidlich eine gewisse Macht aus. Dies ist in allen gesellschaftlichen Zusammenhängen der Fall. Macht, die auch mit Machen- und Gestaltenkönnen zusammenhängt, ist nicht prinzipiell auszublenden. Ausschlaggebend ist, wie und wo diese Macht sich äußert und ausgeübt wird. Entscheidend ist vor allem, welche Instrumente sie gebraucht und über welche Sanktionen sie verfügt. Dort, wo sie im „pädagogischen Zusammenhang" – und recht verstanden müsste ein solcher immer angestrebt werden – geübt wird, einem Zusammenhang, in dem Lehrende und Lernende sich lernend lehrend austauschen, dort muss das, was von leitend/lehrender Seite vorgeschlagen, zuweilen auch bestimmt wird, durchgehend einen offenen, also einsichtigen Charakter besitzen. Es muss von den Kindern und Erwachsenen selbst auswählend aufgenommen werden können. Abweichendes Verhalten und Widersprüche müssen, möglichst sanktionsfrei, Raum haben. Alle Festlegungen müssen erläutert werden. Dort aber, wo es institutionelle soziale Vorgaben gibt, die von keinem der Beteiligten, ob Kind/Jugendlicher/Erwachsener oder Betreuer beseitigt werden können, selbst wenn sie einsichtig kritisiert werden, dort muss man sie wenigstens in ihrem „Herrschaftscharakter" diskutieren.

Keine „meiner" Kindergruppen möchte ich missen. Ich kann nur hoffen, dass all die vielen Kinder, die irgendwann einmal mitgemacht haben, längst selbst erwachsen, oft selbst Kinder, ja Enkelkinder erziehend, erinnerungsfroh sind wie ich. Mögen sie mit bleibendem kleinen Lichtscheinnutzen, nicht zuletzt der bleibenden Spielfreude und der dafür nötigen Phantasie zurückdenken. Spiel- und mit ihr verbunden

Lernfreude und Phantasie – von niemandem und unter keinen Umständen sollten wir diese uns nehmen lassen.

5. Offenbach als sozialer, als politischer Ort

Als ich klein war, war der Lohrweg wichtig. In ihm und den nächsten Wegen entstand „meine“ Kinderbande. Im Krieg wurde Kaltenwestheim mein Ort, der über die dortigen Verwandten präsent blieb. Und plötzlich 1990 wieder präsent wurde. Tatsächlich eine Wiedervereinigung mit zwangsweise getrennten Verwandten.

Als ich nach Kriegsende und bei beginnender Besatzungszeit nach Offenbach zurückgekehrt war, weiteten sich allmählich meine sozialen Kreise. Schon in der Zeit, da ich 12-jährig Mitglied der kirchlichen Jungschar geworden war, spätestens aber seit meiner Lehrlingszeit und verstärkt seit meinem Eintritt in die Naturfreunde dehnten sich meine Kreise. Offenbach wurde mehr und mehr zu meinem soziopolitischen Raum. Ihn lernte ich kennen, in ihm kannte ich bald alle wichtigen sozialen Wege und Stege. Offenbach war gerade noch insgesamt übersichtlich. Hier gab es weder alte noch neue Unübersichtlichkeit.

Offenbach, unmittelbar vor Frankfurt am Main gelegen, zählte in den 50er Jahren ca. 100.000 Einwohner. Offenbach war eine Arbeiterstadt durch und durch. Im Kriege mittelschwer zerstört, nach den üblichen Berechnungen zu 45 Prozent, lebten in Offenbach rund 80 Prozent der Bevölkerung von „seinen“ Industrien. Im Mittelpunkt stand die Lederindustrie, ein Gewerbe, das auf die Hugenotten zurückgeht, die im 17. und 18. Jahrhundert zahlreich nach Offenbach gekommen sind. Sein „Hugenottencharakter“ mag Offenbach, ohne dass man ein solches „Ferment“ in der Offenbacher Stadtkultur genau nachzuweisen vermöchte, ein Stück seiner Eigenart vermittelt haben. Etwas abseits der „Normalrepublik“ schon in der Weimarer, dann auch in der Nazizeit, wieder etwas abseits auch nach 1945, mit eigenen Elementen, die sich dann in jedem Fall der bundesdeutschen CDU-Staats-Normalität erheblich sperrten: dem engen Milieu-Katholizismus und kleinbürgerlichen Protestantismus, dem alle bürgerlichen Freiheiten auszehrenden ideologischen Antikommunismus im Kontext eines enormen Wieder- und Neuaufbaus, getrieben von einem losgelassenen privaten Sicherheits-, Wohlstands- und Vergessensinteresse.

Zur Lederindustrie in all ihren Stufen von der überragenden Lederverarbeitung bis zur Gerberei und wieder zur Schuhindustrie waren schon in der ersten Hälfte des 20. Jahrhunderts Metallindustrie und ein Zweigwerk der Farbwerke Hoechst hinzugekommen. Die Farbwerke Höchst waren vor 1945 Teil der riesigen IG Farben gewesen. Ein Teil der IG-Farben-Betriebe lieferte der nationalsozialistischen Menschenvernichtung im Zusammenhang der „Endlösung der Judenfrage" und darüber hinaus die mörderischen chemischen Mittel. Größere Verwaltungsbetriebe gab es in Offenbach nicht. Sie kamen erst in den 50er Jahren hinzu. Zuerst die Alkoholmonopolverwaltung und der Wetterdienst.

Die Eigenart als Arbeiterstadt zeigte sich in den knapp 14 Jahren während der Weimarer Republik wie dann seit Beginn der „Bonner Republik", wie man anfänglich statt Bundesrepublik Deutschland vielfach sagte, darin, dass durchgehend die Arbeiterparteien über satte Mehrheiten verfügten.

In Offenbach gab es seit 1918 neben der SPD und, kurze Zeit, der USPD (Unabhängige Sozialdemokratische Partei Deutschlands), nicht nur die KPD (Kommunistische Partei Deutschlands). In Offenbach formierten sich auch die Oppositionsgruppen in und außerhalb der KPD gegen deren zunehmenden, von Moskau aus gesteuerten, deutsche Verhältnisse missachtenden Kurs. So stellte die KPDO (KPD-Opposition) in Offenbach eine starke Gruppe. Vor allem der Name August Thalheimers wird mit ihr bis heute verbunden.

Offenbacher Eigenarten zeigten sich unbeschadet der auch dort selbstverständlich infolge des 1. Weltkriegs und der sowjetischen Oktoberrevolution eingetretenen und fortgesetzten „Spaltung der Arbeiterklasse" für uns Naturfreunde besonders wichtig darin, dass die Naturfreunde der Weimarer Republik die Spaltung in verschiedene parteiliche Sozialismen bzw. Kommunismen nicht mitmachten. Die Naturfreunde blieben in einer Gruppe zusammen, obwohl sich auch ihre

Mitglieder parteilich verschieden verhielten. Bedenkt man, wie rasch und nachdrücklich die wechselseitige Verfeindung von der SPD und vor allem von der ferngesteuerten KPD betrieben worden ist, bedenkt man, wie dann gegen Ende der Weimarer Republik alle KP-Mitglieder, die vom Moskauer Kurs abwichen, hart, wenngleich noch nicht liquidatorisch verfolgt worden sind, dann erstaunt es heute noch, dass die Naturfreunde sich nicht spalten ließen. Sie gingen ihren Aufgaben im Rahmen der Naturfreunde gemeinsam nach.

Offenbach am Main zeichnete sich nach der „Machtergreifung“ der NSDAP am 30.1.1933 politisch immerhin dadurch aus, dass die Offenbacher „Massen“ Hitler und der NSDAP nicht sofort proskynetisch, sprich anhündelnd die Herrschaftszehen leckten. Gerade, weil sie viele Arbeiter, aber keine Massen waren. Hitler musste noch 1933 durch eine Hintertür zu einer NSDAP-Versammlung gebracht werden. Letztere besaß in Offenbach keine Basis. Sie fand zunächst keinen ihr passenden Bürgermeister. Der SPD-Abgeordnete Pless wurde im Rahmen einer der verstreuten Widerstandsaktionen von der SA erschossen.

Indizien dafür gibt es zahlreiche, dass Offenbach auch nach 1945 lange eine Stadt blieb, in der die Mehrheit der Bürgerinnen und Bürger direkt oder indirekt von Industrie- und Handwerksarbeit lebte und Parteien aus der Arbeiterbewegung den politischen Ton bestimmten. Also nannte Offenbach eine „linke“ „politische Kultur“ sein eigen. Ich will nur wenige, bewusst aus verschiedenen Bereichen entnommene, leichte Indizien andeuten.

- 1945 wurde in Offenbach bei erster sich besatzungspolitisch bietender Gelegenheit eine eigene lokale Arbeiterpartei (AP) gegründet. Ihr führender Mann war Heinrich Gahm. Diese Arbeiterpartei, die Politik bewusst von der lokalen Basis aus und an derselben betreiben wollte und die außerdem die als schlimm erfahrene „Spaltung“ zu überwinden ausging, erhielt bei den ersten Wahlen 1945/46 so viele Stimmen, dass sie kurze Zeit die stärkste Partei war. Ihre Stärke hat dann rasch abgenommen. Die Restauration der großen Parteien – in dieser Hinsicht mit Ausnahme der CDU/CSU –, und der überregionalen Politik überrollte alle anderen politischen Versuche rasch. 1954 haben sich ihre Reste der städtisch begrenzten AP der SPD angeschlossen.

- Das Stadtparlament war selbstredend mehrheitlich von Abgeordneten der Arbeiterparteien bestimmt. In den 50er Jahren gehörten immerhin 1/5 der Abgeordneten auch den Naturfreunden an.
- Als Bundeskanzler Adenauer im Verlaufe des Wahlkampfes zur Bundestagswahl von 1953 in Offenbach angekündigt war, haben wir Jungen CDU-kritische Anti-Wiederaufrüstungsparolen nachts auf die Straße geschrieben, auf der Adenauer zum Versammlungsraum gefahren werden musste. Der Offenbacher Oberbürgermeister Klüber verweigerte sich, diese Aufschriften sogleich entfernen zu lassen. Adenauer komme als Wahlkämpfer, nicht als Bundeskanzler, so lautete seine etwas schweyksche Auskunft. Einen vollen Saal konnte Adenauer darüber hinaus nur erwarten, weil die Firma Lavis ihre Arbeiter als Claqueure bezahlte.
- Die 1.-Mai-Demonstrationen waren ein Großereignis Offenbachs. Vier große, wohl vorbereitete, mit Fahnen und allen Symbolen der Arbeiterbewegung ausgestattete Züge „marschierten" durch die Stadt. Einen dieser Züge haben wir regelmäßig von der Jugendgruppe der Naturfreunde vorbereitet.

Ganz verschiedene Räume gibt es. Solche, die sich Menschen vorstellen, die sie mit Hilfe von Fernrohren und wissenschaftlichen Berechnungen erkunden. Solche, die sie befahren und also im wörtlichen Sinne erfahren, die sie begehen, die sie nicht primär als geographische, sondern als soziale Räume erleben. Andere, in denen sie sich zuerst wörtlich, dann im übertragenen Sinne orientieren und in denen sie orientiert werden, die ihr Verhalten und seine Spielräume, seine Nischen und seine Hauptstraßen vorgeben. Wie die Zeit hat alles seinen Raum. Auch der Nichtraum. Das, was jeweils Raum ist und bedeutet, versteht sich alles andere als von selbst.

Gegeben aber ist, dass jeder Mensch ein Körperwesen ist. So viel und weit er ent-fliegen, sich fern-denken und, neuerdings, im Internet virtuell sich austoben mag. Darum ist er räumlich fest gebunden. So sehr seine Vorstellungs- und seine technische Kraft Räume überwinden kann. Selbst wenn sie fliegen, sind Menschen immer in einem Raum. Sie können nicht, allenfalls im übertragenen Sinne, mehrräumig sein. Das aber, was nie pur physisch für den menschlichen Raumbedarf gilt, im Köper gegründet, im Gefühl gegeben, denknotwendig, gilt für den Menschen als geselliges Wesen verstärkt. Gesellschaft, so sehr sie, wichtig genug, utopisch, sprich ohne Ort bzw. Raum gedacht werden kann und im Sinne humaner Orientierung gedacht werden muss, ist immer zuerst eine soziale Körpererscheinung. Gesellschaft bedarf eines Ortes. Sie bedarf eines Raumes. Sie erstreckt sich in Form sozialer Beziehungen, ihrer Ordnung und Institutionalisierung, ihrer Grenzen und Grenzüberschreitungen, ihren materiellen Verteilungen, ihrem sozialen Oben und Unten, ihren Nischen und Zentren. Wir lernen kindlich uns selbst kennen und verstehen, wir lernen uns sozial zu bewegen und zu handeln, indem wir anecken, Regeln und Anerkennungen erfahren. Vieles von diesem multidimensionalen gesellschaftlichen Raum-Lernen geschieht vorbewusst, geschieht, indem die gesellschaftlichen Nah-, dann Ferner-, dann Fernräume, die wir auf verschiedene Weise verlassen können, uns vorgegeben sind. Wir verinnerlichen diese gesellschaftlichen Räume und ihre Gebräuche. Das ist es, worin Vergesellschaftung oder Sozialisation zuerst und vor allem besteht. Für uns wird dann entschieden, ob der uns vorgegebene gesellschaftliche Raum überhaupt eine (gesellschaftliche) Ordnung hat, die wir erst insgeheim, dann bewusster, schließlich bewusst erkennen können. Ob wir uns also zu orientieren vermögen. Dort, wo keine Struktur besteht, keine Anhaltspunkte gegeben sind, dort, wo sich alles rasend verändert, kann verlässliche Orientierung nicht zustande kommen. Solche bedarf immer der zuerst äußerlichen, dann auch im Sinne von eigenen Kriterien verinnerlichten Halte- und Ruhepunkte geringer Veränderung. Ohne soziale Gesellschaftskarte, ohne die allmählich angeeignete Fähigkeit, diese Karte lesen, vielleicht dann auch in ihrem Sinn und Unsinn kritisch lesen zu können, sind wir orientierungslos verloren. Wir finden uns nicht zurecht. Wir können allenfalls das tun, was wir jeweils präzise aufgetragen erhalten.

Das ist wahrhaft ein weites Feld. Ich will es nicht weiter ausschreiten. Soweit sollte jedoch schon einsichtig geworden sein, auch weil alle

Lesenden in sich mitlaufende Erfahrungen und/oder Erfahrungsblockaden in gesellschaftlichen Räumen und heute mehr denn je drohenden Raumverlusten gemacht haben müssten: kindliches Lernen und Verhalten, erwachsenes Lernen und Verhalten bedürfen konkreter, gerade darum dann ohne Verlustgefahr abstrakter werdender Aneignung von immer selbstredend sozial zu verstehenden Räumen. Die in ihnen gemachten Erfahrungen können dann lernend vorstellungskräftig, mit am selbst angeeigneten Raum erprobter sozialer Phantasie weiter verwendet werden. Sonst drohen wir erfahrungsleicht zu einem Stehaufmännchen oder Stehauffrauchen ohne Bleigewicht, ja ohne eigene auch nur hauchhafte, kritisch analytische Fähigkeit zu werden. In der vergeblichen Suche nach der immer nur erhofften, der immer schon verlorenen „Identität" drohen wir dann zu in der Tat mobilen und flexiblen Flocken ohne Eigensinn zu werden.

Das war unsere, das war meine Chance in Offenbach am Main. Nicht dass dort alles bestens soziogeographisch gerichtet gewesen wäre. Eine Stadt ohne randständische Bezirke, ohne Ausgrenzungen, ohne umbautes soziales Oben und Unten, mit Wegen und Zugängen, die allen offen standen, mit Plätzen, die sich zur Versammlung eigneten, mit Stadtteilen, die solche Versammlungen mitbestimmungsfähig machten und so weiter und so fort. Wie hätte dies in einer Arbeiterstadt, in der, mit Marx gesprochen, die Proletarier und ihr Nachwuchs, also wir, die überwiegende Mehrheit stellten, der Fall sein sollen. Klassenspaltung sozusagen als Stadtvoraussetzung. Wie hätte dies während der nationalsozialistischen Periode der Fall sein können, selbst wenn es, dank Offenbach, einige Aufmüpfigkeiten und Aufmüpfige gegeben hat. Wie hätte das nach 1945 angesichts der Zerstörung, im materiellen Elend inmitten all der rasch neubauenden Erfordernisse und vor allem inmitten des sonstigen besatzungspolitisch bestimmten, dann von der jungen Bonner Republik als Herrschaftsmilieu restaurativ verbreiteten politischen Kultur der Fall sein sollen?

Und doch: Offenbach bot uns Kindern und Jüngeren ungewöhnliche Chancen. Als die geschilderte Arbeiterstadt begrenzter, überschaubarer, erfahrbarer Größenordnung. Mit kaiserreich-, weimar- und nazierfahrenen, von den Nazis vor allem verfolgten und gedrückten und vertriebenen Genossinnen und Genossen, die die erste Stunde als ihre Stunde am Schopf packten. Sobald es und soweit es irgend ging. So wie die Gründer der Arbeiterpartei als neues Offenbacher, eine neue Politik versprechendes „Gewächs". Darum konnten wir uns zurechtfinden. Darum lebten wir als Jugendgruppe der Naturfreunde in einem uns günstigen Klima. Wir wurden befördert. Wie erhielten Kriterien und Anschauungs- und Praxisstoff, sie zu erproben. Wir erfuhren gewiss auch negative Sanktionen, die positiven, die gerade am Beginn so allentscheidend sind, aber überwogen. Was wäre wohl gewesen, wenn es mehr Offenbachs in der Zeit zwischen 1945 und 1949 und dann in der BRD gegeben hätte? Was müsste getan werden, dass heute in grundlegend veränderten Zeiten ähnliche Chancen sozialen Lernens und der mit ihm verbundenen Phantasie bestünden und wahrgenommen werden könnten: in Berlin und in Hannover, aber auch in Konstanz und Offenbach, in kleinen Orten und Dörfern, im städtischen Umland, da es einen eigenständigen ländlichen Raum nicht mehr gibt? Und dies im Zeitalter der strikt ungleich uneinheitlichen und vielfach verschrobenen Globalisierung.

6. Politisches Engagement speist sich aus vielen kräftigeren und schwächeren Rinnsalen

Noch ist es nicht Zeit, zusammenzufassen, um auf die Stufe der Zusammenfassung zu steigen, höher zu stehen, weiter zu sehen und behutsam zu verallgemeinern. „Grundlegungen" habe ich das genannt, was ich in diesem Kapitel vorhatte. Ich wollte mit Hilfe des in den vorhergehenden Abschnitten ausgewählten Materials und der mit ihm verknüpften Überlegungen mich und die Lesenden darauf aufmerksam, das heißt, wach dafür machen, dass es nicht zufällig ist, wenn einer wie ich, so geworden ist, wie er wurde. Gewiss, das, was eine Person ausmacht, speist sich aus sehr viel mehr Zuflüssen, als ich dargestellt habe und als ich darstellen könnte, wenn ich viel mehr Zeit und Raum auf meine „Sozialisation" verwendete. Letztlich bleibt jede Person nicht nur anderen, sondern auch sich selbst ein Rätsel. Und wenn ich alle Tropfen, die in den Eimer gefallen sind, wüsste und aussortieren könnte, ich vermöchte ihr Gewicht in der Wechselwirkung mit den anderen Tropfen bestenfalls zu ahnen. Und wenn ich alle Tropfen gezählt hätte, wüsste ich nicht, welcher den Film über dem Eimer reißen machte, so dass ich so und nicht anders handelte.

Ich will dieses sehr äußerliche und eher mechanische Bild nicht weiter pressen. So sehr nämlich bei allen sozialen Ereignissen in ihrer „Totalität", so auch und vor allem beim sozialen Ereignis Person Grenzen all unserer Erkenntnis gegeben sind, weil wir auch viele Ambivalenzen nicht auf einen Begriff bringen dürfen, als handele es sich letztlich doch immer um eindeutig identifizierbare Werte: so oder so, entweder oder, so sehr gilt gleich-, wenn nicht gesellschaftlich und das heißt politisch höherrangig: wir wissen eine ganze Menge von den sozialen Bedingungen, die Menschen in ihrer Entwicklung zu selbstbewusst urteilsfähigem Handeln wohl tun, und von den sozialen Bedingungen, die ihnen, wenn man diesen meinen zentralen Bezugswert zugrundelegt, schaden. Einige Bedingungen vor allem von dem, was mir meines Wissens wohl getan hat, habe ich dargelegt. Ich habe angesichts der kriegerischen Umstände indes auch Bedingungen nicht ausgelassen, bei denen das Gegenteil der Fall war. Weitere solche ambivalenten Bedingungen werden folgen. Eine eigene Biographie kann selbst von dem, der sie erlebt hat, nicht und nie mehr nachvollzogen, geschweige denn auch nur „authentisch" erinnernd wiederholt werden. Das gilt ganz gewiss für meine Zeit und mich. Und doch hoffe ich, dass schon in diesem ersten Kapitel etliche Aspekte und Argumente, Bedingungen und Faktoren kund geworden sind, die sich, vorsichtig und bedacht, sozial verallgemeinern ließen. Kritisch gewandt lassen sie sich in jedem Fall zuvor an der Nachkriegswirklichkeit der BRD und ihrer Politik reiben.

B. Der eigene Weg – 1958 bis 1965

1. Kleine und große Politik

Was sich zuvor schon angebahnt hatte, was sachlich unvermeidlich in meinem anhaltenden friedenspolitischen Engagement angelegt war, nun wurde es organisatorisch und in meinem Handeln zum Ereignis. Ich blieb in Offenbach. Mein Bleigewicht blieb lokal. Meine Handlungskreise aber dehnten sich. Landesweit zuerst, bald danach bundesweit. Ich wurde zum politischen Bürger und politisch Handelnden in der BRD insgesamt.

Diese Unterscheidung ist zutreffend und problematisch zugleich. Sie trifft zu, weil es einen Unterschied macht, ob ich mich in Vereinen und Zusammenhängen auf der lokalen Ebene bewege oder ob ich mich, abgehobener, wenn nicht mehr und mehr abstrakt in regionalen, überregional „nationalen", gar internationalen Bezügen tummele.

Die Differenz ist erheblich. Konzentriert man sich nur auf den politisch lokalen Bereich, kann diese Konzentration dazu führen, dass man die oft viel definitionsstärkeren Bedingungen und Wirkfaktoren außerhalb übersieht. Daraus können ein mangelhaftes Verständnis der Zusammenhänge, eine Hinnahme dessen, was außerhalb der lokalen Kreise geschieht und eine bornierte Überschätzung des lokalen Bereichs folgen. Man begreift nicht, dass die lokale Wirklichkeit weithin von regionalen, nationalen und globalen Vorgängen ökonomisch und politisch bestimmt ist und/oder man behandelt diese umfassenderen Definitionsmächte wie Naturtatsachen, redet von „Sachzwängen", nimmt sie hin, setzt sie gar unkritisch voraus. Daraus erwächst die Gefahr, das eigene Augenmaß zu verlieren. Man überschätzt lokale Differenzen, nicht zuletzt auch personeller Art ungemein. Sterile Aufgeregtheiten können die Folge sein.

Wendet man sich jedoch umfassenderen Zusammenhängen zu, droht das, was dann in den 70er Jahren zum Modewort geworden ist: der Verlust der Basis. Dieses Abheben vom lokalen Fundament kann vor allem demokratisch und menschenrechtlich sehr teuer zu stehen kommen. Für die betreffende Person selbst, die in die „große Politik" abwandert, hat solches politische Abheben meist die Folge eines fortgesetzten „Wirklichkeitsverlusts“. Das heißt, man versteht vielleicht nationale und globale Zusammenhänge besser; man erfährt sie jedenfalls in ihren vagen Konturen in allen möglichen Institutionen, bei fortgesetzten großen Konferenzen. Es geht einem jedoch das entscheidende Kriterium aller Demokratie und Menschenrechte verloren: welche Konsequenzen zeitigen diese und jene nationalen, europäischen und globalen Faktoren, Entscheidungen und Maßnahmen (oder Nicht-Entscheidungen und nicht getroffenen Maßnahmen) für die hier und dort lebenden Menschen? Welche Nutzen und Kosten lassen sich menschlich konkret ausmachen?

Die geradezu katastrophischen Effekte der zuletzt angestellten Beobachtungen lassen sich am „Schicksal“ aller Politikerinnen und Politiker demonstrieren, deren Wirkungs- und Karrieredrang sie in die „weite Welt“ führt. Fast gilt eine Art politisches Gesetz: je „umfassend“ mächtiger Politikerinnen und Politiker werden, desto mehr höhlen sie aus. Das ist es, was ich mit „Wirklichkeitsverlust“ bezeichnet habe. Sie haben keine konkreten Bezugsgrößen mehr. Sie können von Staats- oder europäischer oder globaler Sicherheit und ähnlichem mehr schwadronieren. Darum verrät sie am meisten ihre Sprache, hört man genauer hin und sieht nicht primär in ihre, fernsehgerichtet, bedeutungsschwer gefalteten Physiognomien. Diese Sprache hat keinen Inhalt. Sie erschöpft sich in Formeln. Sie ist darauf angelegt, alle und jede politische „Entscheidung“ bzw. das, was dafür ausgegeben wird, „glaubwürdig“ sprachlich schmierzuseifen. Der von anderen Faktoren mitbewirkte Wirklichkeitsverlust in der immer dünneren Luft abgehobener Politik hat unter anderem zur Folge, dass das, was die bundesdeutsche Verfassung will, eine „repräsentative Demokratie“, von vornherein nicht klappen kann. Oder dass die Europäische Union an einem strukturellen Demokratiedefizit leidet. Dies besteht nicht, weil ihr noch eine geschriebene Verfassung fehlt oder weil die Nationalstaaten bislang zu wenig Kompetenzen abgegeben haben oder weil das Europäische Parlament immer noch nicht kompetenzstark genug ist. Wie sollten die im fernen Berlin, im ferneren Brüssel oder diejenigen, die an noch ferneren internationalen Konferenzen teilnehmen oder in internationalen Institutionen wirksam sind, sich auch nur einigermaßen mit ihren weit zurückliegenden, ihren meist mehrfachen und ihrerseits allzu zahlreichen Basismitgliedern verbinden und rückkoppeln können?

Ausschlaggebend ist, dass man mit unterschiedlichen Akzenten und Schwerpunkten beides vermag. Dass man lokale und überlokale politische Aktivitäten miteinander verbinden kann. Sehe ich es recht, war mir dieses politische Glück zuteil. Zuerst, eher „instinktiv", habe ich früh den Gefahren entgegengewirkt, mich abzuheben, die Balance zu verlieren. Auch darum war es beispielsweise so wichtig, dass ich bis in die 70er Jahre hinein „meine" Offenbacher Kindergruppe bei den Naturfreunden betreut habe. Oder dass ich immer dort, wo ich lebte, später dann im Sensbachtal im Odenwald, eine Politik mitinszenierte, die derjenigen, die ich auf der bundesdeutschen Ebene mitmachte, entsprach. Friedenspolitik auf mehreren Ebenen.

Nun also, 1958, wurde ich, ein junges politisches Wesen im Rahmen eines Offenbacher Vereins, der Naturfreunde, zum Landesjugendsekretär berufen. Mein „organisatorischer Aufstieg" passte gut mit den politischen Erfordernissen zusammen, die sich mir sogleich stellten. Diesen hätte ich gewiss auch an anderer Stelle zu genügen versucht. Meine neue Position erleichterte jedoch das politisch anstehende „Geschäft". Es gab mir darüber hinaus die entsprechenden organisatorischen Möglichkeiten und vor allem Lernchancen.

Wem die Friedensfrage im Herzen brennt, der wird in seinem Umkreis alles tun, was ihm möglich scheint, dem Frieden näher zu kommen und Rüstungen und Kriege zuvörderst zu verhindern. Ein solcher Friedensenthusiast kann jedoch nie die „große" staatlich-internationale Politik auslassen, die über Krieg und wenigstens (negativen) Frieden entscheidet. Negativer Friede meint sprachüblich einen Zustand, in dem aktuell keine militärische Gewalt geübt wird, in dem aber auch die sozioökonomischen Bedingungen wahrhaften sozialen Friedens nicht geschaffen worden sind oder werden.

Zuerst hatte mich die Wiederaufrüstung der Bundesrepublik Deutschland um- und „in die Politik", wenngleich „nur" im Umkreis der Offenbacher Naturfreundejugend getrieben. Nun kam die mögliche

Ausrüstung der Bundeswehr mit von Bundeskanzler Adenauer so genannten taktischen Atomwaffen auf den Plan. Mit vielen anderen Personen und Gruppen in der Bundesrepublik, in den ersten Jahren auch mit den Gewerkschaften und der Sozialdemokratischen Partei Deutschlands, war damit das Thema meiner nächsten Jahre gegeben. Es fand friedenspolitisch in wachsenden und anderen Ringen bis heute seine Fortsetzung.

2. Atommacht Bundesrepublik Deutschland

Der erste große Erfolg der Adenauer-Zeit: die Bundesrepublik Deutschland wurde wieder aufgerüstet. Verfassungsrecht und Verfassungswirklichkeit veränderten sich qualitativ.

Dieser große Erfolg entsprach dem Streben des CDU-Staats, wie später die Zeit von 1949 bis 1966 benannt worden ist, die herkömmliche staatliche Souveränität der westzonalen, später dann der wiedervereinigten BRD, so rasch wie möglich auf direktem und indirektem Wege *wieder* zu erreichen. Dazu war ein möglichst rasches Ende der „Nachkriegszeit" krummgerade anzustreben, will sagen der Sonderstatus der Bundesrepublik als Nachfolge-teil-Staat des nationalsozialistischen Staates sollte raschmöglichst überwunden werden. Vorwärts zurück in die „Normalität" lautete darum die von der überwältigenden Mehrheit der allemal mitlaufenden, nun geradezu mitstürmenden Mehrheit der Bundesdeutschen insgeheim und offenkundig praktizierte Devise. Nichts mehr von Entnazifizierung; nichts mehr von Kollektivschuld oder Kollektivscham; allseits gepflegte „Unfähigkeit zu trauern"; rasch wieder „wer" werden; der nicht allein „deutschem" Fleiß, sondern ungewöhnlich günstigen internationalen Umständen zu verdankende wirtschaftliche *Wieder*aufstieg, das sogenannte Wirtschaftswunder passte wundersam ins millionenfache, von (fast) allen Parteien, der CDU/CSU zumal, geförderte und kräftig ausgenützte Streben, ohne irgend ein hinderndes Gepäck, privatim und spießig wachsend, kollektiv materiell und habituell nachzuholen, wohlständisch zu werden und aufzusteigen. „Wir Wunderkinder". Diesem Entlastungs- und hausbauenden Aufstiegs- als Ausstiegsdrang entsprach das westalliierte Bestreben nach einer verlässlichen antikommunistischen Vorburg, direkt am „Eisernen Vorhang". Das Bild setzte 1947 der ehemalige englische Premier Winston Churchill in Umlauf. Der ideologische Antikommunismus – nicht zu verwechseln mit einer angezeigten, durchaus harten Kritik an der bis zum 5. März 1953 von Stalin geführten Sowjet-Union und ihrer Zwangstrabanten –, der ideologische Antikommunismus, sage ich, erlaubte es den Bundesdeutschen und ihren Regierenden, eine der dominanten Kennzeichen der Nazi-Ideologie (und anders akzentuiert vor den Nazis) bruchlos fortzusetzen und ihre „braunen, geradezu tiefbraunen" Reste darunter wohlgefällig zu verbergen.

Der ideologische Antikommunismus, der die BRD von allem Anfang an durchdrang und fast aus allen Poren triefte, begünstigte auch das Streben der Bundesregierung und ihrer Interessenten nachhaltig, im konventionellen Sinne so rasch wie möglich die ersten großen Stufen zur *Wieder*erlangung staatlicher Souveränität hinaufzuspringen. Die *Wieder*aufrüstung war nach manchen Umwegen die erste, die erklommen wurde. Diese Stufe hatte die Bundesregierung, von Konrad Adenauer geführt, von Anfang an angestrebt, wenngleich dieses Streben erst 1950 in aller Öffentlichkeit bekannt geworden ist. Der seinerzeitige erste Innenminister und spätere dritte Bundespräsident (von 1969 bis 1974), Gustav Heinemann, trat darauf zurück. Er warf Adenauer vor, ihn und die deutschen Bürgerinnen und Bürger nicht nur arglistig getäuscht zu haben, sondern auch dem Weltfrieden und dem von ihm geteilten nationalen Ziel der Wiedervereinigung einen Bärendienst anzutun. Kaum war die Remilitarisierung geschafft, im Rahmen der NATO und mit Vorbehalten der Alliierten, drängten weitere Konsequenzen und Souvernitätswünsche. Vergebens hofften manche Älteren und halbbewusst wir Jungen, es könne ersetzt werden durch das Streben „neu" und „anders" zu verfahren, nazi- und kriegsgelehrt.

Die erste, direkt auf die Bundeswehr bezogene Konsequenz hat der 1956 berufene Bundesverteidigungsminister Franz Josef Strauß am 8. April 1957, nach mehr oder minder untergründiger, auch von den Westalliierten geführter Diskussion, von allem remilitarisierenden Anfang an, wie folgt ausgedrückt: „Ein Verzicht auf Kernwaffen unter den gegebenen Umständen und im Augenblick würde militärisch eine Preisgabe Europas an die Sowjetunion bedeuten."

Allen Warnungen deutscher Nobelpreisträger, ihrer berühmten „Göttinger Erklärung" vom April 1957 und vielen anderen stichhaltigen Einwänden und Protesten zum Trotz beschloss die Regierungsmehrheit des Deutschen Bundestages nach heftigen Debatten: „Angesichts der Aufrüstung des möglichen Gegners" sei es geboten, „die Streitkräfte der Bundesrepublik mit den modernsten Waffen so" auszurüsten, „dass sie den von der Bundesrepublik übernommenen Verpflichtungen im Rahmen der NATO zu genügen vermögen". Die seinerzeitigen Debatten im Bundestag lohnen sich übrigens heute noch gelesen zu werden. Und nicht nur, um kennen zu lernen, wie kriegerisch kalt und vorurteilsversessen die BRD seinerzeit war, dass es aber auch kräftig und unerschrocken Opponierende gegeben hat.

Damit war ein Fanal gegeben wie allenfalls die Entscheidung kurz zuvor, die schier endlose Geschichte kollektiver staatlicher Gewalt *auch* im Zweiweltkriegs- und Nazi-, samt KZ-„Traditions"-Land Bundesrepublik Deutschland wieder neu mit dem ersten Kettenglied einer Remilitarisierung einzusetzen. Die Anti-Atomkampf-Bewegung, die nun anhob, zunächst von allen oppositionellen Kräften irgendwo auf der weit bestimmten „linken" politischen Seite getragen, mit voran der SPD und den Gewerkschaften, gibt in vielen Facetten einen Vorschein dessen, was dann durch die Studentenbewegung und die Neuen sozialen Bewegungen der endsechziger und siebziger Jahre an neuen Formen politischer Mobilisierung und politischen Umgangs hervorgebracht worden ist. Konsequenterweise zeigte sich bald – da hatten freilich herkömmliche Organisationen wie die SPD und die Gewerkschaften die „Volksbewegung" schon verlassen –, dass, von der Gegnerschaft gegen die Remilitarisierung und vom Antiatomkampf angestoßen, Friedenspolitik mehr und mehr gesamtpolitische Züge tragen musste. Sprich die Themen des Zustands der Demokratie in der BRD und folgerichtig ihrer Demokratisierung begannen sich kräftig zu regen.

Freilich gilt diese Beobachtung auch umgekehrt. Etwas weiter oben habe ich festgestellt, die Remilitarisierung habe weitere Konsequenzen und Forderungen gezeugt. Ich habe gerade als Konsequenz das Verlangen der Bundesregierung skizziert, die Bundeswehr mit Atomwaffen auszurüsten. Hinzu kam bald ein neues Verlangen. Dieses gehört als inneres Souveränitäts-Pendent zur Wiederaufrüstung. Es handelt sich um das Verlangen an die Westalliierten, in Zeiten des „inneren (Staats)-Notstands" in die Lage versetzt zu werden, nötigenfalls die Bundeswehr im Innern einzusetzen. Der (Staats-)Notstand nämlich ist, wie der Innenminister des 3. Adenauerkabinetts und Außenminister des 4. Kabinetts, Gerhard Schröder, 1960 formulierte: „Die Stunde der Exekutive." Die Bewegung gegen die Notstandsgesetze, die weiter unten ausschnittsweise behandelt werden soll, stellte die 2. große politische Bewegung gegen die etablierte Politik der BRD dar. Sie mündete in die Studentenbewegung und verband sich in ihrer letzten Phase mit ihr.

3. Mehr als eine Episode: mein Engagement, Fremdenlegionäre zur Desertion zu motivieren und Deserteure auf ihrer Flucht in eine sichere Bleibe zu unterstützen

Ende der 50er Jahre tobte der Algerienkrieg. Die französischen Regierungen der 4. Republik und die von ihr vertretenen Interessen wollten Algerien als Teil des „Mutterlandes" mit gesondertem Status erhalten. Algerie francaise. Algerien, das ca. 100 Jahre zuvor von Frankreich kolonialisiert worden war, sollte nicht wie im Prozess der Entkolonialisierung nach 1945 viele andere Kolonien als jedenfalls formell selbstständiges Land in die Unabhängigkeit „entlassen" werden. Frankreich wollte Algerien als einen Teil „seiner selbst" behalten. Diese Absicht widersprach dem Verlangen der algerischen Befreiungsfront, wie sich die stärkste Bewegung nannte, die ein selbstständiges Algerien wollte. Der auch sonst meist nicht gewaltfreie Prozess der Entkolonialisierung eskalierte zum Krieg. Nur nebenbei gesagt, weil das koloniale „Erbe" und die Art der Entkolonialisierung heute noch nachwirken und zusammen mit neu hinzugekommenen Abhängigkeiten die Armut und die mangelhaften Fähigkeiten der Ex-Kolonialländer bewirken, die meist unvorbereitet zu Staaten gemacht wurden: die Zeit der Kolonialisierung war von Anfang bis Ende von der meist haushoch überlegenen, an erster

Stelle militärischen Gewalt europäischer Kolonisatoren geprägt. Zu den Kolonialmächten gehörte bis 1919 auch das 2. Deutsche Kaiserreich. Der Krieg in und um Algerien trug von Anfang an grausame Züge. Elemente von Bürgerkrieg, rassistischem Krieg, Kampf um die Größe der Französischen Nation, Kampf um die Befreiung der algerischen Bevölkerung als Teil der „Unterdrückten der Erde“ (Frantz Fanon) gegen die Kolonialmacht. Sich überlagernde Auseinandersetzungen zwischen den verschiedenen Gruppen in Algerien und Frankreich ließen diesen Krieg zum rücksichtslosen Gemetzel werden. Es kommt nicht von ungefähr, dass das Land der Menschenrechtserklärung – „Freiheit, Gleichheit, Brüderlichkeit“ – das schlimmste Mittel, wenn denn Steigerungen von Grausamkeiten erlaubt sind, die Folter einsetzte. Dagegen hat sich seinerzeit eine Minderheit französischer Intellektueller zur Wehr gesetzt, so wie sich auch in Frankreich eine Bewegung gegen den Krieg des eigenen Landes und für ein unabhängiges Algerien entwickelte. Just in diesen Jahren ist die Debatte um die Folter in Frankreich, die lange verleugnet worden ist, wieder aufgekommen.

Mehrere Motive ließen mich zu einem winzigen Nebenakteur in diesem Krieg werden. Bei den Naturfreunden gab es einige ausgesprochen Frankreich zugeneigte Mitglieder. Mit diesen besuchte ich 1960 Paris. Dort begegneten wir einem Ehepaar, das Buchenwald überlebt hatte und sich sehr für die algerische Sache engagierte. In der Maikundgebung der KPF (Kommunistische Partei Frankreichs) spielte die „Algerienfrage“ eine große Rolle. Französische Intellektuelle, darunter Jean Paul Sartre, appellierten an die französischen Soldaten, zu desertieren. Deutsche Intellektuelle unterstützten diesen Appell mit einem eigenen Aufruf. An ihrer alphabetischen Spitze: Inge Aicher-Scholl. Hinzu kam, dass ich auf Bitten eines Freundes hin und in Sympathie für die Sache als Landesjugendleiter für Winfried Müller alias Si Mustafa eine Pressekonferenz in Frankfurt organisierte. Si Mustafa war Mitglied der algerischen Befreiungsfront. Letztere hatte ihm ein Büro in Spanisch-Marokko eingerichtet. Er kam in die BRD, selbst mutmaßlich deutsch-algerischer Herkunft, um hier über den Algerienkrieg aufzuklären. Am Rande dieser Pressekonferenz berichtete mir Si Mustafa von ihren Versuchen, zum einen Fremdenlegionäre abzuwerben, zum anderen Deserteuren aus der französischen Armee zu helfen, eine sichere Bleibe zu finden. Mein antikriegerisches Engagement allgemein, meine Sympathien mit den Befreiungsbewegungen und mein immer vorhandener Wille, das was man sagt, auch zu tun, haben mich veranlasst, mich daran zu beteiligen, Fremdenlegionäre abzuwerben und Deserteuren auf dem Fluchtweg in nördliche Länder, vor allem nach Finnland zu helfen.

Die Arbeit musste weitgehend ohne öffentliches Aufsehen geschehen. Ich konnte sie nicht offiziell als Landesjugendsekretär ausüben, obwohl all das, was ich getan habe, mit dem übereinstimmte, was wir Naturfreunde dachten und taten. Sonst hätte ich es nicht getan. Das belegen heute noch die Artikel und Dokumente, die in der Zeitschrift „wir sind jung" erschienen sind. Selbstredend habe ich mich mit anderen, vor allem mit meiner Frau, die mithalf, besprochen. Manche Aktion, vor allem manche Namen musste ich jedoch für mich behalten, um Risiken zu vermeiden. Günstig war, dass die Bundesregierung seinerzeit ein eher gespannt distanziertes Verhältnis zur französischen Regierung hatte, auch der in großer Zahl deutschen Fremdenlegionäre halber. Die Fremdenlegion hatte Frankreich Ende des 19. Jahrhunderts eingerichtet. Sie bestand, wie ihr Name sagt, aus jungen, nichtfranzösischen Männern. Diese waren alle auf trickreiche Weise für die Fremdenlegion geworben worden. Daraus konnten sie nach eigenem Willen nicht mehr entweichen. Im Militär als totaler Institution gehalten, wurden sie rücksichtslos für militärisch verfolgte französische Interessen in diversen Kolonialkriegen eingesetzt.

Die Einzelheiten dessen, was ich und wie ich es getan habe, können von Interessierten in speziellen Veröffentlichungen mehr oder minder genau nachgelesen werden. Ich will an dieser Stelle nur knapp pointieren, was an dieser Aktion meines Erachtens unter heutigen Gesichtspunkten noch von Interesse ist, wenn es einem um demokratisch friedenspolitisch stimmige politische Arbeit geht. Diese besitzt in diesem Fall internationale Züge.

Zum ersten: der Algerienkrieg seinerzeit zeigt allgemein, wie ungeheuer schwer, im Falle Algerien geradezu extrem schwer, sich die europäischen Kolonialmächte taten, sich von ihrem eigenen Kolonialismus zu emanzipieren. Dieser Prozess ist bis heute nicht abgeschlossen. Man betrachte nur den Umgang mit Ausländerinnen und Ausländern, in Frankreich mit Algeriern (und mit Algerien). Dass der eigene Emanzipationsprozess alles andere als abgeschlossen ist, gilt auch für europäisch angelsächsische Länder, die vergleichsweise früh ihre Kolonien „verloren" wie die Deutschen in und nach Versailles 1919 oder die formell nie Kolonien „besaßen" wie die USA. Um den unmittelbaren Algerienkrieg zu beenden, bedurfte es in Frankreich außergewöhnlicher politischer Personen, die wiederum mit außergewöhnlicher Macht ausgestattet worden sind, wie Charles de Gaulle, ja sogar einer Veränderung der Verfassung selbst. Am Anfang der V. Republik steht der Algerienkrieg. Auch in Algerien ist der Prozess der umgekehrten Emanzipation nicht irgend zureichend gelungen. Die Kosten der Kolonialzeit, die Kosten des Krieges belasten bis heute.

Zum zweiten: mein in der Sache kleines Engagement im Umkreis des Krieges belegt zunächst, dass friedenspolitische Aktivitäten prinzipiell nicht begrenzt werden können. Für sie gilt, wie für ihren menschenrechtlichen „Mutterkuchen" allgemein, dass sie keine nationalstaatlichen oder sonst herrschaftsinteressiert gezogenen Grenzen kennen. Mit (kriegerischer) Gewalt irgendwo zu „intervenieren", ist nie und nimmer gerechtfertigt. Die Integrität von Menschen, ihren Gruppen und Institutionen wird zerstört. Keine Grenzen zu achten, wenn Menschen in Not sind, versteht sich jedoch im Sinne der gegenseitigen Hilfe unter Menschen geradezu von selbst (oder müsste sich von selbst verstehen). Kurz: „humanitäre Intervention", wie das Etikett neuerdings lautet, in Form von kriegerischer Gewalt ist, human im Wertsinne, nicht zu rechtfertigen. Pazifistisch steht sie jedoch dauernd auf der Tagesordnung. Dann empfiehlt sich freilich nicht der schon bürokratisch-kriegerisch zugespitzte Begriff „humanitäre Intervention". Dieser gehört ins Wörterbuch des Militarismus und dort in den großen Abschnitt der Propaganda- und (Selbst-)Täuschungsformeln. Ich habe 1959/60/61 solche Überlegungen nicht im einzelnen angestellt. Indes: der Internationalismus solidarischen Mitgefühls mit allen „Verdammten der Erde", um Frantz Fanons Ausdruck zu wiederholen, insbesondere mit den Angehörigen der seinerzeit so genannten Dritten Welt, und der Internationalismus des Friedensengagements verstanden sich für mich ohne weiteres Nachdenken.

Zum dritten: das, was mir bei der Werbung fürs Desertieren und der Hilfe für die Desertierenden so einleuchtete, war der konkrete Charakter des Tuns. Das war mehr als Aufrufe zu unterzeichnen, zu verbreiten oder Demonstrationen zu organisieren und mitzugehen, so wichtig all diese Handlungen sind, vor allem, wenn keine anderen Wirkungschancen bestehen. Aus guten Gründen wurden Demonstrationen zu einem politischen Hauptmittel der gleichzeitig in der Bundesrepublik mitorganisierten Antiatomkampagne. Sie bleiben ein solches geradezu essentielles radikaldemokratisches Mittel inmitten der abgehobenen repräsentativen Als-Ob-Demokratie bis heute. Hier, im Zusammenhang des Algerienkrieges konnte ich, vernetzt mit anderen, einzelnen Menschen helfen. Ja mehr als das. Ich konnte, wenngleich nur bröselhaft, die Kriegsmacht, in diesem Fall die des französischen Staates und seiner militaristischen Un-Politik ein wenig mit aushöhlen helfen. Das war höchst konkrete Friedensarbeit.

Zum vierten: gerade weil einzelne Menschen überzeugt und unter Risiken geschützt werden mussten, und dies in einer Situation, die nicht ungefährlich war und heute angesichts der EU und der deutsch-französischen Verträge wohl fast ausgeschlossen wäre, gerade weil es um militärisch ausgebeutete Menschen „aus Fleisch und Blut“ ging, nicht um Abstrakta, musste alles getan werden, um Risiken zu minimieren und die Hilfe zu gewährleisten. Andere und ich haben die Deserteure abgeholt und bis zum sicheren Ort, in meinem Fall vor allem nach Finnland begleitet. Das war aufwendig, aber eben der Hilfe halber notwendig. Dass wir seinerzeit, ohne Kontrollen fürchten zu müssen, Briefe schreiben und erhalten konnten, ist heute kaum noch denkbar. Die Kontrollen sind im letzten halben Jahrhundert ungleich dichter geworden – ein Indiz dafür, wie polizei- und geheimdienstversichert eingepackt und damit halb aufgehoben heute in europäischen Landen Menschen- und Bürgerrechte sind.

Zum fünften: verlässlich und genau sein zu können, bedeutete auch, sich mit dem Kontext, in dem der französisch-algerische Krieg stand, zu beschäftigen und sich, soweit das möglich ist, eine eigene Anschauung des Geschehens zu verschaffen, ohne das dann ausschnitthaft Gesehene zu überschätzen. Deswegen war eine Reise ins algerisch-marokkanische Grenzgebiet im Frühjahr 1961 sehr wichtig. Auf ihr lernte ich neben der sozialen Situation, der Armut, dem Leben der Kinder, weitere Vertreter der Befreiungsbewegung bis hin zur Art ihrer militärischen Ausbildung kennen. Über diese Reise, von der ich auch den Vornamen meiner zweiten, 1961 geborenen Tochter, Aicha, mitgebracht habe, habe ich in der Naturfreundezeitschrift „wir sind jung" im Zusammenhang einer Algerien gewidmeten Schwerpunktnummer berichtet. In der Nachbetrachtung ist kritisch anzumerken, dass ich seinerzeit den Kampf der Befreiungsbewegung (FLN) nicht als militärischen unterstützt habe. Wenngleich ich noch keine mir bewusste pazifistische Überzeugung hatte. Gerade Überzeugungen, wenn sie urteilsbegründet sind, wachsen oft allmählich in einem, wenn sie dann auch plötzlich „da" zu sein scheinen. Ich habe jedoch die massiven Probleme innerhalb der FLN und die von ihr im Krieg dann, selbst wenn man den Krieg als Gegebenheit voraussetzt, inakzeptabel ihrerseits verübten Grausamkeiten nicht zureichend genau gesehen und entsprechend argumentiert. Die Aktion, Deserteure zu werben und ihnen auf dem Weg des Desertierens zu helfen, war und ist von meiner Warte aus dennoch richtig. Ich habe eine solche Aktion erneut amerikanischen Soldaten während des Vietnam-Kriegs gegenüber geübt. Zuletzt habe ich mit Freunden Bundeswehrsoldaten dazu aufgerufen, sich nicht am Kosovo-Krieg zu beteiligen.

4. Das große, mein großes Friedensthema wird zu meinem Beruf

Schon die Adenauer- und Straußreden auf der einen Seite, die Göttinger Erklärung auf der anderen hatten den Boden bereitet. Nach der Debatte im Bundestag und der Resolution seiner Mehrheit, eine atomwaffenausgerüstete Bundeswehr zu erlauben, wenn nicht zu verlangen, war kein Halten mehr. Überall in der Bundesrepublik bildeten sich Gruppen, die sich dem „Kampf gegen den Atomtod" anschlossen. Keine Universität, an der sich nicht im Sommer und Frühherbst 1958

Antiatomkampfgruppen gebildet hätten, keine mittlere, gar größere Stadt, in der nicht Ähnliches geschehen wäre. Dieser „Kampf" gegen die Ausstattung der Bundeswehr wurde zunächst von Seiten der SPD und der Gewerkschaften mitorganisiert.

Wir Naturfreundejugendlichen waren von Anfang an mit Feuereifer dabei. Just um dieselbe Zeit zum Landesjugendsekretär Hessens geworden, wurde der Antiatomkampf, wie man seinerzeit abkürzend zu sagen pflegte, zu meinem zentralen Thema. Die „üblichen" Jugendthemen wurden deswegen weder von mir noch von den anderen vernachlässigt. Unsere naturfreundejugendlichen Themen waren immer politisch eingebettet. Diese Aussage, das ist wichtig, gilt auch umgekehrt: unsere politischen Themen waren immer fröhlich in anderen „normalen" Jugend-Themen eingelagert.

Das Landesjugendtreffen 1959 wurde als Demonstrationszug von Steinheim bei Offenbach nach Offenbach ausgerichtet unter dem Motto „unserer" Zeit „Kampf dem Atomtod". Da die Gefahr des Atomkriegs seit Hiroshima und Nagasaki, vollends seit der sowjetischen Zündung einer eigenen Atombombe während dem Kalten Krieg gegenwärtig und nah schien, fanden auch anderwärts, insbesondere in England große Antiatomrüstungskampagnen statt. In England wurde 1958 in einer langgestreckten Demonstration für atomare Abrüstung von London nach Aldermaston, an der Tausende teilnahmen, die Tradition der Ostermärsche begründet. Von diesen 1959 fortgesetzten Ostermärschen erfuhren wir. Wir waren vollends elektrisiert, als eine Gruppe bundesdeutscher Pazifisten um das Ehepaar Tempel aus Hamburg, unterstützt von einer Gruppe aus Braunschweig, aus der schon Andreas Buro herausragte, den ersten bundesdeutschen Ostermarsch 1960 in Hamburg organisierte. Der Kontakt zu diesen Gruppen, und ein Treffen in Hannover besiegelten den von vielen anderen Gruppen und einzelnen vereinbarten Plan, 1961 mehrere, die Bundesrepublik südlich und nördlich überziehende Ostermärsche zu organisieren. Mir oblag es vor allem, den Ostermarsch von Miltenberg am Main mit seiner Raketenbasis in vier Tagesetappen – später wurden die Ostermärsche auf drei Etappen gekürzt – mit zu organisieren: von Miltenberg über Obernburg nach Aschaffenberg; von dort nach Hanau; von Hanau nach Offenbach; und von Offenbach die kürzeste Strecke am Ostermontag nach Frankfurt mit einer zünftigen Schlusskundgebung. Veranstaltungen hatten zuvor schon an allen Haltepunkten stattgefunden. Zusammen mit dem Viertagesmarsch von Miltenberg nach Frankfurt mit ca. 300 dauernd Teilnehmenden und vielen, die sich dann an den einzelnen Etappenpunkten dazugesellten, habe ich bis 1969 acht Jahre lang Ostermärsche zunächst als Landesjugendsekretär, seit 1961 als Sekretär des Bundesverbands der Kriegsdienstverweigerer und seit 1965 als Sekretär des Zentralen Ausschusses der Ostermarsch-Bewegung mitkonzipiert und organisiert. Sie waren, noch bevor ich von ihnen als Beruf lebte, zum Beruf geworden, für den ich lebte. Der Frieden zuerst im Nein gegen alle Rüstungs- und Kriegstreiberei. Sag Nein, wenn Du ein großes Ja sagen willst.

Im nächsten Abschnitt will ich einiges davon berichten, was ich vom politischen Organisieren zum politischen Organisieren rundum die ersten Ostermärsche lernte, vorgezogen schon im Landesjugendtreffen 1959 in Offenbach. Zuvor will ich indes die Antiatomkampf- und die daraus hervorgegangene Ostermarschbewegung in einigen Aspekten darauf hin befragen, was sie denjenigen über die seinerzeitige Bundesrepublik erkennen lassen, genauer betrachtet, auch über die heutige.

Zum ersten: ich habe eben im Sinne eines fortlaufenden Berichts so getan, als seien Antiatomkampfbewegung und Ostermarsch fließend ineinander übergegangen. Sachlich gesehen trifft diese ungebrochene Kontinuität zu. Die atomare Bedrohung blieb. So blieb sie auch das Hauptthema. Erst, wenn die atomare Bedrohung abrüstend beseitigt worden wäre, hätte man weitere Wege in Richtung Frieden gehen können und müssen. Untersucht man jedoch die „Bewegungsakteure", wie es die Forschungen zu den „Neuen Sozialen Bewegungen" nach 1970 zu bezeichnen belieben, dann wird ein erheblicher Bruch erkenntlich. Nach mehreren „bewegten" Höhepunkten der Antiatomtod-Bewegung in München und anderwärts und früh im Januar 1959 dem Antiatomkampfkongress der Studenten in Westberlin, zogen sich die SPD und weitgehend auch die Gewerkschaften davon zurück. Der Grund für diesen Rückzug bestand nicht darin, dass die atomaren Rüstungen und Ausrüstungen aufgegeben worden wären. Wie wir heute nahezu gesichert wissen, strebte das Tandem Adenauer/Strauß, selbstredend mit diversen Helfeshelfern, sogar an, die BRD zu einer eigenen Atombombenproduktion instandzusetzen. Der Grund dafür bestand auch nicht darin, dass die Antiatomkampfbewegung kommunistisch, sprich von der SED und ihren „Trojanischen Pferden" „unterwandert" worden wäre – ein seinerzeit übliches, aus dem Kampf um Troja geborgtes, antikommunistisches Bild zusammen mit dem Verschwörungsverbum „unterwandern". Der einzige Grund bestand darin, dass an erster Stelle die SPD und damit auch die ihr seinerzeit noch ungleich näherstehenden, in ihrer sozialen Basis sich fast gänzlich überschneidenden Gewerkschaften befürchteten, die weitere Teilnahme könne ihrer Annäherung an die Macht des CDU-Staats, seinen Formeln und Formen der Macht schaden. Der Godesberger Parteitag samt seinem Godesberger Programm, die wenigstens die Mit-Regierungschance der SPD endlich eröffnen sollten, lag 1958 gerade ein Jahr zurück. Am 30. Juni 1960 verkündete der stellvertretende SPD-Vorsitzende Herbert Wehner im Bundestag, dass die SPD nahezu vollkommen mit der Adenauer-Regierung in ihrer Außen- und Deutschland-Politik übereinstimme. Gerade in ihrer Deutschland-Politik hatte sich die SPD bis dato qualitativ vom westeuropäischen und auf die NATO gerichteten Kurs der Regierung unterschieden. Der gleichsam in den Anpassungskurs hineingeplatzte Antiatomkampf störte ebenso wie der kurz darauf geschasste Sozialistische Deutsche Studentenverband (SDS) den ersten Regierungsschritt. Ihn benannte seinerzeit ein Artikel in der von der SPD herausgegebenen Zeitschrift „Neue Gesellschaft" mit der Überschrift: „Mitregieren aus der Opposition". Als demgemäß bald erkenntlich war, dass die durchaus umfängliche Bewegung gegen die Atomrüstung die SPD gewiss nicht mehrheitlich qua Wahlen in die Regierung befördern würde, packte die Parteiführung die ersten sich bietenden Gelegenheiten beim Schopf und verabschiedete sich regierungsstarr(end) von der Bewegung. Die Folgen für letztere waren gewichtig und lehrreich. Die nächsten zwanzig Jahre der BRD wurden durch sie erheblich mitbestimmt. Die Antiatomkampfbewegung verjüngte sich aus einem kräftigen Fluss zu einem Bach und bald zu einem Rinnsaal. Diejenigen, die wie wir Naturfreundejugendlichen, uns von der verschmälerten Bewegungsmacht nicht in unserem friedenspolitischen Ziel irre machen ließen, fühlten zunächst stärker, als dass sie's schon ganz begriffen hätten, was dann wenige Jahre später eintrat, dass auf SPD- und Gewerkschaftsführungen kein substantiell politischer Verlass war. Der parteilich gewerkschaftliche Entfremdungsprozess vor allem von der engagierten jüngeren Generation setzte nun nachdrücklicher ein. Er hatte bald die organisierte Nichtorganisation der Außerparlamentarischen Opposition zur Folge, von der noch die Rede sein wird. Oder anders gesagt: der CDU-Staat hatte auch, wie es schien, seine etablierte Opposition gefressen. Das etablierte „Lager" verbreiterte und verschmälerte sich in einem. Besonders für die Offenbacher Naturfreunde und für mich erwuchs daraus kein direktes Loyalitätsproblem. Zwar waren wir SPD-nahe, meist sogar, wie auch ich, Mitglied der SPD. Ich selbst war es in geradezu strikt passiver Weise. Indes, wir waren ein eigenes Holz. Wir hatten eine eigene Tradition im Rahmen der größeren Arbeiterbewegung. Wir konnten darum auf unsere Weise politisch grüne Blätter und Zweige treiben.

Zum zweiten: schon die noch sozialdemokratisch gewerkschaftlich „bestückte" Antiatomkampfbewegung wurde aus allen zahlreich vorhandenen Kanonenrohren mit Platzpatronen beschossen. Wo immer möglich wurden repressiv restriktive Gesetze maßnahmengerecht umgesetzt. Das deutsche Wort „Maßnahme" hat es bekanntlich in sich und an sich. Seiner Gebrauchsart gemäß müsste es der weit übernazistischen LTI angehören (der Lingua Tertii Imperii, der Sprache des Dritten Reiches also, wie sie Victor Klemperer in seinen Tagebüchern gesammelt hat, die er dann auch gesondert veröffentlichte).

Nun aber, nachdem die Ostermarschbewegung so klein geworden war, ein Bach, ein Rinnsal, wurde über sie andauernd mit einer dicht gesteppten diskriminierenden Sprache hergezogen. Schon der Ausdruck „Ostermarschierer" würdigt herab. Das CDU-staatliche, später auch das parteilich formal anders geartete etablierte Auge störte sich so sehr an den kleinen Gruppen, die doch die Herrschaft des schweren Körpers, in dem es steckte, wahrhaft nicht gefährden konnte, dass sein Mund, von der Springerpresse bis zur „seriösen" Frankfurter Allgemeinen Zeitung, nur in repressiver Intoleranz plapperte. Die Diskriminierung der anders Denkenden, im Land des nie eingeübten Ungehorsams seit langem üblich, fand hier ihren neuen Ausdruck. Für sie galt, ohne dass es hätte angekündigt zu werden brauchen: Fortsetzung folgt bestimmt. Der ideologische Antikommunismus breitete seine Vorurteilsschwingen. Er bedeckte die Getreuen der Ostermärsche schattig unter sich.

Zum dritten: ein Signum des CDU-Staates war es, soweit es irgend ging, die grundgesetzlich schon eingeschränkt verfasste liberale Demokratie, im Sinne eines repräsentativen Absolutismus zu ummauern. Sprich: Bürgerin und Bürger sollten pflichtig alle vier Jahre und ab und an zur Landtags- oder, seinerzeit nur in Süddeutschland, zur Bürgermeisterwahl gehen und dort ordentlich ihre Stimme den verfassungsgeschützt ordentlichen Parteien, wenn schon nicht nur der christlich ausgezeichneten Partei abgeben. Ansonsten sollten sie berufsfleißig streben, als Frauen möglichst Kinder hüten, ansonsten aber den Repräsentanten und vor allem der Regierung vertrauen. „Keine Experimente!“ Diese wird es richten. Zu diesem mauerhoch geschützten Repräsentanten- und inneren Regierungshof passte Art. 8 Grundgesetz nicht. Derselbe hebt damit an, bürgerrechtlich einschränkend schon, zu normieren: „Alle Deutschen haben das Recht, sich unter freiem Himmel zu versammeln.“ Dieses mit einem Gesetzesvorbehalt versehene Grundrecht wurde 1953 durch das Versammlungsgesetz konkretisiert. 1953 war das Jahr, da auch das politische Strafrecht antikommunistisch gezielt, in guter Tradition verschärft wurde. Das hieß in diesem Falle, wohlgemerkt weitgehend noch bis heute gültig, dass Demonstrationen zum einen nur als „führer“-organisierte „Aufmärsche und Aufzüge“ verstanden wurden. Spontane und plural zusammengesetzte Massendemonstrationen waren nicht vorgesehen. Zum anderen wurden Demonstrationen nicht grundgesetzgemäß vertäut. Dann hätten sie zuerst und vor allem als handelnd ausgeübte Grundrechte von Bürgerinnen und Bürgern gesetzlich abgesichert werden müssen. Demonstrationen wurden vielmehr unter der Perspektive des alten preußischen Polizeirechts als Veranstaltungen betrachtet, die die Neigung zum Aufruhr gegen die Obrigkeit fördern könnten. Also mussten sie nach gesetzlichem Strich und Faden eng geschuhriegelt werden.

Die Probe aufs Exempel erfuhren wir schon bei unserem ersten Ostermarsch. Dessen Route verlief von Miltenberg nach Frankfurt. Insbesondere, aber nicht nur die bayerische Polizei sorgte dafür, dass der Ostermarsch ein polizeiverordnungsgemäßer, eng gehegter Marsch wurde. Ein Regelfanatismus in bürokratisch abgestandener Gestalt. Unter vielen anderen polizeilichen haarsträubenden Auflagen: die auf der Demonstration mitgetragenen Transparente mussten vorab eingereicht und genehmigt werden; nur auf Landstraßen der 3. Ordnung durfte gegangen werden; selbstredend musste in Zweierreihen marschiert werden; dreier- oder vierer- oder ungeordnete Reihen hätten mutmaßlich die Gefahr des kommunistischen Kollektivismus heraufbeschworen; die Auflage des Stechschritts fehlte, obwohl wir seinerzeit sportlich noch vergleichsweise „tüchtig" waren; Kundgebungen durften nur an ausgesuchten Rändern stattfinden; war eine Bundesstraße zu überqueren, mussten die Transparente eingerollt, die Demonstration vorübergehend aufgelöst und einzeln die hehre, hoheitliche Straße überquert werden; Lautsprecher, zunächst nur Blechtüten, waren bis 1963 verboten; und so weiter und so fort. Wir hielten uns dran und auch nicht.

All diese Verordneritis wäre nur lächerlich, schreckte sie nicht, Symptom der herrschenden Wirklichkeit, „normale" Bürgerinnen und Bürger von vornherein ab, je an eine Teilnahme auch nur zu denken.

5. Die Ostermärsche, wie zuvor schon andere große Veranstaltungen wie den Jugendtag der Naturfreunde 1959, organisieren – einige Lernhinweise

Wenn Politik nicht *auch* Spaß machte und Lust erregte, wer ginge da noch hin, wer machte da noch mit, außer bloßen Karrieristen – und selbst diese haben ihren Karriere-, ihren Anerkennungsspaß – und strengen Asketen, die nach Richard Wagners bezeichnendem törichten Spruch, auf „die Deutschen" gemünzt, „eine Sache um ihrer selbst willen verfolgen". Will man Menschen motivieren und mobilisieren und will man dies demokratisch tun, indem man sie überzeugt und beteiligt, dann kommt alles darauf an, dass man sich selbst in den Prozess der Organisierung von Veranstaltungen aller Art hineinnimmt und die ganze eigene Phantasie anstrengt. Wenn einem dann etwas einfällt, was einem selbst Spaß bereitet und zur Sache stimmt, die man mit anderen vertritt, die man anderen zeigen will, dann ist man auf der richtigen Spur. Peter Brückner, der letztlich an der herrschenden Bundesrepublik gestorbene Freund, einer der wenigen guten politischen Psychologen, den die Bundesrepublik hatte, hat einmal ein lesenswertes Buch mit dem Titel versehen: „Versuch, uns und anderen die Bundesrepublik zu erklären". Das ist erste Voraussetzung aller demokratischen Politik, an der man selbst mitmacht und an der man selbst mitorganisiert. Man muss sich selbst ganz hineinnehmen, nur dann kommt auch für andere etwas Gutes heraus. Nur dann hebt sich „die Organisation" nicht bürokratieentsprechend ab. Jede Aktion wird immer erneut, entsprechend den (politischen) Zielen und den potentiell an ihr Teilnehmenden zu organisieren sein. Die Phantasie muss freilich konkret, geradezu detailverliebt sein. Sie muss dazu vor allem auch alle möglichen materiellen Umstände bis hin zur Genauigkeit in der Zeit und zur Genauigkeit im Raum bedenken. Sobald man mit anderen, mit vielen Menschen zu tun hat, kommt es entscheidend darauf an, Abläufe durchsichtig, erwart- und berechenbar zu gestalten, möglichst mit großen Spielräumen eigenen mitmachenden Mitgestaltens. Zuverlässigkeit und Ordentlichkeit im Rahmen des politischen Ziels, das man mit anderen verfolgt, sind dann keine „Sekundärtugenden". Unter „Sekundärtugenden" versteht man Forderungen nach „Pünktlichkeit", „Sauberkeit", „Ordnung" und ähnlichen Verhaltensanforderungen mehr. „Ordnung" etwa um ihrer selbst willen. Für diese gilt ohne Frage Bert Brechts sarkastische Bemerkung: „Ordnung ist überall, wo nichts ist. Sie ist eine Mangelerscheinung." Nein: Ordnung ist nur angemessen, wenn sie auf ein höherrangiges, ein primäres Ziel bezogen ist. Beispielsweise dem Ziel: demokratische Mitgestaltung zu ermöglichen und anderen Bürgerinnen zu zeigen, dass die Atomwaffenpolitik eine Politik ist, die auf katastrophischen Ausgang programmiert ist.

Soziale Phantasie, Lust am Organisieren, so dass alle, die prinzipiell ähnliche Ziele anstreben, selbst lustvoll mit dabei sind, konnte ich bald an mir entdecken. Sie sind mit mir in der wichtigen Buchhalterlehre, im Umgang mit den anderen Arbeitern, in der Jugend- und Kindergruppe, im gewerkschaftlichen Beruf und anderwärts mitgewachsen. Wo könnte man seine Phantasie besser entwickeln und lustvoll tummeln lassen als mit Kindern. Deren Phantasie achtet gerade die engen Konventions- und Tabuschranken nicht, wird sie nicht schrecklich ausgetrocknet oder verformt. Mehrdimensional turnend, überwinden sie spielerisch die eindimensionale Fixierung, in die viele Erwachsene zwangssozialisiert worden sind. Weil es sich so mit mir verhielt, voll der Spielfreude, zugleich aber auf die penible Genauigkeit eines Buchhalters schon als Handwerkersohn „getrimmt", waren die ersten Großveranstaltungen für mich, das Treffen der hessischen Jugend 1958 in Offenbach, der erste Ostermarsch von Miltenberg aus, wahre und zugleich erfüllende Herausforderungen. Auch das lernte ich schon damals. Keine Veranstaltung zu planen, in der ich dem „Lob der Routine" hätte folgen können. Jede Aktion trotz aller sich allmählich akkumulierenden Erfahrung wie neu vorzubereiten und auszuführen. Wir alle ändern uns fortlaufend. Also können die oft kleinen Formveränderungen von Aktionen eine Differenz ums Ganze im Resultat ausmachen.

Ein kleines Potpourri meiner Lernelemente des immer erneuten Aktionspuzzles soll genügen. Ich formuliere zuerst in Frageform:

- Zuallererst: was kann man von anderen, schon ausgeführten, in der Sache stimmigen Veranstaltungen, so vom britischen Ostermarsch lernend übernehmen; welche Abwandlungen empfehlen sich?
- Eher negativ: warum sind die meisten herkömmlichen, etwa parteipolitischen Großveranstaltungen geradezu strukturell so langweilig; weil sie zu „führer"- bzw. „star"-fixiert sind; weil sie die Teilnehmenden nicht teilnehmen, sondern nur apathisch teilsitzen oder frenetisch teilstehen lassen, als handele es sich um unselige Nürnberger Parteitage?
- Wie können Plakate von Teilnehmenden gemacht werden, dass sie Freude am Herstellen haben, am späteren Mit-sich-Herumtragen und dass sie für diejenigen, die sie neu sehen, witzig ernsthaft sind?
- Wie lässt sich die Aufmerksamkeit nach außen steigern und nach innen Langweile vertreiben? Etwa, indem man eine Musikband auf einem Auto mitführt, wie wir dies 1963 zum ersten Mal aus-

probiert haben.

- Musik spielt insgesamt eine mitentscheidende Rolle. Gerade darum ist es wichtig, die Art der Musik und die Art des Musik-Treibens wählerisch zu behandeln. Trefflich wäre es, es gäbe angebbar eine „Ästhetik des Widerstandes“, so der Titel des letzten, wahrhaft großen Romans von Peter Weiss. Das gibt es aber wohl nur in engen Graden und eher negativ. Etwa in Richtung bestimmter Marschmusik; oder heute in Richtung sogenannter Technomusik. Auch die Texte, die Lieder sind wichtige emotional-rationale Ausdrucksformen.
- Beim ersten Ostermarsch fiel mir auf, wie entscheidend es ist, eine große Veranstaltung, im Bild gesprochen, traubenartig zu organisieren. Sprich die hauptsächlichen Aussagen/Ziele derselben haben den Zusammenhang, den Hauptstengel zu bilden. Auf den „Stengel“ aber sind vielfältige, bald süß stimmende, bald ernsthaft kritisch bitterere Trauben vielfältig zu versammeln.
- Zu solchen Trauben gehören regelmäßige Verschnaufhalte, aber vor allem auch regelmäßige Wortbeiträge zu dem, worum es einer Veranstaltung geht. Auch diese Wortbeiträge können und sollen in ihren Formen wechseln. Von Gedichten bis hin zu fordernden Ausrufezeichen. Sie sind unbeschadet aller Spontaneität und möglicherweise auch spontaner Beiträge sorgfältig zu planen. Das kostet übrigens viel Zeit, weil die Auswahl der Redenden, der Kontakt und die Absprache mit ihnen nicht aus dem Handgelenk möglich sind.
- Offenbach 1959 war dafür nur eine Vorprobe. 300 Menschen, die dann am ersten Ostermarsch in Süddeutschland teilgenommen haben, darf man nicht nur mit Stimme und Gehör, mit Reden, Gesprächen, Liedern und Musik bei Laune halten. Hierbei empfiehlt es sich immer, möglichst viele Leute zu beteiligen. Man darf auch rundum und nicht zu karg für ihre erschöpfliche Physis sorgen. Regelmäßige, abwechslungsreiche Verpflegung ist an allen Orten zu organisieren. Desgleichen annehmliche Übernachtungsmöglichkeiten. Bei Jüngeren und Älteren kann der Grad der An-

nehmlichkeit variieren. Wasch- und Erfrischungsmöglichkeiten sind zureichend zu gewährleisten. Schon vorweg müssen alle potentiell Teilnehmenden darüber informiert werden, was sie unbedingt beachten und mitbringen sollten. Und ähnliches mehr.

- Alles in allem kommt es darauf an, was meine gute Freundin, Brigitte Gollwitzer, die ich wie ihren Mann Helmut in den Antiatomkampf- und Ostermarschzeiten kennen lernte, in einem viel späteren Vortrag einmal gebildet etwa folgendermaßen formulierte: ratio und emotio, sie nannte die mir Nicht-Lateiner und nicht Studierten nur durchs häufige Hören bekannten lateinischen Ausdrücke, Vernunft und Gefühl seien dauernd zusammen, nämlich als zusammengehörig zu beachten. Politische Vernunft ohne emotionale Entsprechung bleibe den Menschen äußerlich. Gefühl aber ohne Vernunftaugen taumle allzu rasch in die Irre. Das, was schon für jede und jeden einzelnen gilt, trifft auf Handlungen ungleich mehr zu, die politisch mehr Menschen umfassen. Den Zusammenhang, Vernunft *und* Gefühl gilt es selbstredend auch zu beachten, wenn man die möglichen Wirkungen einer Handlung bedenkt, die etwa wider den herrschenden Strich gebürstet wird und wenn man über ihre Grenzen sinnt. Zusätzlich zur ratio-emotio-Kombination gehört bei allen größeren, sprich mehr als ein halbes Dutzend Menschen umfassenden Veranstaltungen, das immer prekäre Wissen um den Zusammenhang der Veranstaltung im großen und ihrer Hauptaussage insgesamt mit dem anscheinend letzten Detail. Etwas übertrieben gesprochen: wenn am Ende der Sprudel fehlt und keiner mehr aufzutreiben ist oder der Magen knurrt oder sich Übermüdung ausbreitet, dann könnte fast alles, auch das inhaltlich Beste für die Katz gewesen sein. Wenn eine wichtigere Rednerin ausfällt und ein Redner nur redet, machen sich Langweile und Unverbindlichkeit breit.

6. Seit 1961 lebte ich bis zu meinem selbstbestimmten Rentengang für und von meinem politischen Beruf

Meine, im konventionellen Sinne, ordentliche Berufsarbeit war mir immer wichtig. Ich habe viel in meinem erlernten Beruf erfahren, durch die Art schon, wie und wo ich ihn lernte. Ich bin auch meinen „ordentlichen" Berufen, so bilde ich mir jedenfalls ein, gerecht geworden; wenigstens all ihren sinnvoll gestellten Anforderungen. Die frühe Doppelung – oder, je nach Perspektive – Hälftung meiner tätigen Zeit in (Brot-)Beruf und Jugendarbeit habe ich nie als wechselseitig sperrig erfahren. Anders wäre ich 1955 kaum hauptamtlicher Gewerkschaftssekretär bei der Gewerkschaft Leder in Offenbach und zwar in der dem gelernten Buchhalter naheliegenden Funktion des Kassierers geworden (über die Vorzüge desselben, dass er nämlich mit allen Mitgliedern Kontakt haben musste, habe ich im einleitenden Kapitel gesprochen). Ohne Frage aber habe ich die sich verbreiternde, rundum politisch verstandene Jugendarbeit – ohne dass ich mir über meinen „Politikbegriff" schon klar gewesen wäre oder ich mir denselben klar gemacht hätte – mehr an Eigensinn und folgerichtig auch an Eigenzeit investiert, als dies für meine mir wichtige und mich lehrende Zeit als kleiner Gewerkschaftsfunktionär zutrifft.

Als mich dann mitten im Engagement gegen die atomare Rüstung das Angebot erreichte, hauptamtlicher Sekretär beim Bundesvorstand des Verbands der Kriegsdienstverweigerer (VK) zu werden, habe ich meine Position bei den Gewerkschaften zum 30. Juni 1961 gekündigt. Damit habe ich nicht nur eine nahe Karriere aufgegeben und mein Gehalt, wahrhaft selbstverschuldet, gehälftet, ich habe auch einen Weg aus dem Geviert etablierter Institutionen in einen primär durch mich und meine Tätigkeit bestimmten Beruf gewählt.

Das ungleich größere Risiko des letzteren war seinerzeit für einen halbwegs verantwortlichen Familienvater mit Frau und zwei kleinkind- bzw. babyjungen Töchtern einigermaßen kalkulierbar. In mir einigermaßen sicher und selbstbewusst, war ich nicht von der Wasserscheu vor einem ungesicherten Beruf erfüllt (davon zu schweigen, dass das Wasser nicht metaphorisch ohnehin „mein" Tauch-, Spring- und Vergnügungselement darstellt). Hinzu kommt ein schier unschätzbares, situatives „Privileg“ meiner Generation. Viele haben dieses nur hingenommen. Die wenigsten haben es kräftig, selbstbewusst und politisch benutzt. Dass Arbeit in Hülle und Fülle vorhanden war. Bekanntlich sind in den späten 50er Jahren die ersten „Gastarbeiter“, zunächst aus Italien, zuerst für die Landwirtschaft, angeworben worden. Ihnen folgten bald viele andere aus der Türkei, aus Spanien, aus anderen Ländern. Sie wurden in zahlreichen Branchen und Berufen beschäftigt, in denen deutsche Arbeitskräfte rar waren oder die diese nicht ausüben wollten. Zum Beispiel in der Gummiindustrie.

Dass ich aber eher leichtfüßig von einem Beruf in einen qualitativ anderen wechselte, hat auch politische Gründe. Diese bestätigten sich in naher Zukunft mehr noch, als ich ihr Gewicht seinerzeit schon wahrnahm. Den anpassenden Knechts- und programmatischen Verlustgang der SPD habe ich schon erwähnt. So wie die SPD aber programmatisches und politisch irgend hinderliches Gepäck im aufhaltsamen Regierungsaufstieg abwarf, so warf sie auch Personen bzw. ganze Personengruppen hinaus, die ihr dabei störend erschienen. Wer, mit einem abgewandelten Wort des nach dem 20. Juli 1944 von den Nazis hingerichteten prominenten Sozialdemokraten Julius Leber gesprochen, die Ochsentour der Profilneurose im Sinne des Profilverlusts nicht mitzumachen bereit war, musste kuschen, sonst flog er. Also ist es der schon erwähnten sozialdemokratisch organisierten Studentengruppe, dem SDS, geschehen. Die SPD enthauptete sich intellektuell zu einem großen Teil selbst. Also ist es den Mitgliedern des Fördervereins geschehen. Wolfgang Abendroth, Ossip K. Flechtheim und anderen. Die Förderervereinigung hatte sich gebildet, um sozialdemokratisch in den Waisenstand geworfene Studenten zu unterstützen. Ich gehörte dieser Förderervereinigung an, wie ich wenig später Mitherausgeber der bis 1968 erschienenen SDS-Zeitschrift „Neue Kritik“ geworden bin. In Offenbach haben sie mich freilich nicht aus der SPD geworfen, inaktiv wie ich war und eigenartig wie die Offenbacher SPD war. Das habe ich 1974 nach dem Sturz Willy Brandts selbst nachgeholt.

Nun waren die Gewerkschaften, zumal die Offenbacher Gewerkschaft Leder, nicht die SPD. Sie mussten sich nicht, der Führung der

SPD gleich, den „Fleischtöpfen Ägyptens“, sprich der Regierung zuwenden mitsamt ihrer allemal braven Gefolgschaft. Die Gewerkschaften waren jedoch SPD-nahe. Sie gehörten insgesamt zu den etablierten Großorganisationen. In ihnen wollte ich nicht mehr, wenn denn je, „Karriere“ machen. Über übliche Karriereläufe hatte ich und habe ich nie nachgedacht, so ehrgeizig ich in meinem politischen Verlangen und politischen Organisieren war und bin.

Aus den Gewerkschaften bin ich allerdings nie ausgetreten. Das hat damit zu tun, dass sie im Rahmen der kapitalistischen Arbeitsorganisation, der Produktionsverhältnisse insgesamt, eine wichtige Funktion hatten und haben. So begrenzt dieselbe ist. So sehr sie die Klassenverhältnisse nur lindern, nicht qualitativ verändern. Das heißt, sie stellen die Klassenverhältnisse nicht grundsätzlich infrage. Letzteres haben die Gewerkschaften als Gewerkschaften, von syndikalistischen Strebungen anderwärts zu schweigen, übrigens von Anfang an nicht getan.

Aus den Gewerkschaften bin ich auch deswegen nie ausgetreten, weil ich den Kontakt zur organisierten Arbeiterbewegung nicht ganz verlieren wollte, so sehr diese organisatorisch erstarrt war und kaum noch Bewegungselemente besaß. So wenig ich dieses Selbstverständnis seinerzeit formuliert hatte und habe, so sehr habe ich mich doch, Handwerkersohn, in der Arbeiterstadt Offenbach groß geworden und lebend, mit der Tochter aus einer Arbeiterfamilie verheiratet, mit meinem Schwiegervater Wagner eng befreundet, immer als Sozialist in einer freilich un- und antidogmatisch weiterentwickelten sozialistischen Tradition gefühlt. Später, anlässlich der Gründung des Sozialistischen Büros und seiner Aktivitäten bis Ende der 70er Jahre hat das für mich und meine Arbeit in diesem Zusammenhang eine zentrale Rolle gespielt. Darauf werde ich zurückkommen.

Schließlich passten Ziele und Tätigkeit im Verband der Kriegsdienstverweigerer genau zu dem, was ich ohnehin tat oder tun wollte. Nur, dass ich dies jetzt mit voller Konzentration tun konnte. Meine ehrenamtliche Tätigkeit bei den Naturfreunden als Landesjugendsekretär betrieb ich ohnehin weiter. Ich wurde 1961, fast gleichzeitig, zum verantwortlichen Redakteur der bundesweit verbreiteten Jugendzeitschrift der Naturfreunde „wir sind jung" gewählt.

Im Informationsblatt des Verbandes der Kriegsdienstverweigerer zu seinen Zielen steht 1958 unter anderem: „Der Krieg ist das größte aller möglichen Verbrechen und das schlimmste aller möglichen Übel. Daher ist die Erhaltung und Sicherung des Friedens heute ein Menschheitsproblem, dem der Vorrang vor allen nationalen, rassischen, weltanschaulichen und religiösen Gruppeninteressen gebührt." Ich hätte das vielleicht ein wenig anders formuliert. Das Beiwort „rassisch" hätte ich vermieden. Insgesamt entsprach diese Zielangabe genau meiner Überzeugung, dem mein Tun folgte. Ein nächster Wachstumsring meines Handelns war mit meiner Wahl verbunden, Sekretär des Verbands der Kriegsdienstverweigerer zu werden. Meine Tätigkeit erstreckte sich nun prinzipiell auf die Bundesrepublik insgesamt. Erneut war jedoch von Anfang an allem Abheben ein doppeltes Widerlager gegeben. Zum einen: neben der Verbandszeitschrift, die ich zu redigieren hatte – ihr Titel wechselte just in meiner Zeit von „Informationen. Monatszeitschrift für Kriegsdienstverweigerer" zu „Zivil" als zentralem Motto schlechthin –, und anderen Tätigkeiten, wie Tagungen, den Ostermarsch und vieles andere mit zu organisieren, ging es immer um den Fall des einzelnen Kriegsdienstverweigerers, in dem Hilfe vonnöten war. Zum anderen: so sehr ich davon überzeugt war, es müsse gelingen, die Zahl der Kriegsdienstverweigerer auszudehnen – so wie die Teilnehmenden am Antiatomkampf und an den Ostermärschen –, unübersehbar war, dass der Verband, in dem ich nun arbeitete, zunächst primär nur stark im Widerstand gegen die herrschende Politik war. Da gab es kein großes Muskelspielen. Da mussten täglich viele Hindernisse beseitigt und übersprungen werden, um den gegenstrebigen Forderungen des Oppositionstages gerecht zu werden.

7. Zusammenfassung: 1958/1965

Ich habe von der wieder aufstrebenden Bundesrepublik nur wenige, freilich meines Erachtens exemplarische und die BRD insgesamt in ihren Konditionen und Charakteristika verratende Facetten beschrieben. Ich habe auch von meinen Themen und den Formen, gestützt von vielen eigenen Notizen und Büchern anderer, nur einen Teil angegeben. In diesem Kapitel kam es mir vor allem darauf an, drei Sachverhalte unter meiner radikaldemokratischen, materialistisch menschenrechtlichen und also sozialistischen Perspektive zu profilieren: zum einen in welchem Ausmaße die Bundesrepublik Deutschland alle Chancen ausgeschlagen hat, sich nach 1949 zu erneuern. Im Auge des antikommunistischen Taifuns gelang ihren gesellschaftlich dominanten Kräften das bisschen, zum Teil von außen aufgenötigter institutioneller Erneuerung im Sinne einer restriktiv-ängstlichen Fassung liberaler Demokratie zu verbinden mit einem individualistisch von innen getriebenen, weltkapitalistisch begünstigten kapitalistischen Wachstum. Ansonsten blieb habituell und institutionell, soweit irgend möglich, alles beim wilhelminisch, weimaranisch, ja sogar, nicht gering im Umfang, nationalsozialistisch Alten. Bedenkt man die materiellen und die habituellen Bedingungen, beachtet man den internationalen Kontext, konnte mutmaßlich nicht viel anderes, nicht viel Neueres herauskommen. Und doch ist die „zweite Schuld“ der Generation, die die Nachkriegszeit gestaltete, fast noch größer als die „erste Schuld“ der weithin gleichen Generation, die nationalsozialistisch mitlief und mitmachte. Für uns Jüngere aus der Naturfreundejugend verstand es sich übrigens nahezu von selbst, wobei uns Ältere hilfreich unter die Arme griffen, dass wir die Art des bundesdeutschen (Nicht-)Umgangs mit der Vergangenheit dauernd genau beobachteten und über alle neuen Informationen berichteten. Den Eichmann-Prozess; den Auschwitz-Prozess; die Hakenkreuzschmierereien und vieles Andere mehr. Angesichts der letztgenannten in der Weihnachtszeit 1959 hat Fritz Lamm in „wir sind jung“, in einem heute noch lesenswerten Artikel, unterstrichen, es komme nicht auf harte Strafen der ergriffenen Jugendlichen an, sondern darauf, die Ursachen in der aktuellen etablierten Gesellschaft der BRD und ihrer Politik herauszufinden.

Zum zweiten wollte ich herausarbeiten, wie sich das Friedensengagement geradezu notwendig thematisch und von der lokalen, zur nationalen, ja zur internationalen Ebene weitete. Wie sich dieses Engagement neuer Formen bediente und von Anfang an radikaldemokratisch äußerte, ohne zunächst schon den Zustand der fraglichen Demokratie in der Bundesrepublik zu thematisieren.

Zum dritten ging es mir darum, nachvollziehbar zu machen, was es für mich, aber eben nicht nur für mich hieß, friedenspolitisch konsequent zu arbeiten. Wie aus einer solchen Arbeit eine Opposition sich entwickelte, die die Art und Weise herrschender Politik insgesamt betraf. Für mich selbst bedeuteten diese Jahre, dass ich in meinem „eigentlichen" Beruf ankam. Und für mich als jemand, der nicht studiert hat, wohl kennzeichnend, zuerst in Formen und Inhalten eine Politik lernte und betrieb, deren immer basisverankerten, basisorientierten, immer auf die einzelne Person letztlich gerichteten „Begriff" ich erst später fasste.

C. Ein weiterer Versuch, Geschichte und Erfahrung darzustellen, 1965-1976*

1965

1. Januar 1965: Ich wechsle vom Verband der Kriegsdienstverweigerer zum zentralen Ausschuss der Kampagne und werde dort hauptamtlicher Geschäftsführer. Die Kampagne hat inzwischen einen Umfang angenommen und eine politische Bedeutung gewonnen, dass sie nicht mehr allein in nebenberuflicher Tätigkeit koordiniert werden kann. Inzwischen existiert ein Arbeitsausschuss, dem neben dem Sprecher und dem Geschäftsführer Christel Beilmann, Herbert Faller, Heiner Halberstadt, Hannelies Schulte und Herbert Stubenrauch angehören. An der Bürogemeinschaft sind der hessische und der zentrale Ausschuss der Kampagne, die hessische Naturfreundejugend und die Bundesgeschäftsstelle des Verbandes der Kriegsdienstverweigerer (nunmehr mit Alfred Riedel als VK-Geschäftsführer) beteiligt.

An dieser Stelle sollte vielleicht eingefügt werden, dass ich nach wie vor beteiligt bin an dem, was wir heute Basisarbeit nennen. Noch immer leite ich die Kindergruppe der Offenbacher Naturfreunde. Ich arbeite im örtlichen Kampagne-Ausschuss von Offenbach mit, bleibe Geschäftsführer des hessischen Ostermarschausschusses und besuche vermehrt Ausschusssitzungen und Aktionen in zahlreichen Orten der Bundesrepublik. Zugleich scheide ich als Landesjugendleiter der hessischen Naturfreundejugend aus. Fritz Strass wird zum neuen Landesjugendleiter gewählt. Das erhebliche Engagement der Naturfreundejugend in der Ostermarschbewegung, insbesondere auch in Hessen, bleibt bestehen.

Im Februar 1965 reisen Hannelore und ich nach Berlin und besu-

---

* Gekürzter Auszug aus: Klaus Vack: Versuch, Geschichte und Erfahrung darzustellen. Mehr als bibliographische Daten, weniger als eine Lebensgeschichte. In: „Tradition heißt nicht, Asche aufheben, sondern die Flamme am Brennen erhalten!“ (Alte jüdische Weisheit) - Für und über Klaus Vack. Hrsg.: Komitee für Grundrechte und Demokratie, Sensbachtal 1985, S. 175-225

chen Wolfgang Neuss in West-Berlin und Wolf Biermann in Ost-Berlin. Es gelingt, im Kulturministerium der DDR die bisher nicht nur versagte Ausreisegenehmigung, sondern auch die feste Zusicherung zu erreichen, dass Wolf Biermann nach einer Teilnahme an einer Ostermarschveranstaltung wieder in die DDR zurückkehren kann. Am Ostermontagabend findet im Anschluss an die dreitägige Ostermarschdemonstration und die inzwischen traditionelle Kundgebung auf dem Römerberg im Frankfurter Zoo-Gesellschaftshaus die Ost-West-Revue mit Wolfgang Neuss (West) und Wolf Biermann (Ost) statt. Hier trägt Wolf Biermann erstmals sein neues Lied vor: „Soldat Soldat in grauer Norm / Soldat Soldat in Uniform / Soldat Soldat ihr seid so viel / Soldat Soldat das ist kein Spiel / Soldat Soldat ich finde nicht / Soldat Soldat dein Angesicht / Soldaten sehn sich alle gleich / Lebendig und als Leich / Soldat Soldat wo geht das hin / Soldat Soldat wo ist der Sinn / Soldat Soldat im nächsten Krieg / Soldat Soldat gibt es kein Sieg / Soldat Soldat die Welt ist jung / Soldat Soldat so jung wie du / Die Welt hat einen tiefen Sprung / Soldat am Rand stehst du / Soldat Soldat in grauer Norm / Soldat Soldat in Uniform / Soldat Soldat ihr seid so viel / Soldat Soldat das ist kein Spiel / Soldat Soldat ich finde nicht / Soldat Soldat dein Angesicht / Soldaten sehn sich alle gleich / Lebendig und als Leich."

Auf der Ostermarschkundgebung in Stuttgart ruft Helmut Gollwitzer aus: „... Endlich einmal muss man nicht Deckung nehmen, wenn Deutsche zu marschieren anfangen. Diesmal marschieren sie nicht, bis alles in Scherben fällt, sondern damit nicht alles – wieder und noch mehr! – in Scherben fällt. Diejenigen Deutschen marschieren, die früher als die Mehrheit gemerkt haben, worum es heute geht. Es ist die Demonstration der Vernunft, der Freiheit und der wahren Vaterlandsliebe." Die Kampagne für Demokratie und Abrüstung beginnt, sich mit dem US-Krieg gegen Vietnam zu befassen. Sie beginnt eine breite Aufklärungskampagne. Erste Demonstrationen vor der US-Botschaft und vor US-Konsulaten werden organisiert. In Frankfurt wird eine angemeldete Demonstration gegen die US-Aggression in Vietnam verboten. Daraus entsteht die erste gewaltfreie Sitzdemonstration, bei der mehrere hundert Ostermarschierer die Zeil in Frankfurt blockieren und von der Polizei weggeräumt werden.

Mit der Aufforderung, im Parlament gegen die Notstandsgesetze zu stimmen und die breite Öffentlichkeit zu alarmieren, wenden sich 215 Hochschulprofessoren an den Deutschen Gewerkschaftsbund: „Wir fragen Sie: Werden Sie bei Ihren Beschlüssen bleiben, und was gedenken Sie zu tun, um die Demokratie ernsthaft zu verteidigen?“ Vor allem auf Drängen des SDS und seiner damaligen Vertreter im zentralen Ausschuss, Ursula Schmiederer und Helmut Schauer, nimmt die Kampagne den Kampf gegen die geplanten Notstandsgesetze in ihr Programm auf. Heute wissen wir, wie eng Militarisierung der Gesellschaft und ungehemmte Hochrüstung oder auch innerer und äußerer Frieden zusammenhängen. Damals haben wir uns ernsthaft die Frage gestellt, ob wir die Form der Ein-Punkt-Bewegung begrenzt auf das Nein zur Atombombe und die Forderung nach Abrüstung aufgeben dürfen zugunsten einer Erweiterung der Programmatik, in diesem Falle des Engagements gegen Notstandsgesetze. Ebenfalls, nachträglich beurteilt, wurde mit der Entscheidung, als Kampagne für Abrüstung auch die Notstandsgesetze zu bekämpfen, der erste Schritt getan in Richtung einer Kampagne als Focus außerparlamentarischer Opposition. Der hessische Kampagne-Ausschuss initiiert eine spektakuläre Aktion, in der der Zusammenhang zwischen Atomrüstungspolitik und Notstandsgesetzen plastisch zum Ausdruck kommt. Es werden öffentliche Ausstellungen von „Volkssärgen für den Verteidigungsfall!“ gemacht. Dabei werden Flugblätter mit Vorschlägen für ein „Bundessargbevorratungsgesetz“ verteilt, mit dem alle Haushaltsvorstände „verpflichtet werden sollen“, genügend „Volkssärge“ anzuschaffen, da die Überlebenschancen im Verteidigungsfall gering seien. Paragraph 6 des „Gesetzes“ bestimmt: „Bei Luftwarnung bzw. ABC-Alarm haben die Benutzungspflichtigen ihre Särge aufzusuchen und die Deckel zu schließen.“

Obwohl die Spitzen von DGB und SPD weiterhin vor der „kommunistisch infiltrierten“ Kampagne für Abrüstung warnen, fordern inzwischen mehrere gewerkschaftliche Jugendkonferenzen zur Mitarbeit in den örtlichen Ausschüssen und zur Teilnahme an den Ostermärschen auf.

Am 17. Mai 1965 begehe ich meinen 30. Geburtstag. Wie tief die Ereignisse und Entwicklungstendenzen uns bedrücken, markiert eine

Vereinbarung von Hannelore und mir, dass wir bis zum Ende des Vietnamkriegs keine Tanz- und Vergnügungsveranstaltungen mehr besuchen werden.

Im Juli 1965 findet in Helsinki der Weltkongress für Frieden, nationale Unabhängigkeit und allgemeine Abrüstung statt, der vom kommunistischen Weltfriedensrat einberufen ist. Hannelore und ich vertreten die westdeutsche Kampagne für Abrüstung. Wir begegnen u. a. Jean-Paul Sartre, Pablo Neruda, Ilja Ehrenburg und dem tschechischen Marathonläufer Emil Zatopek (Mitglied im Friedensrat der CSSR). Ich berichte in der Kampagne-Zeitschrift „Information zur Abrüstung".

Die Bundestagswahl 1965 wird erneut von der CDU/CSU gewonnen.

Ebenfalls 1965 legt der zentrale Ausschuss ein Sofortprogramm für die Bundesrepublik Deutschland unter dem Motto „Politik der Sicherheit durch Abrüstung in Mitteleuropa" vor. Das Programm enthält im wesentlichen folgende Forderungen: Stopp der atomaren und konventionellen Rüstung auf beiden Seiten; Verringerung der konventionellen Rüstung auf beiden Seiten; Atomwaffenfreie Zone in Mitteleuropa; Europäische Sicherheitskonferenz; Beziehungen zu Osteuropa; Mitarbeit an der Strategie des Friedens; Ein Amt zur Förderung der Abrüstung; Forschung und Erziehung für Abrüstung und internationale Verständigung.

Im September 1965 bekräftigt der 8. Gewerkschaftstag der IG Metall sein Nein zur Notstands- und Notdienstgesetzgebung. Der Gewerkschaftstag kritisiert die Verabschiedung einer Reihe sogenannter einfacher Notstandsgesetze gegen die Bedenken und Warnungen der Gewerkschaften, durch die der Exekutive weitreichende Vollmachten gegeben werden. Die Gewerkschaften lehnen jede Notstandsgesetzgebung ab, welche die demokratischen Grundrechte einschränkt und die besonders das Versammlungs-, Koalitions- und Streikrecht der Arbeitnehmer und ihrer gewerkschaftlichen Organisationen bedroht.

Der 26. November 1965 wird – auf Initiative der amerikanischen Friedensbewegung – zum Internationalen Vietnamtag erklärt. In fast allen Städten der Bundesrepublik werden Straßenausstellungen mit etwa 50 Bildern über den Vietnamkrieg gezeigt. In einem Flugblatt, das in einer Auflage von über einer Million Exemplaren verteilt und in dem Frieden und Selbstbestimmung für Vietnam gefordert werden, wird die bisherige Bilanz des Vietnamkrieges wie folgt zusammengefasst: „Eine halbe Million Menschenleben hat der zweite Vietnamkrieg nach vorsichtigen Schätzungen bereits gefordert; 160.000 Zivilisten sind allein zwischen 1961 und 1964 umgekommen; Folterungen und Gefangenenmord sind seit Jahren an der Tagesordnung; Tausende von Siedlungen wurden vernichtet, ihre Einwohner getötet oder in sogenannte Wehrdörfer deportiert, die praktisch Konzentrationslager sind; Napalmbomben, Giftchemikalien und neuartige Vernichtungswaffen treffen in wachsendem Ausmaße die Zivilbevölkerung; durch die moderne Strategie der verbrannten Erde droht sich hier der Tatbestand des Völkermordes zu erfüllen." Bei einer Konferenz der Nato-Verteidigungsminister in Paris im Dezember 1965 wird das Projekt einer multilateralen Atomstreitmacht, von der Bonner Regierung seit nunmehr zwei Jahren zum Mittelpunkt ihrer Außen- und Rüstungspolitik erhoben, gegen den Willen der Bundesregierung aufgegeben. Damit blieb das Bonner Bestreben nach „atomarer Gleichberechtigung" erfolglos.

1966

„Mit Kundgebungen in Mannheim und Oberhausen gaben die Atomwaffengegner der Bundesrepublik am Sonntag den Auftakt für die diesjährigen Ostermärsche", schreibt die „Frankfurter Rundschau" vom *23.1.1966.* Mit Philipp Pleß, SPD-Landtagsabgeordneter und Mitglied des geschäftsführenden DGB-Vorstands von Hessen, spricht erstmals ein prominenter Sozialdemokrat und Gewerkschafter auf einer Kundgebung der Kampagne für Abrüstung. In Oberhausen sagt Heinz-Joachim Heydorn: „Die Kampagne für Abrüstung weiß sich jedoch, trotz aller schwierigen Bedingungen im eigenen Lande, selbst des monströsen Krieges in Vietnam, mit einer stärker werdenden internationalen Vernunft verbunden. Das Problem der Selbsterhaltung, wie es sich unter den Bedingungen der zweiten Jahrhunderthälfte stellt, ist aus dem Bewusstsein der Menschheit nicht mehr herauszunehmen. Deshalb haben wir eine reale Chance. Wir sind nicht allein." *Die Ostermärsche 1966* stehen unter den Hauptparolen: gegen die Politik mit der Bombe, gegen den Krieg in Vietnam, gegen die Weiterverbreitung von Atomwaffen, für Entspannung, für Rüstungsstopp, für atomwaffenfreie Zonen, für Sicherheit durch Abrüstung. Zur Finanzierung des hessischen Ostermarsches machen wir erstmals eine „Auktion für Abrüstung". 300 Stücke, und zwar Gemälde, Grafiken, Plastiken u.a. von HAP Grieshaber, Pablo Picasso, Willi Geiger, Max Bill, Frans Masereel gespendet, sowie gespendete Originalpartituren von Paul Dessau und Hans-Werner Henze, Gedichtmanuskripte, Bücher und Schallplatten mit Widmungen von Wolfgang Neuss, Ernst Busch, Wolf Biermann, Erich Kästner, Marie-Luise Kaschnitz, Ernst Bloch, Christa Wolf und ein Grußwort von Martin Luther King werden mit einem Ertrag von DM 15.000,- versteigert. Die amerikanische Protestsängerin Joan Baez nimmt im Ruhrgebiet und in Hessen an den Ostermärschen teil.

Aus der „Spandauer Volkszeitung" vom 28.6.1966: „Offenbach: Unter dem Titel ‚BALD-Zeitung' wurde heute morgen von Mitgliedern der Kampagne für Abrüstung in hessischen Städten und Gemeinden ein Flugblatt gegen die geplante Notstandsgesetzgebung verteilt. Grafisch und stilistisch parodiert das Flugblatt eine bekannte Boulevardzeitung in Millionenauflage. Die ‚BALD-Zeitung' zeigt unter dem fiktiven Datum des 26. Juni 1969 auf drei Seiten in Wort und Bild Ereignisse, die eintreten können, wenn die geplante Notstandsgesetzgebung durch Bundesrat und Bundestag verabschiedet würde. Auf einer vierten Seite wird die geplante Gesetzgebung dokumentiert. Die Verteilung der ‚BALD-Zeitung', deren erste Auflage vergriffen ist, war mit einigen Zwischenfällen verbunden. So beschwerte sich die Polizei in Rüsselsheim über den Artikel ‚Schüsse hallen durch Rüsselsheim', der Streikverbot und Zwangsverpflichtung bei Opel im Notstandsfalle schildert. Ein Sprecher der Polizei meinte, dass die Rüsselsheimer Polizeibeamten nicht schießen würden. Ein zweiter Zwischenfall ereignete sich in Offenbach am Main, wo einer der weißbemützten Verteiler der ‚BALD-Zeitung' für kurze Zeit festgenommen wurde."

Sonja ist inzwischen eingeschult worden. Die dreijährige Aicha besucht den Naturfreunde-Kindergarten. Oft quält uns die Sorge, dass wir für die Kinder zu wenig da sind, denn auch Hannelore arbeitet voll mit, und ein Arbeitstag bei uns heißt 10 Stunden, und die Arbeitswoche heißt sieben Arbeitstage. Aber zugleich: Wir haben feste Stunden für die Kinder und dann nur für die Kinder. Wir basteln, malen und werken. Nach dem Zubettgehen (wir gehen später wieder ins Büro) lesen wir den Kindern vor; Astrid Lindgren und James Krüss sind die liebsten Autoren. Das Vorlesen in der Familie werden wir, wie die Zukunft zeigt, beibehalten bis die Kinder als junge Frauen das Elternhaus verlassen. Später übernimmt Sonja die Rolle der Vorlesenden. In diesem Jahr mache ich auch erstmals eine zweitägige Reise allein mit Sonja. Wir fahren im Bummelzug durch den Odenwald und am Neckar entlang nach Stuttgart, bummeln durch die Stadt, besuchen den Zoo, den Fernsehturm und manches andere. Daraus wird eine sich jährlich wiederholende Gepflogenheit, dass ich mit Sonja und Aicha, jeweils getrennt, für zwei bis drei Tage verreise. Familiäre Höhepunkte waren auch unsere Urlaube, bei denen wir die damit verbundene Freiheit des völligen Füreinander-Daseins auskosteten.

Helmut Schauer und ich initiieren mit Unterstützung von Wolfgang Abendroth, Werner Hofmann und Heinz Maus das Kuratorium „Notstand der Demokratie". In einem Aufruf, den erstmals Intellektuelle und wichtige Gewerkschaftsfunktionäre gemeinsam unterzeichnen, wird für den 30. Oktober 1966 zu einem Kongress „Notstand der Demokratie" aufgerufen. Auf der Schlusskundgebung des Kongresses auf dem überfüllten Frankfurter Römerberg sprechen Ernst Bloch, Hans Magnus Enzensberger, Helmut Ridder und Georg Benz, Vorstandsmitglied der IG Metall. An der Kundgebung nimmt auch der IG Metall-Vorsitzende Otto Brenner teil. In der Schlusserklärung stellt das Kuratorium fest: „Gegen Notstandspläne der Bundesregierung rufen wir den Notstand der Demokratie aus. Der Kongress hat die wachsenden Widerstandskräfte aus der Wissenschaft, der Intelligenz, den Gewerkschaften und besonders der jungen Generation, ungeachtet sonstiger politischer Meinungsverschiedenheiten, zum gemeinsamen Handeln zusammengeführt. Wir rufen alle demokratisch und rechtsstaatlich gesinnten Bürger der Bundesrepublik auf, die Opposition gegen die Notstandsgesetze aktiv zu unterstützen."

Im November 1966 stürzt die Regierung Erhard. Es kommt zur Bildung der Großen Koalition. Die kleine FDP, nun alleinige Oppositionspartei, gerät unter besonderen Einfluss von William Borm, der sich dem Kuratorium „Notstand der Demokratie“ anschließt. Auf dem Jahreskongress des SDS habe ich eine erste persönliche Begegnung mit Rudi Dutschke. Der SDS entwickelt sich verstärkt zum eigenständigen Akteur im Feld des außerparlamentarischen Engagements. In Frankfurt findet ein Vietnam-Kongress des SDS statt, auf dem u.a. Herbert Marcuse spricht und weit über die Thematik Vietnam hinausgehend seine sozialrevolutionären Ansichten vertritt, die bald zum politischen Allgemeingut der Neuen Linken gehören werden. In dieser Zeit werde ich – neben Fritz Lamm der einzige Nichtintellektuelle in diesem illustren Kreis – in die Herausgebergruppe der SDS-Theoriezeitschrift „Neue Kritik“ aufgenommen. Auch fällt in den Spätherbst 1966 ein Besuch von Gudrun Ensslin. Wir beraten die Herausgabe eines Buches „Stimmen gegen den Atomtod“. Damals war nicht ein Funken Ahnung spürbar, welchen Weg diese ungewöhnlich sensible, schüchterne und außergewöhnlich sozial engagierte Frau einst gehen würde.

Von der Kampagne initiieren wir einen Appell für Frieden in Vietnam, der von rund 2.700 überwiegend bekannten Personen und Vertretern des wissenschaftlichen, kirchlichen und künstlerischen Lebens sowie Sozialdemokraten und Gewerkschaftern unterzeichnet und in einer zweiseitigen Anzeige in der „Zeit“ veröffentlicht wird.

Egon Becker und Herbert Stubenrauch regen in der VK-Zeitschrift „Zivil“ die Gründung einer neuen Partei an. Herbert Stubenrauch schlägt die Umwandlung der Kampagne für Abrüstung in eine solche Partei vor. In einem Interview stelle ich fest: „Ich bin dagegen, dass die Kampagne als Sammelbecken für eine neue Partei herhalten soll. Ich bin darüber hinaus der Meinung, dass eine solche Frage sich für die Kampagne gar nicht stellen kann. Sollten sich in den nächsten Monaten einzelne oder Gruppen zu einer neuen Partei – sei sie sozialistisch, radikal-demokratisch oder wie auch immer – oder zu einer anderen auf Wahlen ausgerichteten Vereinigung zusammenfinden, so sollte die Kampagne dazu nach meiner Meinung die gleiche unabhängige Position einnehmen, wie sie es schon gegenüber den bestehenden Parteien tut, gleichgültig, ob diese im Parlament vertreten sind oder nicht ... Ich gehe davon aus, dass gerade jetzt eine Gruppierung wie die Kampagne für Abrüstung in der Bundesrepublik notwendig ist, denn neben dem Kuratorium ‚Notstand der Demokratie' ist die Kampagne für Abrüstung die einzige intakte außerparlamentarische Opposition, in der Sozialdemokraten, Liberale, Neutralisten, Gewerkschafter, Pazifisten, Sozialisten, Protestanten, Katholiken, Individualisten etc. auf einer gemeinsamen politischen Plattform zusammenarbeiten. Auch in der Unterstützung, die die Kampagne durch jüngere Leute erhält, sehe ich ein weiteres Argument für meinen Standpunkt. Die Parteien haben mit ihrer jahrelangen undifferenzierten Gleichmacherei, mit ihrem Konformismus die besten und aktivsten Kräfte dermaßen abgestoßen, dass inzwischen ein erheblicher Teil dieser Jugendlichen vor allen institutionellen und auf ein Programm verpflichteten Vereinigungen einen nicht unberechtigten Horror hat ..."

1967

Der Ostermarsch 1967 steht unter dem Motto: „Für Sicherheit in Europa – Für Abrüstung und Demokratie – Gegen Notstandsgesetz – Gegen den Krieg in Vietnam!" An den Vorbereitungen und Veranstaltungen der Ostermärsche beteiligen sich diesmal mehr als 200.000 Personen. Größtenteils fanden die Osterdemonstrationen erstmals im neuen Stil statt; es wurden mit Autokorsos, Foren, Straßenkonzerten, Revuen, Hearings, Informationsständen, Straßendiskussionen, Ausstellungen und Geldsammlungen für Vietnam über den Kreis der aktiven Teilnehmer hinaus mehr Menschen mit den politischen Zielen der Kampagne bekannt gemacht als je zuvor. Den Aufruf zum Ostermarsch 1967 hatten mehr als 15.000 Bürger unterstützt, darunter u.a. 1.500 Pädagogen, 1.400 Geistliche und Theologen, 1.400 Gewerkschaftsfunktionäre, 1.000 Vertreter aus Jugend- und Studentenorganisationen, 900 Künstler, 600 Schriftsteller und Publizisten sowie 500 Hochschullehrer und Wissenschaftler. Die Abschlusserklärung zu den Ostermärschen 1967 schließt: „Das Grundgesetz der Bundesrepublik Deutschland fordert jeden Bürger auf, dem Frieden der Welt zu dienen. Die Kampagne für

Abrüstung zieht hieraus die Konsequenz, sie zeigt, wie Friedenspolitik in unserem Lande aussehen muss. Für diese Politik tritt die Kampagne ein und ruft alle Bürger, gleichgültig welcher Weltanschauung und Partei, auf, mitzuhelfen, dass Mitteleuropa nicht nur im Wort, sondern in der Tat eine Brücke zwischen Ost und West wird."

Am *2. Juni 1967* wird der Student Benno Ohnesorg als Teilnehmer an einer Demonstration gegen den Besuch des Schah von Persien in Berlin von einem Polizeibeamten erschossen. Für Hunderttausende der jüngeren Nachkriegsgeneration, und ich schließe mich da ein, wird dieser Totschlag oder Mord zu einem Schlüsselerlebnis, das in der bald folgenden Protestbewegung in Aufständen und verschärften Auseinandersetzungen mit der Staatsgewalt sich Ausdruck verschafft. Der Regierende Bürgermeister von Berlin, Heinrich Albertz, stellt sich vor die Polizei. Später bekennt Heinrich Albertz: „Ich habe gelernt, wie fragwürdig pauschale Forderungen sein können, in Entscheidungslagen, wo nicht Härte oder Weichheit das Problem ist, sondern das Richtige oder das Falsche zu tun. An mir selbst dargestellt: Ich war am schwächsten, als ich am härtesten war, in jener Nacht des 2. Juni, weil ich dort objektiv das Falsche tat."

Zehntausende folgen dem Sarg von Benno Ohnesorg. Hier begegne ich Oskar Negt, dessen Rede zur Trauerfeier nicht nur bei mir eine neue politische Dimension eröffnet: „Wir gedenken heute eines Toten. Wir können dieses Toten nur angemessen gedenken, wenn wir erkennen, dass der Student Benno Ohnesorg sein Leben ließ in einer fatalen Auseinandersetzung über die Grenzen der Exekutive, insbesondere der Polizeibehörden, und über die Rechte einer außerparlamentarischen Opposition. Die demokratische Opposition unseres Landes verteidigt heute die Grundrechte der Meinungsfreiheit und der Versammlungsfreiheit. Sie kämpft um das Demonstrationsrecht und darum, ob es für die Polizeibehörden zulässig sein soll, Demonstranten, die jubeln wollen, und Demonstranten, die ihr Missfallen zum Ausdruck bringen wollen, unterschiedlich zu behandeln und damit das Grundrecht aus Artikel 3 Absatz 3 des Grundgesetzes außer Kraft zu setzen, das lautet: Niemand darf wegen seiner politischen Anschauung bevorzugt oder benachteiligt werden. Regierungsbehörden, Polizei und ein Teil der

Presse bekämpfen heute eine Minderheit, die versucht, den Widerspruch gegen die manipulierte Meinung zu artikulieren, die durch Polizeikommuniques legitimiert wird. Man denunziert die Minderheit als extremistische Störenfriede: als linksradikal, als prokommunistisch, als anarchistisch. Diese Vorwürfe sind Bestandteil aller autoritären Gesellschaftsordnungen. Ihre Repräsentanten projizieren die Vernunftlosigkeit und Fragwürdigkeit des Herrschaftsapparates, über den sie mit allen technischen Raffinessen verfügen, auf die gesellschaftlichen Gruppen, die das Getriebe mit Fragen und Protesten stören ... Der Tod des Studenten Benno Ohnesorg markiert eine Entwicklungsstufe in der Stabilisierung der im parlamentarischen Sinne faktisch oppositionslosen, autoritären Leistungsgesellschaft. Im traditionellen Sinne war es kein politischer Mord: Rosa Luxemburg, Karl Liebknecht, Rathenau und Erzberger, sie alle wurden als Repräsentanten politischer Bewegungen, parteipolitischer Konzeptionen ermordet. Der Student Ohnesorg dagegen ist das Opfer eines Mordanschlags: es handelt sich um Mord selbst dann, wenn man dem schießenden Kriminalbeamten im Sinne des Strafgesetzbuches nichts nachweisen könnte. Denn Benno Ohnesorg ist das zufällige Opfer einer planmäßigen Polizeiaktion, einer Aktion, die schwere Verletzungen – und solche Verletzungen können immer den Tod zur Folge haben – bewusst in Kauf genommen hat ... Benno Ohnesorg ist das Opfer einer Symbolhandlung, mit der Entschlossenheit und Unnachgiebigkeit des Polizeiapparats bekundet werden sollten."

Im Herbst 1967 nimmt die Kampagne für Abrüstung die Forderung „Enteignet Springer!" in ihre Programmatik auf. Diese Forderung war nach der Erschießung von Benno Ohnesorg von großen Teilen der Westberliner Studentenschaft aufgestellt worden. Die Springerpresse, die den Berliner Zeitungsmarkt beherrscht, muss wegen ihrer jahrelangen einseitigen und aufputschenden Berichterstattung über oppositionelle Äußerungen dafür verantwortlich gemacht werden, dass die Reaktion auf demokratische Willenskundgebung schließlich bis zum offenen Polizeiterror und zur Erschießung eines Demonstranten führte.

Das „Kuratorium Notstand der Demokratie" beschließt, für den Zeitpunkt der geplanten Verabschiedung der Notstandsgesetze zu einem Marsch auf Bonn aufzurufen. Es wird ein Sekretariat in der Hauptverwaltung der IG Metall eingerichtet, und Helmut Schauer, mit dem ich längst eng kooperiere, wird Sekretär des Kuratoriums. Obwohl weiterhin Geschäftsführer der Kampagne für Abrüstung, verlagert sich ein Teil meiner Arbeit auf die organisatorische Unterstützung des Sekretariats „Notstand der Demokratie“. Angesichts der Großen Koalition stehen die Aussichten schlecht, die Verabschiedung der Notstandsgesetze zu verhindern. Alles wird davon abhängen, ob die Gewerkschaften vom Protest zum Widerstand übergehen. Doch auch der Protest ist wichtig. Selbst verabschiedete Notstandsgesetze werden nur so viel wert sein, wie sich die politisch-aktiven Bürger im sogenannten Notstandsfall gefallen lassen. Und es werden täglich mehr, die sich engagieren und wehren.

Obwohl westdeutsche Kommunisten, die die Ziele der Kampagne für Demokratie und Abrüstung unterstützen, nach wie vor keinen größeren Einfluss in der Kampagne haben als es ihrer Stärke entspricht (die KPD ist seit über 10 Jahren verboten), war es in den letzten Jahren zu engerer Zusammenarbeit gekommen, was auf die vom Osten überzeugend vertretene Politik der friedlichen Koexistenz und auf eine langsam voranschreitende innere Freizügigkeit im Gefüge des Ostblocks zurückzuführen ist. Zugleich verhalten sich die westdeutschen Kommunisten flexibel und kompromissfähig, wobei ich bis heute für mich selbst nicht ausmachen kann, was in der damaligen konkreten Situation bei den einzelnen Kommunisten, denen ich begegnet bin, Taktik und was, zumindest ansatzweise, ein Prozess von Entdogmatisierung war. Einige illegale KPler dieser Jahre, beispielhaft nenne ich Willi Hoss und Willi Michel, haben sich irgendwann von der KPD losgesagt und waren später dabei, als wir das Sozialistische Büro ins Leben riefen. Andere Kommunisten – und das sind die meisten – sind heute fest integriert und teilweise in führender Position in der DKP. Von der Kampagne hatten wir etwa ab 1966 enge Kontakte zum Friedensrat der UdSSR. Wir konnten da bereits Tendenzen einer Liberalisierung feststellen, die sich später im Prager Frühling 1968 voll realisierten. Am 27. November 1967 notiere ich: „Es ist richtig, auch öffentlich einzugestehen, dass die westdeutschen Kommunisten in dem breiten Spektrum der außerparlamentarischen Bewegung eine Rolle spielen. Das steht ihnen im Lichte unserer Art, Politik zu verstehen, fairnesshalber zu. Das heißt auch – trotz aller Differenzen zwischen sozialistischen Demokraten und Kommunisten –, die Politik der Koexistenz in unseren eigenen politischen Arbeitszusammenhang zu verlängern. In vielen Punkten trennen mich Welten vom Kommunismus, und die Konformität, die Hannelore und ich jetzt bei den 50-Jahr-Feiern zur Oktober-Revolution erleben mussten, steckt mir noch tief in den Knochen. Aber vielleicht ist dies auch ein russisches Phänomen, denn in der CSSR, in Polen und auch in der DDR sind spürbare Lockerungen festzustellen. Der Wandel, den die KPI jetzt vollzieht, macht sie zum Vorreiter für die anderen westeuropäischen KPen. Die Politik, die wir als Kampagne machen, hat uns alle viel lernen lassen und neue Erkenntnisse in unserer Welt im Umbruch gebracht. Die Kommunisten, mit denen ich persönlich zu tun habe, scheinen dies auch begriffen zu haben."

1968

1968: Das Jahr 1968 verlief als eine Art kulturrevolutionärer Prozess, der die Gesellschaft in der Bundesrepublik Deutschland nachhaltig erschütterte. Es war zugleich ein Jahr weitreichender politischer Entscheidungen.

Im Januar 1968 erscheint die Kampagne-Zeitschrift unter dem neuen Titel: „Außerparlamentarische Opposition – Informationen für Demokratie und Abrüstung". Die inhaltliche Ausweitung des Aufmerksamkeitsfeldes korrespondiert mit einer neuen Funktion der Zeitschrift. Sie gibt nicht mehr nur im wesentlichen wieder, worauf man sich im zentralen Ausschuss geeinigt hat, sondern sie wird für die nächsten zwei Jahre auch zum Diskussionsforum über die verschiedenen Konzepte und politischen Orientierungen außerparlamentarischer Opposition.

Noch immer ist die Kampagne die organisatorische Klammer der zunehmend politisch auseinanderstrebenden Kräfte, noch immer kann sie die meisten Menschen mobilisieren. Zugleich übernimmt der SDS – in sich ebenfalls widersprüchlich – mehr und mehr die Vorreiterrolle und zieht mit seinen radikal antiautoritären Aktivitäten junge Menschen an. Vor allem in den Universitäten entfaltet sich die Form der „teach ins“ , der öffentlich ausgetragenen Strategiediskussionen. Neue Wortführer kristallisieren sich heraus, allen voran Rudi Dutschke, aber auch die Brüder Wolff, Reimut Reiche, Hans-Jürgen Krahl, Joscha Schmierer, Klaus Meschkat, Bernd Rabehl u.v.a.m. (alles Männer). Aber es gibt auch die vielen in meinem Gedächtnis heute Namenlosen, die sich in die Diskussion einmischen. Die Säle sind voll, und man kann noch nach vier- oder fünfstündiger Diskussion eine Stecknadel fallen hören, solange der Disput andauert. SDS, Kampagne für Demokratie und Abrüstung, Kuratorium „Notstand der Demokratie“, das sind die in unterschiedlichen Formen mobilisierenden Organisationskader. Zugleich haben (z.T. zuvor schon) zahlreiche Verbände, die bisher eher angepasst waren, sich politisch radikalisiert. Ob Jungdemokraten, Jungsozialisten, Humanistische Studentenunion, Evangelische Studentengemeinden, Sozialdemokratischer Hochschulbund, VDS, Gewerkschaftsjugend usw., alle erfahren sie Zulauf, zum Teil politische Wiederbelebung. Die Aktion Unabhängiger Schüler entsteht und hat Gruppen in fast jedem großen Gymnasium. Die Republikanischen Clubs bilden anfänglich eine neue, überfraktionelle außerparlamentarische Infrastruktur in den großen Städten.

Für das, was sich in der außerparlamentarischen Opposition selbst tut, sind vor allem drei Geschehnisse, die wiederum zugleich die Entwicklung der APO elementar beeinflussen, zentral. Die Notstandsgesetze sollen in diesem Jahr 1968 verabschiedet werden. Alexander Dubcek wird Chef der KP der CSSR, und unsere Hoffnungen auf einen „Sozialismus mit menschlichem Antlitz“ richten sich auf den Prager Frühling. Die Brutalität der amerikanischen Aggression in Vietnam rückt in das Gesichtsfeld eines jeden, der die Augen nicht verschließt. Abend für Abend zeigt das Fernsehen neue Bilder des Grauens, wird von Massakern und Bombenteppichen berichtet. Während die Regierung und die meisten Kommentatoren den Krieg gegen Vietnam rechtfertigen, „um den Weltkommunismus einzudämmen“, wird um so mehr bei den jungen Leuten die Schmerzgrenze überschritten. Bereits im Januar 1968 kommt es bei zahlreichen, meist großen Protestdemonstrationen gegen den Vietnamkrieg zu Übergriffen durch die Polizei. Und dann wieder, von beflissener Seite wird im vorhinein ein gewalttätiges Verhalten der Demonstranten diagnostiziert, demonstrieren Zehntausende in Berlin, Frankfurt oder München, ohne dass einer Fliege etwas zuleide getan wird. Wenn auch die in der Großen Koalition eingefangene SPD in ihrer Spitze sich zu dem Geschehen in Vietnam in beschämendes Schweigen hüllt, so brodelt es doch an der Basis. „Ich protestiere gegen den Krieg der Amerikaner in Vietnam – ich bin SPD-Mitglied!“, ist auf einer Demonstration in Berlin auf Hunderten mitgeführter Umhängetransparente zu lesen. Im Rahmen der Ostermärsche 1968 sind für Ostersamstag, 12 Uhr, fünf Minuten Verkehrsruhe für Vietnam angesagt, mit denen fast der gesamte Verkehr in den Großstädten kurzzeitig stillgelegt und die Bevölkerung wachgerüttelt werden soll, die Leiden des vietnamesischen Volkes nicht länger stillschweigend hinzunehmen.

Am 4. April 1968 wird Martin Luther King ermordet. Am Donnerstag vor Ostern, am *1. April 1968,* wird Rudi Dutschke in Berlin von einem Einzelgänger niedergeschossen und erleidet eine schwere Kopfverletzung. Es ist nicht abzusehen, ob er sterben, je wieder genesen wird oder vielleicht doch geheilt werden kann. Die Ostermarschaktionen 1968 fallen damit zusammen mit den Protestaufständen, die sich bereits am Abend und in der Nacht von Karfreitag auf Ostersamstag überall in der Bundesrepublik gegen die Auslieferung der Springer-Zeitungen richten. Es kommt zu harten Konfrontationen mit der Polizei. Erstmals werden von Demonstranten Steine und Brandsätze geworfen. Die Auslieferung der Samstagsausgabe der „Bild-Zeitung“ kann teilweise blockiert werden.

Am Rande des Frankfurter Römerbergs stellen wir noch am Samstagvormittag ein großes Zelt auf, in dem, völlig überfüllt, vom Samstagnachmittag bis in die späten Abendstunden die Gewaltfrage und weitere Aktionen diskutiert werden, die über das übliche Ostermarschprogramm hinausgehen sollen. Oskar Negt stellt das Gewaltmonopol des Staates unter den gegenwärtigen gesellschaftlichen Bedingungen radikal in Frage. Er verwirft Gewaltanwendung und stellt zugleich fest: „Wer die Sicherung der Freiheit dem Staat, seinen Beauftragten, den

Großinstitutionen und machtvollen Organisationen überlässt, ist das Opfer einer fatalen Illusion: er glaubt an die Lebensfähigkeit einer Demokratie ohne Demokraten." Hans-Jürgen Krahl, K. D. Wolff, Reimut Reiche, Günter Amendt u.a. rufen dazu auf, die Blockaden gegen alle Druckereien, in denen Springer-Zeitungen hergestellt werden, zu eskalieren. Fred Zander, zweiter Unterbezirksvorsitzender der Frankfurter SPD, fordert, die Aktionen nicht fortzufahren und bietet politisches Engagement von Sozialdemokraten und Gewerkschaftern gegen Springers Pressemonopol an. Ich spüre bis heute, wie ohnmächtig ich mich gegenüber dieser Situation fühlte, selbst ergriffen von einem fast „heiligen Zorn" auf die jahrelange Hetze und Pogromstimmung, die das Attentat auf Rudi Dutschke erst herbeiführte, zugleich verängstigt angesichts einer möglicherweise nicht absehbaren Eskalation von Gewalt.

Während der Ostermarsch am Sonntag überall im Lande ruhig verlief, ging die Auseinandersetzung um das weitere Vorgehen am Sonntagabend weiter. Heiner Halberstadt hatte in den Club Voltaire eingeladen. Anwesend waren u.a. Wolfgang Abendroth, Werner Hofmann, Georg Benz, Jakob Moneta, Helmut Schauer, Andreas Buro, K. D. Wolff, Frank Wolff, Hans-Jürgen Krahl, Heinz-Joachim Heydorn, Heinz Brakemeier, Heiner Halberstadt und ich. Beurteilt man das Ergebnis der vielstündigen Diskussion unter dem Aspekt, dass es uns, den Ostermarschleuten, Gewerkschaftern und Vätern des SDS, wie Wolfgang Abendroth, nicht gelang, die SDS-Genossen dafür zu gewinnen, von einer weiteren Blockadeaktion der FAZ-Druckerei, in der auch „Bild" hergestellt wurde, abzubringen, dann könnte man diese Diskussion als gescheitert betrachten. Das eigentlich wichtige Ergebnis dieser kontroversen und doch solidarischen Auseinandersetzung – das wurde mir erst viel später klar – bestand darin, dass zwischen uns, der ersten und zweiten politisch engagierten Nachkriegsgeneration, und den Repräsentanten des neuen SDS oder besser der studentischen Protestbewegung kein unüberbrückbarer Bruch entstand, wie in zahlreichen anderen Zentren des antiautoritären Protests. Gleichzeitig zeigte sich am Ostermontag auf dem Römerberg, was sicher von SDSlern auch erst nach und nach begriffen werden musste, dass zwar mehr als 20.000 Demonstranten den Römerberg randvoll füllten, dem Aufruf zur Blockade der FAZ-Druckerei dann vielleicht gut 3.000 folgten. Direkt nach dem Ostermarsch musste ich mich aus der weiteren Frankfurter Diskussion ausklinken, weil ich zur Vorbereitung des Sternmarschs am 11. Mai 1968 auf Bonn gegen die Notstandsgesetze mein Arbeitsdomizil ins Bonner VDS-Büro verlegte. Währenddessen reiste Helmut Schauer über die Lande. Überall waren Anti-Notstandsausschüsse entstanden, und die Mobilisierung erreichte für uns bisher nicht bekannte Ausmaße. Der SDSler Achim Maske und ich schafften indessen die organisatorischen Vorbereitungen für die Demonstration in Bonn, die die größte werden sollte, die die Bundeshauptstadt bis damals erlebt hatte. Ich hatte nun bereits acht Ostermärsche mitorganisiert, und sicher waren mit dem Wachsen der Ostermarschbewegung auch die politischen und organisatorischen Fähigkeiten gewachsen. Die Aufgabe der Organisation und damit zugleich der herausragenden Mitverantwortung für das politische Konzept des Sternmarsches gegen die Notstandsgesetze habe ich dennoch wie eine erdrückende Last empfunden. Die wichtigsten Probleme waren, wie kann vermieden werden, dass die Aktion „aus dem Ruder läuft"; wie kann erreicht werden, dass die Gewerkschaften auch nach dem 11. Mai bei der Stange bleiben? Und, wie immer das gelingen würde, die Große Koalition war entschlossen, die Notstandsgesetze auf Biegen und Brechen durchzupeitschen. So musste mobilisiert werden mit dem Anspruch, die Notstandsgesetze zu verhindern, um eine große Demonstration zustande zu bringen. Gleichzeitig würde sich am Tag nach der Verabschiedung der Notstandsgesetze zwangsläufig ein Rückschlag einstellen, der nicht in die allgemeine Resignation führen dürfe. Auch gab es die Versuche, jene SPD-Bundestagsabgeordneten ausfindig zu machen und zu ermutigen, die vielleicht gegen die Gesetze stimmen würden. Ich weiß noch wie heute, und heute weiß ich, es war naiv, wie ich nach dem SPD-Bundestagsabgeordneten suchte, der ganz aus der Fraktion ausbricht und von der Tribüne des Parlaments gegen die Verabschiedung der Notstandsgesetze spricht. Diese Idee war entstanden in Erinnerung an die Rede Karl Liebknechts gegen die Kriegskredite im Ersten Weltkrieg. Aber ein Karl Liebknecht 1968 konnte in dieser SPD-Bundestagsfraktion nicht gefunden werden, wenngleich letztlich 53 SPD-Abgeordnete den Notstandsgesetzen die Zustimmung verweigerten.

Vier große Demonstrationszüge streben dann am *11. Mai 1968* auf den Bonner Hofgarten zu (der mit der neuen Friedensbewegung der achtziger Jahre noch größere Demonstrationen erleben wird). Über 70.000 Menschen haben sich eingefunden, um ihre Ablehnung der Notstandsgesetze zu bekunden. Es sprechen Helmut Ridder, Walter Kreck, Christof Ehmann (VDS), K. D. Wolff (SDS), Heinrich Böll, Erich Fried, William Borm, Georg Benz (IG Metall) und Werner Vitt (IG Chemie Papier Keramik). Andreas Buro als Sprecher der Kampagne erklärt: „Wer durch Notstandsgesetze die rechtlichen Grundlagen für den scheinlegalen Staatsstreich schafft und die Umwandlung der Bundesrepublik in einen Polizeistaat betreibt, handelt anti-parlamentarisch und anti-demokratisch. Es ist der Sinn unserer Aktion, vor der Bundestagswahl 1969 breiten Wählerschichten einsichtig zu machen, dass die bestimmenden Politiker in CDU/CSU und SPD sich auf den Weg des Abbaus der Demokratie begeben haben. Die Konsequenz hieraus kann für die Bürger dieses Staates nur darin bestehen, die Notstandsbefürworter bei der nächsten Bundestagswahl nicht wieder zu wählen."

Vorübergehend führt der Sternmarsch auf Bonn weit über die Teilnehmerzahl hinaus zu einer Mobilisierung auch in den Betrieben, und der Ruf nach Streik wird lauter. Doch der Gewerkschaftsapparat hat seine Pflicht getan. Bereits am 13. Mai wird Helmut Schauer und mir signalisiert, dass mit weiterem gewerkschaftlichen Engagement nicht zu rechnen sei. Am 14./15. Mai beschließt der Deutsche Bundestag mit der erforderlichen Zweidrittelmehrheit in zweiter Lesung die Notstandsgesetze. Helmut Schauer, noch in seiner Funktion als Sekretär des Kuratoriums „Notstand der Demokratie", K. D. Wolff als SDS-Bundesvorsitzender und ich als Geschäftsführer der Kampagne für Abrüstung geben gemeinsam, jeweils in Millionenauflage, kurz hintereinander drei Flugblatt-Zeitungen heraus: „Treibt Bonn den Notstand aus – Streik Extra – Mai 1968."

Am 29. Mai ist die dritte abschließende Lesung zur Verabschiedung der Notstandsgesetze. Noch einmal erfasst eine Protestwelle die Republik. Überall finden Demonstrationen und Massenkundgebungen statt. Philipp Pleß, inzwischen DGB-Landesvorsitzender in Hessen, lässt namens des DGB zu einer Kundgebung aufrufen, die um 15 Uhr, also während der Arbeitszeit, stattfindet: Heraus aus den Betrieben zur Großkundgebung gegen Notstandsgesetze! Zwar wird dies – wie in vielen Städten – die größte Kundgebung der letzten zehn Jahre in Frankfurt, und es überwiegen bei weitem die Kollegen aus den Betrieben, aber die Notstandsgesetze sind beschlossene Sache.

Seit 1968 ruhen diese Gesetze in den Schubladen. Auch wenn sie bisher in ihren extremen Möglichkeiten nicht angewendet wurden, bleiben sie ein gefährliches Instrument in der Hand der Exekutive für den „Ernstfall".

In der Kampagne beginnen wir, uns Gedanken zu machen über die weitere Zukunft dieser Art außerparlamentarischer Opposition. Wenn ich mich recht erinnere, zerbröckelt in dieser Zeit der Konsens innerhalb des zentralen Ausschusses zunehmend. So wird nun mehrheitlich abgestimmt und nicht solange diskutiert, bis der weitere Weg gemeinsam vereinbart werden kann. Die Niederlage, die die Verabschiedung der Notstandsgesetze bedeutet, fördert resignative Tendenzen.

21. August 1968: Fünf Warschauer Pakt-Staaten intervenieren in der CSSR. Sowjetische Panzer rollen in Prag ein. Dubcek und die anderen Reformpolitiker werden verhaftet. Zahllose Bürger der CSSR leisten passiven Widerstand. Über Telefonrundrufe versuchen wir, alle Ausschüsse der Kampagne zu sofortigen Protestaktionen zu mobilisieren. Bereits am Abend des 21. August stehen die etwa 30 Mitglieder des örtlichen Ostermarschausschusses in Offenbach auf dem Rathausplatz – nur die Kommunisten fehlen – und verteilen ein schnell hergestelltes Flugblatt, in dem die Intervention scharf verurteilt wird. Menschentrauben zu Hunderten bilden sich. Bis spät in die Nachtstunden wird diskutiert. Am nächsten Tag findet eine beachtliche Demonstration durch die Offenbacher Innenstadt statt.

Der zentrale Arbeitsausschuss der Kampagne erklärt: „Die militärische Intervention der Warschauer Pakt-Staaten steht im absoluten Widerspruch zum Selbstbestimmungsrecht der Völker und zu dem Recht sozialistischer Staaten auf den eigenen Weg zum Sozialismus; sie ist unvereinbar mit den wohlverstandenen Interessen des sowjetischen Volkes und des internationalen Sozialismus. Diese Intervention stärkt objektiv jene politischen Kräfte im Westen, die den Antikommunismus und die Rüstungspolitik forcieren und die Demokratie im eigenen Lande abbauen."

Andreas Buro und ich begeben uns nach Bochum, wo wir mit Christel Beilmann und Arno Klönne die Lage analysieren, auch im Hinblick auf die Folgen für die Kampagne. Die meisten KPen in Westeuropa distanzieren sich von der Intervention oder nehmen zumindest eine kritische Haltung ein. Dagegen sieht Max Reimann, der erste Sekretär des ZK der illegalen KPD, den Einmarsch für voll berechtigt, weil die „Imperialisten" daran gegangen seien, „in der CSSR den Kapitalismus wieder herzustellen, das sozialistische Lager zu spalten, das Kräfteverhältnis zu ihren Gunsten zu verändern, um so die Voraussetzungen für ihre Revanchepolitik gegenüber anderen sozialistischen Ländern zu schaffen". Wir entschließen uns, einen offenen Brief an westdeutsche Kommunisten zu schreiben, in dem wir nicht lediglich die UdSSR und andere Warschauer Pakt-Staaten einer brutalen Verletzung des Völkerrechts anklagen, sondern zugleich feststellen: „Werden auch westdeutsche Kommunisten wie viele andere kommunistischen Parteien den Schritt der Warschauer Pakt-Staaten offen diskutieren und kritisch dazu Stellung beziehen? Wir meinen, dass diese Offenheit Bedingung einer positiven Entwicklung der kommunistischen Bewegung ist. Wir treten für die aktive Mitarbeit der westdeutschen Kommunisten bei der politischen Auseinandersetzung in der Bundesrepublik ein. Diese Mitarbeit setzt voraus, dass westdeutsche Kommunisten bereit sind, auch die Politik der UdSSR von sozialistischen Prinzipien aus unter Kritik zu nehmen. Insofern entscheidet das Verhalten der westdeutschen Kommunisten jetzt über die Möglichkeiten weiterer Zusammenarbeit in der außerparlamentarischen Opposition."

Arno Klönne und ich laden im September 1968 etwa 30 Mitarbeiter aus der Kampagne, Vertreter des SDS sowie anderer Gruppierungen der außerparlamentarischen Opposition in das Offenbacher Naturfreundehaus ein, um im Zeichen der CSSR-Intervention die Situation der APO zu analysieren. Die Erschienenen sind allesamt – so war auch die Auswahl bewusst getroffen worden – scharfe Kritiker des Einmarschs der Warschauer Pakt-Staaten und der Besetzung der CSSR. Der Konsens in dieser Frage lässt aber nicht übersehen, dass es andere tiefgreifende Meinungsverschiedenheiten gibt. Die einen drängen auf eine weitere Radikalisierung und Konfrontation „mit dem System“ und lehnen jegliche Form von „Kollaboration“ mit „dem Establishment“ ab. Spürbar sind erste Anzeichen für ein Politikverständnis, das bald zur Bildung der K-Gruppen führen wird. Wir, der harte Kern der Kampagne, und das sind Christel Beilmann, Andreas Buro, Herbert Faller, Heiner Halberstadt, Arno Klönne und ich, meinen, es sei erforderlich und zugleich möglich, die Kampagne als Bündnis und Focus der APO zusammenzuhalten, bei gleichzeitiger Anerkennung der unterschiedlichen (wie man nun sagen kann) politischen Fraktionen. Ich selbst spüre jedoch und erfahre bald, dass es nicht nur mir so geht, dass wir undogmatischen Sozialisten uns einen eigenen, von einer nunmehr abgehobenen Bündnispolitik unabhängigen politischen Bezugsrahmen schaffen müssen. Das Treffen im Offenbacher Naturfreundehaus geht folgenlos auseinander. Wenig später zieht Arno Klönne als erster die Konsequenz (wohl in Verbindung mit Christel Beilmann) und wendet sich an Andreas Buro und mich mit dem Vorschlag einer autonomen Organisierung um eine sozialistische Publikation und ein Büro. Aus meiner Antwort auf Klönnes Anfrage: „Wir müssten berücksichtigen, a) dass Endzeitvorstellungen allein nicht genügen, dass also von der prinzipiellen sozialistischen Position die gegenwärtigen politischen Vorgänge in der Bundesrepublik unter Kritik genommen und bekämpft werden müssen, b) dass eine Revoluzzer-‚Strategie‘ unter den hiesigen Bedingungen schon gar nicht weiterhilft, die radikaldemokratische Aktionen nicht ausschließt ... d) dass wir keinen Diskutier- und Analysier-Club schaffen wollen, sondern dass Theorie und Praxis, sowie Praxis und Theorie ineins gehen müssen, e) dass auch das junge antiautoritäre Potential letztlich nur dann weiterkommt, wenn es die politische Zielsetzung mit einer klaren Strategie verbindet, und dass Organisation nicht prinzipiell abgelehnt wird, f) dass wir keine Partei sein wollen, dass auch linke Sozialdemokraten und linke Gewerkschafter mitarbeiten können, g) dass unser Wirkungsfeld primär im außerparlamentarischen Bereich liegt, dass wir nicht selbst Institution werden wollen, sondern einwirken wollen auf Institutionen, h) dass wir nicht den blinden Antikommunismus befördern, aber zugleich auch keine Vereinigung für solche Kommunisten sind, die z.B. die CSSR-Intervention rechtfertigen ..."

Nach einem weiteren Treffen, nun im engeren und homogeneren Kreis, entsteht ein Brief, der im Dezember 1968 von Christel Beilmann, Heinz Brakemeier, Andreas Buro, Frank Deppe, Heiner Halberstadt, Holger Heide, Arno Klönne, Herbert Stubenrauch und mir an etwa 100 Leute verschickt wird. Beigefügt ist ein Entwurf für eine Aufforderung, Voraussetzungen einer unabhängigen sozialistischen Bewegung in der Bundesrepublik zu organisieren. U.a. werden die gesellschaftlichen Widersprüche, die zur Entstehung der neuen Oppositionsbewegungen geführt haben, dargelegt: „Der Widerspruch zwischen dem ideologischen Anspruch unseres politischen Systems, nämlich der Volkssouveränität, und der autoritären Realität der politischen und sozialen Institutionen; der Widerspruch zwischen dem Gleichheitsgrundsatz und der ungleichen Verteilung sozialer Chancen, aktuell geworden z.B. an der Lage der Frau, am Bildungssystem, dem Zugang zur öffentlichen Meinung; der Widerspruch zwischen der systematischen, auf Krieg hin tendierenden Vergeudung von Produktivkräften im hochindustrialisierten Rüstungsstaat und der Notlage der Dritten Welt, zugleich aber auch der künstlichen Verweigerung von sozialen Chancen in den Industrieländern selber." Zur Einschätzung der gegenwärtigen Situation heißt es: „Die Frage nach einer sozialistischen Bewegung stellt sich heute nicht nur für diejenigen, die Anschluss an die organisatorische oder ideologische Tradition der historischen sozialistischen Bewegung gefunden haben, sondern für alle diejenigen, die den hier skizzierten Verhältnissen gesellschaftliche Alternativen entgegensetzen wollen. Die Frage nach dem Sozialismus war für das öffentliche Bewusstsein in der jüngsten Vergangenheit vielfach verstellt durch die Identifikation des Sozialismus mit dem gesellschaftlichen System der Doktrin, wie sie sich in der Sowjetunion und einigen von ihr beeinflussten Gesellschaften zu Zeiten des Stalinismus herausbildeten. Diese Identifikation löst sich jedoch mehr und mehr, auch angesichts des Auftretens neuer sozialrevolutionärer Bewegungen in der Dritten Welt und der in Gang kommenden inneren Differenzierung mit den kommunistischen Parteien und Staaten. In der Realität und im öffentlichen Bewusstsein emanzipiert sich damit der Sozialismus von der Bindung an spezifische Formen und Inhalte des sowjetischen Systems, ohne sich deshalb auf die Dogmatisierung eines konkurrierenden sozialistischen Systems zu verlagern." Und weiter: „Mit wachsendem Erfolg sind in den letzten Jahren oppositionelle Bewegungen aufgetreten, die ihren Ausgangspunkt in der Kritik an spezifischen Äußerungsformen der herrschenden Politik hatten. Innerhalb dieser Bewegungen wird zunehmend die Frage nach den strukturellen Gründen der im Detail kritisierten Politik, damit zugleich auch die Frage nach strukturellen Alternativen und nach der Organisation ihrer theoretischen und praktischen Entwicklung gestellt. Zu den Handlungsmöglichkeiten stellen wir fest: „Sozialistische Bewegung kann gegenwärtig nicht den Anspruch auf eine ‚ausgereifte' und verbindliche sozialistische Theorie, noch auf eine umfassende sozialistische Programmatik stellen. Sozialistische Bewegung muss sich gegenwärtig begreifen als kontinuierlicher Rahmen für eine permanente Diskussion, die, ausgehend von einigen verbindlichen Übereinstimmungen und Abgrenzungen, sozialistische Theorie und sozialistische Politik neu entwickelt. Sozialistische Bewegung darf sich nicht fixieren auf bestimmte, ein für allemal feststehende Organisationsformen, sie muss offen sein nicht nur für die ständige Überprüfung theoretischer Ansätze, sondern auch für die Entwicklung neuer Organisationsstrukturen ... Die Entwicklung einer organisierten sozialistischen Bewegung kann nur Prozesscharakter haben. Ein solcher Prozess erfordert jedoch eine kontinuierliche Kommunikation, damit auch eine technische Basis für Diskussion und Aktion. So wenig eine geschlossene, vereinheitlichte Organisation den gegenwärtigen Bedürfnissen der formellen und informellen sozialistischen Gruppierungen in der Bundesrepublik entsprechen würde, so sehr besteht doch andererseits objektiv und subjektiv das Bedürfnis nach einer gesicherten und beständigen Kommunikationsstruktur unter den Sozialisten und sozialistischen Gruppen und Clubs in der Bundesrepublik ... In der gegenwärtigen Situation scheint es uns möglich und dringend notwendig, zwei Instrumente einer kontinuierlichen Kommunikation zu schaffen: 1) eine allgemein zugängliche, nicht auf Oppositionskonsum, sondern auf politische Praxis gerichtete sozialistische Zeitung, 2) ein zentrales, nicht als politische Führungsinstanz, sondern als ‚Dienstleistungsstelle' operierendes Sozialistisches Büro."

Nicht nur wir beginnen, Konsequenzen aus der neuen Situation zu ziehen. Die Kommunisten gründen sich „neu" unter dem Namen Deutsche Kommunistische Partei (die unter Justizminister Gustav Heinemann geduldet wird). Werner Hofmann und andere aus dem ehemaligen Kuratorium „Notstand der Demokratie" bilden für die Bundestagswahl 1969 einen Wahlverein, die Aktion „Demokratischer Fortschritt". Die Jungsozialisten, in Opposition zur noch immer in der Großen Koalition mitregierenden Mutterpartei SPD, haben starken Zulauf. Libertäre und Antiautoritäre bilden die Demokratische Union, die spätere Gruppe „Dritter Weg". Großen Zulauf haben die Trotzkisten, deren Auflage der Zeitschrift „was tun" sprunghaft nach oben schnellt. Im SDS verselbständigen sich die Gruppen in den Zentren der APO, woraus nach der Auflösung des SDS die verschiedenen K-Gruppen-Varianten entstehen: in Berlin: KPD/ML, München: Aufbauorganisation für eine KPD, Tübingen: KAB, Heidelberg/Göttingen: KBW, Hamburg: KB und weitere eher einflusslose Splittergruppen. Anders verläuft die SDS-Entwicklung in Nordrhein-Westfalen, nämlich überwiegend in Richtung eines Anschlusses an die DKP. Aus dem Frankfurter SDS entwickelt sich der Revolutionäre Kampf und das spätere Zentrum der Spontis. Neben teach-ins, Institutsbesetzungen, dem Beginn der Stadtteilarbeit, der Entstehung erster lokaler, auf Ein-Punkt-Ziele bezogener Bürgerinitiativen usw. bleiben die immer erneuten Aktivitäten und Demonstrationen gegen den Krieg in Vietnam das einzige Bindeglied, in dem sich noch ein Teil der früheren Gemeinsamkeit der Aktion erhalten lässt. In der neu gebildeten „Initiative Internationale Vietnam-Solidarität" finden sich fast alle Gruppen und Tendenzen der außerparlamentarischen Opposition zusammen.

1969

Noch einmal ruft der zentrale Ausschuss zu Osterdemonstrationen 1969 auf. Gerade wir, die wir nun jahrelang diese Kampagne für Demokratie und Abrüstung mitorganisiert und mit groß gemacht haben, sind nicht einfach bereit, diese von heute auf morgen wie ausgelatschte Schuhe in die Ecke zu stellen. So versuchen wir – wie andere auch –, trotz aller Differenzen und Polarisierungen, ein Mindestmaß an Übereinstimmung aufrechtzuerhalten. Und gerade die Hauptforderungen im Aufruf 1969 – neben dem Engagement gegen den Vietnamkrieg „Für Auflösung der Militärblöcke – raus aus der NATO!“ oder „Vernünftig handeln – DDR anerkennen“, verstehen wir sowohl als Ziele einer Entspannungs- und Abrüstungspolitik, als auch im Sinne neuer Bedingungen in Mitteleuropa, unter denen sich Geschehnisse wie die Okkupation der CSSR nicht wiederholen würden.

Die Resonanz auf unsere Initiative zur Herausgabe einer sozialistischen Zeitung und zur Gründung eines Sozialistischen Büros ist bis zu 70 Prozent skeptisch bis ablehnend. Auch viele, die zwei oder drei Jahre später mit dabei sein werden, erteilen uns eine glatte Absage. Die Argumente reichen von der Sorge einer weiteren Zersplitterung der Linken bis zum Vorwurf des „undogmatischen Dogmatismus“, eines Alleinvertretungsanspruchs auf das Postulat „unabhängig“ oder auch, dass wir Sozialismus viel zu traditionalistisch interpretierten, dass unser als sozialistisch bezeichnetes Politikverständnis wohl den dialektischen Materialismus und die marxistische Kritik der politischen Ökonomie aus dem Auge verloren habe.

Etwa zu 30 sind wir, als wir im Februar 1969 die Arbeitsgruppe Sozialistisches Büro gründen. Im März verschicken wir über 20.000 Exemplare der Null-Nummer der „links“ – Sozialistische Zeitung. Wir erklären unsere Absicht: „Hiermit zeigen wir die Gründung eines Sozialistischen Büros an. Die Linke in der Bundesrepublik, scheint uns, schwankt zur Zeit zwischen unfassbar vielen politisch-ideologischen und zwischen zwei politisch-organisatorischen Einstellungen. Die einen machen Spontaneität zum Mythos und lehnen jede beständige Form der Kooperation ab. Die anderen flüchten aus Enttäuschung über die

Schwierigkeiten der Selbstorganisation in die scheinbar rettenden Arme traditioneller Organisationsvorstellungen. Wir meinen, der Rückzug in überkommene Organisationsmuster und deren politische Fesseln hilft nicht weiter. Ebensowenig kann man sich aber um die Antwort auf die Frage nach neuen, die (negativen und positiven) historischen Erfahrungen der Linken verarbeitenden Organisationsformen herumdrücken, indem man aus der Verlegenheit die Ideologie der reinen Spontaneität macht. Die Linke wird Organisationsformen, die den veränderten gesellschaftlichen Bedingungen entsprechen, nicht in einem Wurf erreichen. Aber das Sozialistische Büro will den Versuch unternehmen, zu einem Teil in dieser Frage einen Schritt weiterzukommen. Worum geht es dabei? Unabhängige Sozialisten arbeiten heute in lokalen Gruppen, in Clubs, in Basisgruppen an den Hochschulen und Schulen, und hier und dort auch in Betrieben, im Wohngebiet, in berufsbezogenen Gruppen, innerhalb der Jugendverbände, aber auch als kritische Gruppierungen innerhalb der ‚offiziellen' Organisationen (Kirchen, Parteien, Gewerkschaften). In dieser weitverzweigten Praxis liegt die Chance einer neuen sozialistischen Bewegung. Aber es fehlt an Kommunikation. Ergebnisse der theoretischen Diskussion, praktische Erfahrungen, politische Modelle spezifischer lokaler Gruppen bleiben ohne allgemeine Auswertung für die unabhängige Linke, weil sie informatorisch nicht vermittelt, weil Kontakte nicht hergestellt werden ... Das Sozialistische Büro will (ohne Monopolanspruch und ohne Anspruch auf Endgültigkeit) eine bessere Kommunikation unter unabhängigen Sozialisten und ihren Gruppen entwickeln ... ‚links' wird die Vorschläge hierzu laufend veröffentlichen, diese selbst jeweils zur Diskussion stellen oder über Ergebnisse berichten ..."

Die Kampagne-Aktionen, diesmal bereits am Wochenende vor Ostern, dem 29./30. März 1969, erreichen weder die Ausmaße der beiden vorjährigen Ostermärsche, noch ist viel von dem Zusammenhalt, der nun seit 1960 überdauert hatte, übriggeblieben. Die Auseinandersetzungen z.B. in Frankfurt haben nur noch wenig gemein mit den Streitgesprächen auf den teach-ins und bei ähnlichen Veranstaltungen, wie sie 1968 ihren Höhepunkt gefunden hatten. Vielmehr dominieren Anfeindungen, Beschimpfungen und sektiererische Rechthaberei. Spätestens jetzt erkenne ich und viele andere, die bis zuletzt versucht haben, die Kampagne beieinander zu halten, dass es eine gemeinsame außerparlamentarische Opposition, vielleicht abgesehen von gelegentlichen punktuellen Bündnissen, auf absehbare Zeit nicht mehr geben wird.

Es wird noch bis zum 10. Juli 1970 dauern, bis Christel Beilmann, Andreas Buro, Heiner Halberstadt, Arno Klönne und ich in einem Brief an die Mitglieder des Kuratoriums und des zentralen Ausschusses gemeinsam u.a. erklären: „Die fiktive Aufrechterhaltung der Kampagne für Demokratie und Abrüstung kann den Bemühungen um neue, den gegenwärtigen Möglichkeiten entsprechenden Formen der Kooperation nur im Wege stehen. Die Kampagne hat sich nie als Selbstzweck oder als Traditionsverein verstanden. Wir halten uns an dieses Selbstverständnis einer historisch erfolgreichen Bewegung, wenn wir heute eine überholte Form der Bündnispolitik aufgeben, um neuen Formen der politischen Zusammenarbeit Raum zu schaffen. Deshalb scheiden wir aus der Kampagne für Demokratie und Abrüstung und ihrem zentralen Ausschuss aus. Wir hoffen, dass auch diejenigen, die derzeit noch die Form der Kampagne aufrechterhalten, möglichst bald ihre Energien in nützlichere, der gegenwärtigen Situation entsprechende Formen der Kooperation setzen." Das Bundesbüro der Kampagne verlassen Hannelore und ich am 31. März 1969. Im Souterrain eines Wohnhauses in Offenbach, Hohe Str. 28, richten wir das Sozialistische Büro ein. Mit dabei ist Elfriede Wirbelauer, Genossin aus der Offenbacher Naturfreundegruppe, beim Ostermarsch von Anfang an dabei und bereits in den letzten Jahren im zentralen Ostermarschbüro mittätig. Wir fangen mit dieser neuen beruflich-politischen Existenz ganz von vorne an, mit wenig Geld, mit Gehältern, die an der untersten vertretbaren Grenze liegen. Für vier Monate hält Elfriede Wirbelauer die Stellung allein, pflegt das keimende Pflänzchen Sozialistisches Büro. Hannelore, Sonja, Aicha und ich sind Ostern 1969 erstmals nicht auf der Straße. Wir haben uns zurückgezogen in eine Ferienwohnung in dem 200-Seelen-Dorf Obersensbach im Odenwald, zum Aus- und Aufruhen, um einmal voll und ganz für unsere Kinder dazusein, zum Nachdenken, Erfahrungen verarbeiten und zum Schmieden von politischen Zukunftsplänen: Zu neuen Ufern führt ein neuer Pfad!

Es wäre jetzt schön, ja es täte gut, ausführlich über Obersensbach zu berichten und über das, was uns dieses „Freisemester" bedeutet. Wir haben uns ganz von den politischen Freunden und Problemen abgeschottet. Einmal in der Woche telefoniere ich mit Elfriede Wirbelauer, die die Bestellungen und Anfragen auf die erste Aussendung von „links" bearbeitet. Briefe, die einer ausführlichen Antwort bedürfen, erledigen Andreas Buro und Arno Klönne. Die Redaktion der ersten regulären Ausgabe von „links" besorgen Christel Beilmann und Arno Klönne.

Einmal sind meine Eltern und zweimal Hannes Eltern zu Besuch. Hannes Vater, Ludwig Wagner, zusammen mit Gusti seit ihrer Jugend bei den Offenbacher Naturfreunden und bei allen Ostermärschen immer dabei gewesen, ist unzufrieden mit uns. Auf einer langen Wanderung erklärt er mir, was ich in den achtziger Jahren an viele, die zur neuen Friedensbewegung gestoßen sind, versuche weiterzugeben, dass Friedensarbeit eine Lebensaufgabe sei, dass es falsch wäre, wenn wir jetzt die Kampagne aufgeben würden. In meiner heutigen Erinnerung spüre ich noch den Widerstreit in mir, aber ich denke auch im Nachhinein, wenn ich es als persönliche Entscheidung betrachte, was es nicht war, dass der Schritt zum Sozialistischen Büro richtig war und dass die Versuche, eine Abrüstungskampagne aufrechtzuerhalten, 1969/70 keine Chance gehabt hätten. Die Kampagne für Demokratie und Abrüstung war – trotz der verschiedenen Strömungen, die in ihr zusammenwirkten – mindestens bis 1967 eine Sammlungsbewegung mit gemeinsamen Zielen, und eine Transformation in ein Bündnis auf der Basis des kleinsten gemeinsamen politischen Nenners wäre nicht nur zum Scheitern verurteilt gewesen, sondern hätte auch lähmend gewirkt auf die Entfaltung eines Politikverständnisses, das sich nicht zufrieden damit gibt, auf eine aktuelle und punktuelle politische Aktion hin zu sammeln, sondern auf längerfristige Lernprozesse setzt. Damit verwerfe ich nicht Ludwig Wagners Kritik an unserem Vorgehen, denn diese Kritik hatte nicht nur die Erfahrung mit den Fehlern der Arbeiterbewegung, die wegen ihrer Gespaltenheit den Faschismus nicht verhindern konnte, zum Hintergrund, sondern die gerade vor einem Jahr beschlossenen Notstandsgesetze steckten uns noch arg in den Knochen. Was sollte eine „zersplitterte“ außerparlamentarische Opposition schon ausrichten können, wenn es, aus welchen Gründen auch immer, schon bald zum Vollzug dieser Gesetze kommen sollte? Doch es kam anders.

Bevor ich auf die beiden wohl wichtigsten Ereignisse im Herbst 1969 komme, schiebe ich eine Aufzeichnung vom *23. Juni 1969* (noch in Obersensbach) ein: „Die These des gestrigen Gesprächs: Getrennt marschieren, vereint schlagen, kann mich nicht mehr überzeugen. Will ich eigentlich zuschlagen? Will ich siegen? Will ich einen Erfolg, bei dem die andere Seite unterliegt? Selbstverständlich will ich, dass Vietnam und Kambodscha frei werden. Aber will ich, dass vielleicht neue Herrschaft, zwar nicht mehr brutale und blutige, aber eben doch neue Herrschaft anstelle der alten tritt? Ich glaube, in den hochindustrialisierten Gesellschaften, zu denen die Bundesrepublik zählt, und unter der Drohung der Atombombe, ist Änderung zum besseren, Änderung zu einem freiheitlichen und gerechten Sozialismus nur denkbar als eine sanfte Revolution, die von unten kommt, eine Art Graswurzelrevolution. Wir müssen die emanzipatorischen Momente, die durch die Protestbewegung so massiv in diese Gesellschaft gebracht wurden, verbreitern und vertiefen helfen, denn eine Gesellschaft wird nicht allein dadurch frei, dass sie die Machthaber verjagt, sondern dass die Leute freiheitsfähig werden. Es gilt bei uns anzufangen, in unserer Umgebung, und die Revolution muss in uns und in den Menschen sich vollziehen. Einerseits: Die CSSR, wäre der Prozess nicht so brutal gestoppt worden, hätte ein Beispiel für ein neues Gesellschaftsmodell werden können. Andererseits: Mit einem ‚Sturm auf die Bastille‘ oder ‚einem Sturm auf das Winterpalais‘ lässt sich hierzulande ein politischer Wandel nicht durchsetzen. Mir kommt ein Aufsatz in Erinnerung, in dem es sinngemäß heißt, die Deutschen müssten wohl eher ein neues Volk werden, als dass sie eine neue Regierung brauchten. Ich meine, die Ausgangslage ist gar nicht so schlecht, dafür zu wirken, dass wir so etwas werden wie ein neues Volk.“ – Nun, eine neue Regierung sollten wir bald bekommen – sind wir auch auf dem Weg zu einem neuen Volk ein paar Schritte vorangekommen?

Im *August 1969* sind wir wieder in Offenbach zurück und beginnen mit frischem Elan den Aufbau des Sozialistischen Büros in Form eines Vernetzungskonzepts, wie man es heute vielleicht nennen würde. Aicha wird eingeschult, bekommt eine junge, aufgeschlossene Lehrerin, Helga Busch, die wir auf eine nette Art bald persönlich kennenlernen. Aicha bringt einen Zettel aus der Schule mit, die Lehrerin möchte uns mal besuchen. Daraus wird eine Einladung zum Abendessen, und später sitzen wir in unserem Souterrain-Wohnzimmer bei einem Glas Wein zusammen. „Da hängt ja das Plakat", stellt Helga Busch befriedigt fest und deutet auf die großformatige Abbildung von Ho Tschi Minh. Nun erfahren wir den Anlass des Besuchs. Die Lehrerin hatte die Schülerinnen und Schüler aufgefordert, Worte zu bilden mit der Silbe „Ho". Die Antworten: Hose, Honig, Hobel – und Aicha: Ho-Ho-Ho Tschi Minh. „Wer ist denn das?", will die Lehrerin wissen. Aicha: „Er hängt bei uns im Keller und bei Demonstrationen wird sein Name gerufen." – Und so entstand aufgrund von Helga Buschs Kontakten zu Kollegen und im Verbund mit uns eine kleine Gruppe von progressiven Lehrerinnen und Lehrern.

In der Offenbacher Naturfreundegruppe ist es zum Konflikt gekommen. Ein für die damalige Zeit alltäglicher. Es geht um die Konzeption des Kindergartens: freizügig, aber doch traditionell wie bisher, oder entschieden antiautoritär. Auch die Jugendgruppe wird von der antiautoritären Welle erfasst, und obwohl die Naturfreunde sich formal nicht spalten, nehmen die Anfeindungen heftige Formen an. Ich versuche – ich muss gestehen auf ziemlich einsamem Posten – einen Mittelweg, den ich mit der Kindergruppe auch praktiziere, denn der rigide Antiautoritarismus ist mir suspekt, weil er auch das Feindbild braucht, aber die traditionelle, irgendwie immer auf eine Autoritätsperson fixierte Gruppenarbeit, das glaube ich gelernt zu haben, ist nicht nur einfach überholt, sondern, wie ich inzwischen meine, falsch. Ich spüre, dass mich diese Auseinandersetzungen schmerzen. Zugleich fehlt die Zeit, engagiert – und möglichst vermittelnd – in den Konflikt einzugreifen. Ich werde zwar noch bis 1972 Kindergruppenleiter sein und nun auch selbst neue, auf Emanzipation ausgerichtete Formen der Gruppenarbeit versuchen, aber zugleich entferne ich mich schrittweise von den Naturfreunden. Erst 1979 übernehme ich wieder eine Funktion, die des Bundeskulturreferenten, und finde dadurch auch wieder engere Bindungen zur Offenbacher Naturfreundegruppe.

In den inzwischen erschienenen drei Ausgaben von „links“ haben wir u.a. auch über die Stimmung in der Arbeiterschaft diskutiert (immerhin war um die Zeit der Verabschiedung der Notstandsgesetze in vielen Betrieben allerhand los, und das Sozialistische Büro kann für sich in Anspruch nehmen, dass es, was damals ein herausragendes Gütezeichen war, Arbeiter in seinen Reihen hat). Aber ganz so nah sind wir doch nicht mit unserem Ohr an der Stimmungslage der Lohnabhängigen, denn ebenso wie der Vorstand der IG Metall sind wir völlig überrascht, als am *2. September 1969* etwa 3.000 Arbeiter der Frühschicht der Westfalenhütte vor die Hauptverwaltung ziehen und 30 Pfennig Lohnerhöhung für alle fordern. Die Tarifverträge in der Metallindustrie waren im Sommer 1968 noch unter dem Eindruck der Rezession für eine Laufzeit von 18 Monaten abgeschlossen worden. Sie brachten nur geringfügige Lohnerhöhungen. Inzwischen aber war die Konjunktur längst übergeschäumt. Die „Wilden Streiks“ vom September 1969 weiten sich schnell aus. Die Arbeiter übernehmen Protestformen der Studentenbewegung und besetzen Vorstandsetagen. Die Septemberstreiks sind gekennzeichnet vor allem von folgenden neuen Aspekten: es werden keine Prozentforderungen gestellt, die die Schere zwischen niedrigen und höheren Lohngruppen seit Beginn des „Wirtschaftswunders“ immer weiter geöffnet haben, sondern die Pauschalforderung 30 Pfennig für alle; die Streikenden lassen sich nicht von den aufgeschreckten Funktionären beruhigen, sondern setzen ihre Forderungen durch; die Forderung der Streikenden nach Dezentralisierung der gewerkschaftlichen Tarif- und Bildungspolitik könnte neue Impulse für die Selbsttätigkeit der Arbeiter und gegen die unkontrollierte Abgabe von Befugnissen an bürokratische Apparate freisetzen. Aus der Analyse der Septemberstreiks ergibt sich die Entscheidung des Sozialistischen Büros, eine „ Sozialistische Betriebskorrespondenz“ – „von Kollegen für Kollegen“ – monatlich herauszugeben. Die „Sozialistische Betriebskorrespondenz“ wird zum 1. Januar 1972 mit dem bereits zehn Jahre erscheinenden „express international“ fusioniert. Die neue Zeitung für sozialistische Betriebs- und Gewerkschaftsarbeit „express“ erscheint bis heute im Sozialistischen Büro.

Bereits am 20. März 1968 hatten etwa 60 Frankfurter Lehrerinnen und Lehrer aller Schularten im Rahmen der antiautoritären Protestbewegung den Sozialistischen Lehrerbund (SLB) gegründet. Nun vereinbart der SLB eine Kooperation mit dem Sozialistischen Büro (die vor allem Herbert Stubenrauch vorantreibt, der sowohl Mitbegründer des SLB als auch des Sozialistischen Büros ist). Es wird die gemeinsame Herausgabe des „Informationsdienstes des Sozialistischen Lehrerbundes“ verabredet, der später im Zuge der Entwicklung des Arbeitsfeldkonzepts des Sozialistischen Büros (bis 1981) als „Informationsdienst Arbeitsfeld Schule“ erscheint. Der von Rudi Dutschke kreierte „Marsch durch die Institutionen“, den das Sozialistische Büro zunehmend aufgreift, und zwar bezogen nicht auf die Parteien, sondern auf die jeweiligen beruflichen Institutionen, wird mit dem Pathos des „Revolutionärs im Berufsbereich“ wohl am frühesten von den linken Lehrern in die Praxis umzusetzen versucht.

Am *28. September 1969* wird der Deutsche Bundestag neu gewählt. SPD und FDP, die bereits vorher ihre Mehrheit in der Bundesversammlung nutzten und Gustav Heinemann zum Bundespräsidenten wählten, erzielen eine knappe Mehrheit und gründen die Sozialliberale Koalition. Die CDU/CSUwird zur Oppositionspartei. Unsere Einschätzung der zu erwartenden Politik fasst Arno Klönne in „links“ zusammen, woraus der Vorwurf konstruiert wird, das Sozialistische Büro werde bald zum „5. Rad der SPD“ degenerieren. Arno Klönne schreibt: „Die SPD-FDP-Koalition wird, wenn auch vorsichtig, längst überfällige Anpassungen an die außenpolitische Realität vollziehen (endgültige Aufgabe der Hallstein-Doktrin, Aufnahme weitreichender Beziehungen zur DDR, Zustimmung zum Atomwaffensperrvertrag u.ä.), die in sich notwendig sind und die überdies die linke Opposition von der Argumentation in diesen Fragen nützlicherweise entlasten würde. In Fragen wie Hochschulpolitik, Justizreform (bis hin zur politischen Amnestie u.ä.) wird diese Koalition wahrscheinlich einen liberaleren Kurs steuern, was von der Linken mindestens als Chance genutzt werden sollte, allenthalben entstandene und mit Sicherheit wiederentstehende Demokratisierungsimpulse noch stärker voranzutreiben und hier wie überall die Grenzen kenntlich zu machen, die innerhalb des gegebenen ökonomisch-politischen Systems der Realisierung solcher Impulse gesetzt sind. Die Wirtschaftspolitik einer SPD/FDP-Koalition wird vermutlich die ökonomische Steuerung durch den Staat intensivieren, ohne dabei die Interessen der großen Konzerne zu beschneiden – auch dies ein möglicher Ansatzpunkt für eine differenzierte Argumentation der Linken."

Am *18. und 19. November (Bußtag) 1969* sind Hanne und ich, Aicha und Sonja bei Brigitte und Helmut Gollwitzer zu Besuch, die sich, für ein Freisemester, in das Schwarzwalddörfchen Urberg zurückgezogen haben. Mein Hauptanliegen (und dabei stoße ich bei Gollwitzers auf offene Ohren) ist eine Initiative für Amnestie für Demonstranten als Aufforderung an den Bundestag. Es ist daran zu erinnern, dass wegen der Osterunruhen von 1968 und vieler nachfolgender Aktionen Tausende Anklagen wegen sogenannter Demonstrationsdelikte erhoben und die ersten drakonischen Gerichtsurteile ergangen waren. Ein zentraler Satz in dem Aufruf für eine Amnestie, den wir in Urberg formulieren, besagt, dass „diejenigen, die in diesen Fällen angeklagt oder verurteilt sind, sich bei ihren Handlungen von der Absicht leiten ließen, demokratische Verfassungsprinzipien gegen undemokratische Züge der Verfassungswirklichkeit zu realisieren. Die Amnestie würde darüber hinaus auch den Erwartungen jener vielen Bürger der Bundesrepublik entsprechen, die die Aktionen, in deren Zusammenhang die zu amnestierenden Handlungen auftraten, als Anstöße für eine rationale Verbesserung gesellschaftlicher Institutionen und Normen genutzt sehen wollen." Dass der letzte Satz kein Wunschdenken war, dokumentieren über 100.000 Unterschriften, die innerhalb weniger Wochen für den Amnestie-Aufruf gesammelt werden. In der Tat erlässt Bundespräsident Heinemann 1970 eine Amnestie und beschließen die Bundestagsfraktionen von SPD und FDP eine Liberalisierung des Demonstrationsrechts. Könnte Willy Brandts „Mehr Demokratie wagen" unter seiner Regierung Wirklichkeit werden? Helmut Gollwitzer in diesen Novembertagen im Schwarzwald ist mehr als skeptisch: Das Sozialistische Büro ist ein neuer und guter Ansatz; wir müssen unabhängig bleiben; ich habe Angst um alle, die jetzt mit den besten Hoffnungen in die SPD gehen, denn der Moloch Sozialdemokratismus gibt ihnen kaum eine

Chance; zwar müssen wir die neuen Freiräume nützen, aber mit dem unverfälschten Anspruch: dem Sozialismus eine Gasse!

1970

Inzwischen sind außer der Null-Nummer sechs Ausgaben von „links" erschienen. Die Zeitung hat 3000 Abonnenten, 300 Förderer-Abos (die Förderer zahlen monatlich DM 5,-), und über die in vielen Universitätsstädten entstandenen Buchläden werden monatlich etwa 3000 „links" verkauft. War die Protestbewegung der vergangenen zwei Jahre auch in die Provinz geschwappt, so konzentrieren sich die meisten neuen Organisationsansätze auf die Großstädte. Im Gegensatz dazu kommt die Mehrzahl der Abonnenten von „links" aus den Regionen. Viele Provinz-Gruppen nehmen Verbindung zum Sozialistischen Büro auf.

Noch immer ist der arbeitende Kern für die Projekte „links" und „Sozialistisches Büro" klein. Die Redaktion von „links" besorgen Christel Beilmann und Arno Klönne in Bochum. Im Offenbacher Büro treffen sich zu einem wöchentlichen „jour fixe" jeweils donnerstags Frank von Auer, Andreas Buro, Hansgeorg Conert, Heiner Halberstadt, Holger Heide, Eike Hennig, Gert und Kirsten Schäfer, Wolfgang Streeck, Herbert Stubenrauch und P. C. Walther. Daneben bildet sich das Redaktionskollektiv für die „Sozialistische Betriebskorrespondenz", in dem anfänglich Peter Grohmann, Heiner Halberstadt, Willi Hoss, Willi Michel, Willi Scherer, Georg Schleichert und Edgar Weick mitarbeiten. Die erste Ausgabe der SBK erscheint zum 1. Mai 1970.

Vom *10. bis 13. Mai 1970* wird in Nürnberg, organisiert von der Arbeitsgemeinschaft für Jugendpflege und Jugendfürsorge, der 4. Jugendhilfetag stattfinden. Von den Organisatoren ist der Jugendhilfetag geplant ganz im Stile tradierter Jugend- und Fürsorgearbeit, während längst Hunderte Sozialarbeiter ihren Beruf nicht mehr im Sinne von Steuerung der Klientel (und sei sie auch noch so fürsorglich) verstehen, sondern sich mit den Betroffenen und Deklassierten solidarisieren. Gemeinsam mit der „Sozialpädagogischen Korrespondenz" (Berlin) und einigen entstandenen „Arbeitskreisen Kritischer Sozialarbeiter" (AKS) organisiert das Sozialistische Büro die „Sozialistische Aktion Jugendhilfetag“ mit dem Anspruch, auf dem Jugendhilfetag den Widerspruch zwischen „privatem Reichtum“ und „öffentlicher Armut“ zum zentralen Diskussionspunkt zu machen. „Sozialisten in sozialen und pädagogischen Berufen“, so heißt es in dem gemeinsamen Aufruf, „können eine wichtige Teilfunktion des Klassenkampfes erfüllen: sie können sich aus der Rolle des Erfüllungsgehilfen des kapitalistischen Systems lösen, indem sie gegenüber ‚Probanden‘ und ‚Zöglingen‘ das herrschende Interpretationsschema für Jugendliche durchbrechen und so in einem ganz anderen Sinne ‚Hilfe zur Selbsthilfe‘ leisten, nämlich Hilfe zur Bewusstwerdung der sozialen Majorität als politischer Klasse.“ Der Druck der „Sozialistischen Aktion Jugendhilfetag“ auf die Arbeitsgemeinschaft für Jugendpflege und Jugendfürsorge ist so stark, dass es gelingt, mit unseren Positionen erheblichen Einfluss auf die Inhalte des Jugendhilfetags zu nehmen. Es wird verabredet, „Ansätze für eine Organisation zu finden, zunächst also die kritisch-sozialistisch orientierten Sozialarbeiter und Erzieher in lokalen, projektorientierten Gruppen zu sammeln“.

In der politischen Entwicklung der Bundesrepublik beginnt die Sozialliberale Koalition die neue Ostpolitik einzuleiten. Es finden in Erfurt das erste „innerdeutsche Gipfeltreffen“ und in Kassel ein weiteres Treffen zwischen Willy Brandt und Willi Stoph statt. Wir beobachten diese Vorgänge eher skeptisch: „Brandts Auftreten blieb gefangen in den Bindungen, die die illusionäre Deutschlandpolitik Bonns (an der die SPD jahrelang fleißig mitgewirkt hat) verfertigt hat. Der Versuch, mit dem zweiten deutschen Staat ins Geschäft zu kommen, ohne diesem Staat die Formalität der Anerkennung zuzugestehen, trägt zwangsläufig die Note des Absurden.“

Zunehmend fällt „links“ und dem Sozialistischen Büro (letzteres als „Dienstleistungsstelle“ konzipiert) die Aufgabe zu, Modelle und Erfahrungen der vielfältigen berufsspezifischen und Stadtteilgruppen, aber auch sozialistischer Zirkel bekannt zu machen und zu vermitteln. Gleichzeitig ist das Sozialistische Büro den Angriffen dogmatischer und sektiererischer Gruppen ausgesetzt. Die noch immer kleine Arbeitsgruppe Sozialistisches Büro spiegelt ein breites Spektrum politischer

Konzepte wider; der sozialistische Anspruch lässt sich so eher als Kritik an der Sozialdemokratie, an selbstherrlichen Gewerkschaftsapparaten, an der DKP und am Sektierertum festmachen als an einer eigenen Position. Der z.B. von trotzkistischer Seite erhobene Vorwurf des „Offenbacher Zentrismus“ übersieht allerdings, dass unser Ansatz von Anfang an nicht auf Vereinheitlichung und nicht auf Vereinnahmung, sondern auf einen politischen Produktionsprozess angelegt war, der die Vielfalt von Erfahrungen basispolitischer Aktivität hoch veranschlagt.

Am *28./29. November 1970* findet in Frankfurt eine Versammlung der Arbeitsgruppe Sozialistisches Büro statt. Diskutiert wird das „Selbstverständigungspapier“ (Entwurf von Andreas Buro). Trotz Differenzen in einzelnen Punkten kristallisiert sich vor allem die Orientierung auf gesellschaftskritische Aktivitäten in spezifischen sozialen Feldern und Berufsgruppen sowie in den neu entstehenden Bürgerinitiativen und der Schwerpunkt Betriebs- und Gewerkschaftsarbeit heraus (Aufbau sozialistischer Gruppen in den Betrieben, die gleichzeitig gewerkschaftlich und doch unabhängig von den Gewerkschaftsapparaten arbeiten). „Die Arbeitsgruppe Sozialistisches Büro leistet einen Beitrag zur Kommunikation unter Sozialisten und Organisierung sozialistischer Arbeit. Sie versteht sich als ein Element innerhalb der Bewegung für eine neue sozialistische Linke in der Bundesrepublik.“ Der von einigen Mitgliedern erhobene Anspruch, das Sozialistische Büro als Keimzelle einer sozialistischen Partei zu begreifen, wird verworfen. Zugleich ermöglicht der organisatorische Rahmen: „Wer an der politischen und organisatorischen Tätigkeit des Sozialistischen Büros teilnehmen will, kann Mitglied der Arbeitsgruppe Sozialistisches Büro werden ... Sozialistische Gruppen können sich korporativ der Arbeitsgruppe Sozialistisches Büro als Mitglied anschließen.“ Die Tagung wählt einen vorläufigen Arbeitsausschuss: Klaus Vack (Sekretär), Heiner Halberstadt, Dieter Höhne, Arno Klönne, Edgar Weick. Die „links“-Redaktion bilden ab Januar 1971: Christel Beilmann, Andreas Buro, Hansgeorg Conert, Arno Klönne, Gert Schäfer, P. C. Walther, Edgar Weick. Die Funktion der Zeitschrift „links“ wird als links-pluralistisch verstanden.

1971

In diesem Jahr habe ich mich entschlossen, viel herumzureisen. Es gibt inzwischen Hunderte Gruppen und Bürgerinitiativen, die sich nicht in den Sog der entstehenden K-Gruppen und dem wachsenden Einfluss der DKP und an den Universitäten der DKP-Studentenorganisation MSB Spartakus ziehen lassen. Die klassenkämpferische Attitüde und das Revolutionspathos jener Jahre lässt uns zwar nicht unberührt, aber die Politik mit „geborgten Realitäten" (Oskar Negt) wird nicht zum Fundament der Politik des Sozialistischen Büros. Ich reise durch die Republik, diskutiere mit einzelnen „Veteranen" aus der Ostermarschzeit, ehemaligen Wortführern der Protestbewegung u.a., stoße (was sicher an meiner Auswahl liegt) kaum auf Ablehnung, aber doch eher auf Skepsis, auch Resignation, als auf Zustimmung. Dennoch, der eine oder die andere entscheiden sich, der Arbeitsgruppe Sozialistisches Büro beizutreten. Weniger Skepsis ist bei den Gruppenbesuchen und -diskussionen anzutreffen. Einerseits sind diese Gruppen in Arbeitszusammenhängen aktiv, haben sich konkrete Projekte vorgenommen (überwiegend berufs- und arbeitsplatzspezifisch oder in Stadtteilen und als Studentengruppen). Andererseits ist es gerade unsere lockere Struktur, die Anklang findet und die Bereitschaft fördert, in eine Kooperation einzutreten. (In späteren Richtungskämpfen innerhalb der Arbeitsgruppe Sozialistisches Büro werden wir je nach unseren unterschiedlichen Optionen entweder positiv von den vielen einzelnen und Gruppen sprechen, „die sich am Sozialistischen Büro orientieren", oder diese „politisch unverbindliche" Arbeitsweise und Organisationsform beklagen).

In diese Zeit fällt der Anfang einer engen Verbindung zu Oskar Negt. Ihm war ich zwar früher mehrmals begegnet, aber anfänglich stand er dem Sozialistischen Büro skeptisch gegenüber. Der Anlass unserer engen Zusammenarbeit ist der Prozess gegen Angela Davis und die Vorbereitung des Kongresses 1972 in Frankfurt, wozu wir ein Angela-Davis-Solidaritätskomitee gründen (Manfred Clemenz, Lothar Menne, Oskar Negt, Claudio Pozzoli, Klaus Vack). Wir treffen uns oft – nicht nur zur Kongressvorbereitung –, vor allem um Weg und Ziel sozialistischer Politik auszuloten. Diese Treffen finden noch außerhalb der Struktur des Sozialistischen Büros statt, allerdings nicht, um einen neuen Zirkel zu kreieren, sondern weil die anderen Mitglieder des Solidaritätskomitees Wert auf eine gewisse Distanz zum Sozialistischen Büro legen. Dennoch werden diese Gespräche die weitere Entwicklung des Sozialistischen Büros nachhaltig beeinflussen. An diesen Treffen sind neben uns fünf Leuten vom Angela-Davis-Solidaritätskomitee Jürgen Seifert, Herbert Stubenrauch und ab und zu Alexander Kluge beteiligt. Ich lese von Oskar Negt „Soziologische Phantasie und exemplarisches Lernen“, die Aufsatzsammlung „Politik als Protest“ und finde hier in der Theorie das wieder, was ich in meiner politischen Praxis zu tun versuche.

Unter dem Titel „Das Ende der Doppelstrategie?“ beginnen Hansgeorg Conert und Gert Schäfer (beide inzwischen stark in der Redaktion „links“ engagiert) eine Diskussion über den von den Jungsozialisten begonnenen Weg, einerseits in der SPD zu arbeiten und andererseits in der außerparlamentarischen Opposition verankert zu bleiben. Die zahlreichen Beiträge der kontrovers geführten Diskussion werden in der Linken aufmerksam verfolgt, es kommt zu zahllosen Nachdrucken, und die Aufsätze werden in vielen Gruppen, nicht zuletzt bei den Jusos selbst, zur Grundlage für das, was wir „Schulung“ nennen. In diese Auseinandersetzung hinein wirkt eine in „links“ veröffentlichte Diskussion mit Herbert Marcuse zum Thema „Gewalt, Organisation und Erziehung“. Herbert Marcuse verneint eine revolutionäre Situation in einem Land wie der Bundesrepublik und warnt vor Einbindung in die verfestigten Strukturen der etablierten Organisationen. Er plädiert: „Solange die kapitalistische Stabilität anhält, kann es sich nur um eine Vorbereitungs- und Erziehungsarbeit handeln. Eine Erziehungsarbeit, beginnend in der Schule, die dazu führen muss, dass dann, wenn sich die politisch-ökonomischen Bedingungen verändern und offene Instabilität eintritt, genügend Gruppen und das notwendige Bewusstsein da sind, um handeln zu können. Solange die Stabilität anhält, ist es aussichtslos, den Arbeitern zu sagen: Seht, wie dreckig es euch geht, ihr müsst den Sozialismus wollen. Bewusstseinsänderung allein ist notwendig, reicht aber nicht, um das System zu sprengen (...) Auch Krisenerfahrung als solche und allein genügt offensichtlich nicht. Der

Kapitalismus hat die ungeheure Krise von 1929 bis 1933 überstanden. Wir kommen auf das zurück, was ich transzendente Bedürfnisse genannt habe. Es kommt darauf an – und das ist viel schwerer –, diese Bedürfnisse, die das System nicht erfüllen kann, freizulegen; Bedürfnisse, von denen wir im Grunde wissen, dass sie befriedigt werden könnten."

1971 erscheint unser erstes gemeinsam erarbeitetes „Selbstverständigungspapier": „Ansatzpunkte sozialistischer Politik in der Bundesrepublik", ein kleines Heftchen von 32 Seiten, in dem wir unsere bis dahin erarbeitete „Programmatik" festhalten. Wie bekannt das Sozialistische Büro bereits ist, zeigt die Auflage von über 80.000 Exemplaren, obwohl die „Ansatzpunkte" von fast allen „konkurrierenden" Gruppen als politische Makulatur bewertet werden. Zur „Organisationsfrage" heißt es in den „Ansatzpunkten": „Als eine wesentliche Aufgabe wirksamer sozialistischer Bewegung erscheint es heute, den herrschenden Mythos vom notwendig autoritären, bürokratisch-zentralistischen ‚Industriestaat' zu zerstören. Diesem Ziel müssen die Organisationsformen sozialistischer Bewegungen entsprechen: sie werden nur dann der gestellten Aufgabe gerecht, wenn es ihnen gelingt, die Idee der bewusst handelnden, frei assoziierten Produzenten zu einer praktischen Perspektive werden zu lassen. Ökonomische und politische Herrschaftsgewalt muss so an der Wurzel auf der Ebene gesellschaftlicher Arbeit aufgehoben werden. Das bedeutet: in allen gesellschaftlichen Bereichen Solidarität und Selbsttätigkeit zu fördern; die Bewegung zu einem Ort freier Diskussion und uneingeschränkter Demokratie zu entwickeln; die kollektive Definition von Mitteln und Zielen des Kampfes durch die Beherrschten voranzutreiben; die Eroberung von Machtpositionen durch die Arbeiter in den Betrieben als Vorformen und Schritte zur gesellschaftlichen Selbstverwaltung der assoziierten Produzenten anzustreben. Dieses Ziel einer sozialistischen Bewegung in fortgeschrittenen kapitalistischen Gesellschaften verbietet herkömmliche Modelle einer autoritären Kaderpartei, also der Partei als einer von den Massen getrennten, zentral gelenkten Elite. Ein Bewusstsein von der eigenen Lage und den Möglichkeiten gesellschaftlicher Veränderung kann von den Beherrschten nur durch Selbstorganisation entwickelt werden. Sozialistische Organisationen haben daher die Funktion der strategischen und taktischen Koordination sowie der ständigen theoretischen Reflexion und Vermittlung. Jede autoritäre Kaderpartei muss aber sogar den größten Teil ihrer eigenen Mitglieder als Objekte betrachten, sie muss die Masse der Abhängigen als manipulierbar behandeln und steht im Widerspruch zu dem erklärten Ziel: Abbau der Herrschaft des Menschen über den Menschen, bewusstes Planen der eigenen Geschichte durch und mit allen Gliedern der Gesellschaft. Die autoritäre Kaderpartei hat sich darüber hinaus nicht nur als besonders anfällig für bürokratische Herrschaftsformen erwiesen. Ihr Anspruch, über die historische Wahrheit wie über das Proletariat zu verfügen, hat sich bisher auch stets zu einem neuen Herrschaftsanspruch entwickelt. Revolutionäre Praxis aber kann heute nur bedeuten: den durch Arbeitsteilung bedingten Vorsprung von Avantgardegruppen sowie jede hierarchische Struktur, jede Trennung von Führern und Geführten, Elite und Masse abzubauen. Heute muss deshalb das nächste Ziel eine Bewegung autonom und solidarisch kooperierender Gruppen als Schritt auf dem Weg zur sozialistischen Praxis sein ..." – Der hervorgehobene Bezug auf die „autoritäre Kaderpartei" ist besonders begründet als Abgrenzung zu den nun überall entstehenden K-Gruppen und zum Dogmatismus der DKP (ganz im Gegensatz zu Öffnungstendenzen, die sich z.B. in der KPI vollziehen).

Da ich nun seit 1953 Mitglied in der SPD bin, in der Partei aber schon in frühen Jahren kaum und später keinerlei Aktivitäten entwickelt habe, stelle ich zum Jahresende 1971 die Beitragszahlung an die SPD ein. Seitdem bin ich parteilos. Innerlich hatte ich mit der SPD schon lange gebrochen, beginnend mit deren Aufgabe von „Kampf dem Atomtod", dem Unvereinbarkeitsbeschluss mit dem SDS und der späteren Förderergesellschaft zur Unterstützung des SDS, der ich angehört habe. Es waren vor allem eher persönliche Loyalitäten zu Offenbacher Naturfreunde- und zugleich SPD-Genossen, die mich bis jetzt in der Partei gehalten hatten. So habe ich den Austritt aus der SPD nicht nach schwerem Ringen vollzogen. Ich hatte schlicht keine Lust mehr und sah keinen politischen Sinn mehr darin, Mitglied in dieser Partei zu sein.

1972

Seit einiger Zeit finden regelmäßig am Donnerstag in Offenbach im Sozialistischen Büro Bürobesprechungen statt, die zugleich auch Redaktionssitzungen für „links“ sind, nachdem der Redaktionssitz nach Offenbach verlegt wurde. Hier beispielhaft einige Auszüge aus den Protokollen dieser Bürobesprechungen: „Eine Besprechung mit der AG SPAK ergab eine engere Zusammenarbeit und einen Materialaustausch auf dem Sektor der Sozialarbeit. Die AG SPAK will ihr Projekt in einem Bericht in ‚links‘ vorstellen ...“

„Am Plenum des Sozialistischen Zentrums Stuttgart (ca. 80 Teilnehmer) haben Gert und Kirsten Schäfer, Georg Schleichert und Klaus Vack teilgenommen. Bei dieser Gelegenheit wurde die gemeinsame Herausgabe eines Arbeiter-Plakats (Plakat-Gruppe und Sozialistisches Büro) vereinbart. Das erste Plakat kommt zum 1. Mai heraus. Am Rande des Plenums wurde ein Gespräch mit Vertretern des SZ Tübingen geführt, das vornehmlich an der Universität arbeitet. Mit der Projektgruppe ‚Landjugend‘ an der Uni Hohenheim, die vor fünf Monaten mit politischer Arbeit bei verschiedenen Landjugendgruppen begonnen hat, wurde vereinbart, einen Bericht über diese Arbeit für ‚links‘ zu schreiben ...“ – „Im Büro fand ein Gespräch zwischen Klaus Vack und einer kleinen autonomen Gruppe an der Uni Trier statt. Diese Gruppe hat seminaristisch mit den ‚Ansatzpunkten‘ gearbeitet, will über den Aufbau eines Buchladens in Trier ihre Basis erweitern und möchte eine korporative Mitgliedschaft im Sozialistischen Büro eingehen ...“ – „Es liegt eine Anfrage vom ‚Zentralen Regionalverband der Sozialistischen Fach- und Basisgruppen‘ Aachen-Jülich vor, in dem zehn Basisgruppen der TH, PH, FHS zusammengeschlossen sind. Die Genossen schreiben: ‚Im Zusammenhang mit dieser Arbeit sind wir auf eure Thesen für Ansatzpunkte sozialistischer Politik gestoßen, und einem großen Teil erscheint euer Ansatz als die zur Zeit bestmögliche Alternative zum derzeitigen Parteidogmatismus‘ ...“

„Kirsten Schäfer berichtet über die erste Regionaltagung sozialistischer Lehrer, die am 12. März in Bochum stattfand und an der sie zusammen mit Heiner Nitzschke für den SLB und das Sozialistische Büro

teilgenommen hat. Es waren etwa 70 Lehrer anwesend ... Es wurde ein ständiges Regionalbüro eingerichtet, das in Bielefeld seinen Sitz hat ..."
– „Aus Anlass des sogenannten Radikalenerlasses vom 28. Januar 1972 erscheint in der Reihe Roter Pauker ein Heft ‚Materialien zum Berufsverbot'. Es werden 18 Schulkonflikte dokumentiert ... Weiterhin enthält die Schrift den Beschluss der Ministerpräsidenten über die ‚verfassungsfeindlichen Kräfte' sowie eine politische und rechtliche Einschätzung dieser ‚Grundsätze' und juristische Ratschläge für die Betroffenen ..."
– „Zum Fall Ernest Mandel, dem die Einreise in die Bundesrepublik verweigert wird, wurde ein Offener Brief an Innenminister Genscher geschrieben, der in der April-Ausgabe von links (und in den ‚Materialien zum Berufsverbot' abgedruckt wird ...). Außerdem wird ein Kommentar geschrieben, der sich mit der schäbigen Haltung von DKP und SEW im Falle Mandel auseinandersetzt. Das Sozialistische Büro wird die Gründung eines Solidaritätskomitees initiieren ... Es soll versucht werden, weitere Veranstaltungen anzusetzen, zu denen Ernest Mandel eingeladen wird, um so das Thema ständig zu aktualisieren. Außerdem wird Ernest Mandel den Versuch nicht aufgeben, in Berlin zu promovieren. Bei der Bürobesprechung bestand Übereinstimmung, dass gerade der Fall Mandel modellhaft Möglichkeiten bietet, dem Berufsverbot entgegenzutreten und daran die sogenannte liberale Politik der derzeitigen Koalition in einer über lokale Bereiche hinausgehenden Öffentlichkeit zu verdeutlichen."

In den ersten Monaten richten sich neben den laufenden Arbeiten die Aktivitäten auf die Vorbereitung des Kongresses „Am Beispiel Angela Davis" am *3./4. Juni 1972* in Frankfurt. Es kommt erstmals wieder zu einer Großdemonstration vom Campus der Frankfurter Universität durch die Innenstadt zum Opernplatz. Vor mehr als 10.000 Teilnehmern sprechen Herbert Marcuse, Wolfgang Abendroth, Willi Scherer und Oskar Negt; Ernest Mandel, ebenfalls eingeladen, erhält wiederum keine Einreiseerlaubnis. Oskar Negt führt u.a. aus: „Dieser Kongress trägt den Namen von Angela Davis – aber sie selbst würde sich dagegen wehren, wenn man nur von ihrer Person und ihrem Fall sprechen würde. Ihr Kampf für die elementaren Rechte einer ausgebeuteten und in Unterdrückung gehaltenen Minderheit soll ein Fanal sein für den Freiheitskampf dort, wo er notwendig ist ... Dieser Kongress steht wie kein anderer der westdeutschen Nachkriegsgeschichte im Zeichen der Gewalt. Keine Pogromhetze gegen Linke, gegen Universitäten, Schulen, gegen die politisch aufgewachte Intelligenz und gegen die rebellierende Jugend dieses Landes wird uns aber davon abbringen, Gewalt nicht nur dort zu suchen und zu verurteilen, wo es den herrschenden Gewalten gefällt. Wir werden diesen Kongress zum Forum der Auseinandersetzung, der Anklage, des Widerstandes vor allem auch gegen jene Gewaltformen machen, die sich unter dem Deckmantel biederer Friedfertigkeit verbergen. Wer von Gewalt spricht und sie mit Entrüstung verurteilt, ohne gleichzeitig und in erster Linie von Vietnam zu sprechen, ist ein Heuchler. Ehe es die Desperados der Baader-Meinhof-Gruppe gab, gab es die mörderischen Aktionen der angeblich fortgeschrittensten Demokratie der Welt, gegen ein Volk, das sich nach jahrzehntelanger Unterdrückung und Ausbeutung endgültig von seinen korrupten Cliquen befreien wollte. Wo war die Entrüstung, ja auch nur die leise Andeutung des Protestes unserer fahrenden Politiker, die die Gewalt des Faschismus erlebt hatten, ein Beispiel der Integrität des politischen Verhaltens jenen zu geben, die ihn nur aus Büchern kannten, aber eines sehr genau begriffen hatten: dass politische Moral unteilbar ist; dass derjenige, der den Völkermord in Vietnam toleriert oder gutheißt, das Recht verliert, im Namen der Demokratie zu sprechen, dass der unglaubwürdig wird, der zwar den Antisemitismus der Nazis verurteilt, während er für den gegenwärtigen Rassismus in der Welt, in Südafrika oder in den Vereinigten Staaten, wohlwollendes Verständnis aufbringt (...) Gerade in dieser Stunde ist es deshalb notwendig, an jenes fast auf den Tag genau fünf Jahre zurückliegende Ereignis zu erinnern, an dem der neurotische, aufgehetzte Waffensammler Kurras in Polizeidiensten Benno Ohnesorg erschoss – und schließlich freigesprochen wurde. Und auch der wild gewordene Anstreicher, der ein Jahr später das Attentat auf Rudi Dutschke verübte, ist nur das traurige Opfer der von der Springer-Presse und ihrem Anhang beharrlich gestreuten Saat der Gewalt gegen Andersdenkende, die längst noch nicht in ganzem Umfange aufgegangen ist (...) Diese Einschätzung des bestehenden Gewaltpotentials und der Aktionsstrategien der herrschenden

Gewalt gegenüber der sozialistischen und kommunistischen Linken darf uns aber nicht den Blick darauf verstellen, unmissverständlich und in aller Öffentlichkeit zu erklären: es gibt mit den unpolitischen Aktionen, für die die Gruppe um Andreas Baader und Ulrike Meinhof die Verantwortung übernommen hat, nicht die geringste Gemeinsamkeit, die die politische Linke der Bundesrepublik zur Solidarität veranlassen könnte (...) In der Tat sind es Verzweiflungsaktionen, die hier zur Diskussion stehen; und die politische Kritik an ihnen besteht darin, dass sie lediglich die Krankheitssymptome dieser Gesellschaft auf einer anderen Ebene widerspiegeln (...) Und weil diese Gruppen den Bedürfnissen des Systems entgegenkommen, alle sozialistische Politik zu kriminalisieren, sollten sie ihren aussichtslosen Kampf einstellen und ihre Niederlage offen eingestehen, um nicht noch andere, vor allem jüngere, in selbstmörderische Abenteuer hineinzuziehen (...) Ein großer Teil der Teilnehmer dieses Kongresses kommt aus arbeitenden Gruppen, Basisgruppen der Lehrlinge und der Studenten, der Lehrer und der Gewerkschaftsjugend, aktive Minderheiten zahlreicher Jugendverbände aus der ganzen Bundesrepublik. Diese Gruppen, die in ihren Erfahrungsbereichen der jeweiligen Arbeitsplätze, der Betriebe, der Schulen und Universitäten beharrlich und mit langem Atem sozialistische Politik betreiben, geben nicht viel für Schlagzeilen her; gleichwohl sind sie die Substanz der Linken, jener arbeitende harte Kern, von dem die Erneuerung der sozialistischen Bewegung in diesem Lande ausgehen wird. Was uns zu diesem Kongress zusammenführt, ist das Bedürfnis der überregionalen Koordination und die Entschiedenheit, die konkrete Arbeit in den Zusammenhang internationaler Solidarität für jene einzubeziehen, die an anderen Orten der Welt unter anderen Bedingungen einen ähnlichen Kampf führen. Wir können unsere Solidarität mit Angela Davis, mit allen politischen Gefangenen des Rassenterrors und der Unterdrückung nicht besser demonstrieren, als durch die Überwindung unserer eigenen Zersplitterung, durch die Zusammenfassung unserer Kräfte mit dem Ziel, gesellschaftliche Bedingungen zu schaffen, damit solche Kongresse nicht mehr im Zeichen der Gewalt stehen müssen.“ Während Demonstration und Kundgebung die Solidarität der Linken in der Bundesrepublik mit Angela Davis, allen politischen

Gefangenen in amerikanischen Gefängnissen und mit dem Befreiungskampf der Völker Indochinas zum Ausdruck bringen sollen, finden während des Kongresses vier Arbeitskreise statt, in denen die politischen Inhalte der Klassenkämpfe in den USA und der amerikanische Imperialismus diskutiert werden. Diese Arbeitskreise zu den Themen „Gewalt in der Geschichte der USA", „Polizei, Justiz, Gefängnisse in den USA", „Amerikanischer Kapitalismus, Minderheiten und antikapitalistische Alternative" und „Imperialismus und inneramerikanische Auswirkungen – inneramerikanische Opposition" erinnern mich an die Teach-ins von 1968 – also keine Rechthaberei, sondern sachliche, wenngleich harte Auseinandersetzungen. Die klare Absage von Oskar Negt an die „RAF", über die wir uns vorher im Sozialistischen Büro geeinigt hatten, ist der am heftigsten umstrittene Punkt des Kongresses. Vor allem die Frankfurter „Spontis" nehmen diese klare Absage an individuellen Terror krumm, doch vier Jahre später beim großen Pfingstkongress des Sozialistischen Büros wird der Sprecher der „Spontis", Joschka Fischer, zu einer ähnlichen Aussage kommen. Es mag merkwürdig klingen, aber im nachhinein frage ich mich, ob wir in diesen Jahren mit der „RAF" richtig umgegangen sind oder ob wir vielleicht manches zum besseren hätten beeinflussen können, wenn es mehr Leute vom Schlage Peter Brückners gegeben hätte, der bei aller klaren Absage an jede terroristische Gewalt auf scharfe Distanzierung verzichtete und selbst dann noch den Dialog suchte, als die „RAF"-Gruppe sich längst völlig abgeschottet hatte und unansprechbar geworden war. Jedoch auch diese Frage bewegt mich: Haben wir durch unsere klare politisch begründete Distanzierung vom individuellen Terrorismus nicht vielleicht Hunderte davor bewahrt, diesen mörderischen und letztendlich selbstmörderischen Weg einzuschlagen?

Angela Davis wird übrigens am Tage des Kongresses, am 3. Juni, freigesprochen und aus der Haft entlassen. Wir erklären: „Mit dem Freispruch für Angela Davis sind weder die Gefängnisse verschwunden noch die rassistische Struktur einer kapitalistischen Gesellschaft, die das Elend permanent reproduziert. Der Kongress stand unter dem Motto ‚Am Beispiel Angela Davis'. Dieses Motto bedeutete vor allem, dass es nicht allein um die Person von Angela Davis ging, sondern um alle politischen Gefangenen in den USA." Angela Davis erklärt zu ihrem Freispruch: „Ich werde erst dann wirklich frei sein, wenn alle politischen Gefangenen und alle schwarzen Amerikaner frei sind."

Der Angela-Davis-Kongress führte zu einem „run" auf das Sozialistische Büro. Nicht nur, dass die beiden Fischer-Taschenbücher „Am Beispiel Angela Davis" und „Für eine neue sozialistische Linke!", letzteres zusammengestellt aus wichtigen „links"-Artikeln, eine enorme Auflage erzielen. Der Angela-Davis-Kongress hat zur Folge, dass sich der Donnerstagskreis, der bisher die „links" redigiert und die sonstigen Aktivitäten des Sozialistischen Büros koordiniert, ausweitet. So stoßen u.a. Egbert Jahn, Roland Roth und Eva Senghaas-Knobloch hinzu.

Am *14./15. Oktober 1972* findet in Frankfurt eine vom Sozialistischen Büro einberufene Tagung statt, an der etwa 200 Genossinnen und Genossen, darunter Delegierte verschiedener Gruppen aus allen Teilen der BRD und aus Westberlin, teilnehmen. Oskar Negt hält ein Referat zu aktuellen Fragen sozialistischer Organisation, und Andreas Buro und ich skizzieren nächste Schritte der Zusammenarbeit. Beide Vorträge erscheinen in der Dezember-Ausgabe 1972 von „links": Oskar Negt: „Nicht nach Köpfen, sondern nach Interessen organisieren!"; Andreas Buro/Klaus Vack: „Sozialistisches Büro und autonome Basisgruppen". Einerseits stößt der von Oskar Negt vertretene Organisationsansatz teilweise auf Kritik, andererseits wird Einigung über erste Schritte zur Intensivierung der Zusammenarbeit erzielt. Die organisatorischen Zielpunkte lauten: Regionale Bestandsaufnahme der Arbeit der autonomen sozialistischen Gruppen und Einladung zu „links"-Leserversammlungen zur Diskussion der Organisierungsfrage mit dem Ziel, die inhaltlichen und organisatorischen Voraussetzungen regionaler Zentren und Räte zu schaffen. Bundesweite Organisierung in verschiedenen Arbeitsfeldern mit Unterstützung durch das Sozialistische Büro. Bildung eines zentralen Koordinationsausschusses, in dem die regionalen Zentren und die zentral organisierten Arbeitsfelder vertreten sind.

Oskar Negt formuliert u.a.: „Das Sozialistische Büro kann sich in der gegenwärtigen Phase nur als Organisator eines Produktionszusammenhangs verstehen, in den die jetzt noch verstreut und zum Teil lokal begrenzt arbeitenden Basisgruppen einbezogen werden.

1973

Während unseres Urlaubs im August 1973 in einer Ferienwohnung im Eggegebirge werden wir von Christel Beilmann und Arno Klönne besucht. Beide haben sich fast ganz aus den Aktivitäten des Sozialistischen Büros zurückgezogen. Obwohl die gefestigte persönliche Freundschaft uns einen angenehmen Tag verbringen lässt, sind doch die politischen Widersprüche nicht zu übersehen. Christel Beilmann und Arno Klönne kritisieren am Offenbacher Büro vor allem „Rigidität gegenüber sozialistischen Positionen in der SPD", vermuten eine Tendenz zu einem „introvertierten, unpolitischen Basisverständnis". Ich versuche, diese Bedenken zu zerstreuen, zumal das SB seit dem Angela-Davis-Kongress und der Gründung des „express" einen erheblichen Zulauf sowohl von Intellektuellen als auch von Arbeiterfunktionären und Betriebsgruppen verzeichnen kann. Ich erinnere mich noch heute, welch bitterer Wermutstropfen es für mich war, als sich Christel Beilmann wenig später aus dem Sozialistischen Büro zurückzog. Über zehn Jahre haben wir freundschaftlich und meist in Übereinstimmung zusammengearbeitet. Solche Trennungen tun weh – wären sie doch vermeidbar! In Obersensbach haben wir in den vergangenen Jahren – oft auch mit Freunden aus dem Sozialistischen Büro – viele Urlaube verbracht. Im Jahre 1973 fassen wir den Beschluss, dort ein Haus zu bauen, indem wir zukünftig leben und zugleich eine Nebenstelle des Sozialistischen Büros einrichten wollen. Im Offenbacher Büro arbeiten inzwischen außer uns „Altvorderen" (Elfriede Wirbelauer, Else van Klev, Hanne und ich) Günter Pabst, Dieter Esche, Käthe Bärwald und Michael Schwelien. Aber nicht die Tatsache, dass unser kleines Büro im Souterrain der Hohe Straße 28 nun fast aus allen Nähten platzt, u.a. auch eine Garage gemietet werden muss, um unsere vielen Schriften zu lagern, ist der Grund für diesen Entschluss; vielmehr fühle ich mich krank und der ständigen Präsenz im Büro, die ruhiges Arbeiten erst abends nach 22 Uhr zulässt, nicht mehr gewachsen. Hanne und ich denken, wenn wir zukünftig zwei oder drei Tage im Offenbacher Büro arbeiten und die andere Zeit in der Obersensbacher Nebenstelle, dass damit die Überforderung gemildert werden könne. Dass die wirklichen Gründe für die Überforderung anderer Ursache waren, ist mir später bewusst geworden: die stürmische Ausweitung des Sozialistischen Büros, die Konflikte um die „richtige Politik“, das Hineinströmen in die Arbeitsgruppe Sozialistisches Büro und das Auseinanderstreben innerhalb der Arbeitsgruppe und immer erneut das Sich-für-alles-verantwortlich-Fühlen sind schlicht zu viel (bis zu den Finanzen: denn inzwischen machen das Sozialistische Büro und sein Verlag Millionenumsätze).

Am *11. September 1973* wird der 1970 frei gewählte marxistische Staatspräsident Chiles, Salvador Allende, durch einen Militärputsch gestürzt und ermordet. Tausende Sozialisten, Kommunisten und Gewerkschafter werden in Fußballstadien zusammengepfercht, in schnell errichtete Konzentrationslager gebracht, zusammengeschlagen, gefoltert und viele ermordet. Wieder einmal ist eine große Hoffnung brutal zusammengeschlagen. Wieder einmal sind innerhalb weniger Stunden die Hörsäle vieler Universitäten, aber auch manches Gewerkschaftshaus überfüllt. Bei einem Teach-in in Berlin ruft Helmut Gollwitzer aus: „Spätestens jetzt kann jeder wissen, was ist: immer zuerst der Klassenkampf von oben, Klassenkampf der Privilegierten, zäh entschlossen zu jeder Brutalität, zu jedem Rechtsbruch, zu jedem Massaker, auch zur Abschaffung der Demokratie, wenn sie nicht mehr zur Sicherung der Klassenherrschaft taugt. Er ist von oben her ständig im Gange, mit den verschiedensten Methoden, unblutigen und, wenn es sein muss, blutigen. Klassenkampf von unten ist Gegengewalt der Unterdrückten. Wer euch nach eurer Stellung zur Gewalt fragt, den fragt zuerst, wie er es mit der Gewalt von oben hält, und wenn er dann ins Stottern kommt, dann lacht ihm ins Gesicht ...“

Gert Schäfer schreibt in „links“: „Der Admiral Merino erklärte am 25. September für die Junta, dass in Chile der ‚Zustand des inneren Krieges‘ herrscht. ‚Ausländische Extremisten‘, log er in einer unserer Klassenpresse wohlbekannten Manier, würden ‚noch immer Chilenen töten‘. Deshalb müssten Armee und Volk, verkündete dieser Schlächter des chilenischen Volkes, im ‚Kriegszustand‘ bleiben. Die ‚Extremisten‘, sagte der Putschist, ‚müssen zurückgeschlagen oder vernichtet werden'. (...) Der Papst rief das chilenische Volk dazu auf ‚nach dem Militärputsch (...) den Bürgerkrieg zu vermeiden'. Die Stuttgarter Zeitung befand, dass Allende ‚als Patriot' ‚nur noch die Pflicht' hatte, ‚einen Bürgerkrieg durch seinen Rücktritt zu verhindern, die unvermeidliche Machtübernahme des Militärs nicht zu bekämpfen, sondern sie rasch und reibungslos zu ermöglichen'. Seinem ‚letzten Aufruf zum Bürgerkrieg' haftet daher ‚kein Hauch menschlicher Größe' an. Endlich hätten die Generäle dem ‚Spuk ein Ende' bereitet. (...) Dass in Chile ein Klassenkampf stattfand und stattfindet, in dem die bürgerliche Klasse vor keinem Verbrechen zurückschreckt, liest man auch in der sozialdemokratischen Presse nicht. Sie redet von einem Schlag ins Gesicht der Demokratie, vom Putsch gegen eine frei gewählte Regierung, während doch die gesamte bürgerliche Klasse – und zwar nahezu auf der ganzen Welt – den Vernichtungsfeldzug gegen die chilenische Arbeiterklasse und ihre Verbündeten mit lautem oder leisem Beifall begrüßt." – Aber auch: „In Chile fand, trotz aller Rivalität, eine Arbeitsteilung innerhalb der Linken statt, die mit einer begrenzten Kooperation verbunden war (wozu übrigens die Räteorganisationen an der Basis ganz wesentlich beitrugen). Was konkret an Fehlern strategischer und taktischer Art begangen wurde, kann jetzt, schon wegen mangelnder Informationen, noch gar nicht abschließend beurteilt werden. Nur jene, die alles stets schon wissen, tun dies; und nur jene bringen es auch fertig, hier, weitab vom Schuss, Zensuren zu erteilen oder zerbrochene Loyalitäten (z.B. zum Parteienbündnis der Unidad Popular an sich) und illusorisch gewordene Führungsansprüche aufrechtzuerhalten – nicht etwa, um vereint und solidarisch kämpfenden chilenischen Genossen zu helfen, sondern um ihre eigenen, hierzulande aufgestellten Dogmen zu schützen."

Es kommt zu einer Solidaritätskampagne für Chile, die von zwölf arbeitenden Chile-Komitees und dem Sozialistischen Büro getragen wird. Wir machen in dieser Situation Angebote für gemeinsame Aktionen auch an die DKP und die K-Gruppen, jedoch mit Ausnahme der Jungsozialisten und der Trotzkisten lassen sich keine Bündnisse schließen. Das Sozialistische Büro verbreitet rund 300.000 Exemplare eines „links"- Chile-Extrablattes und richtet einen Chile-Solidaritätsfonds ein, über den in den nächsten Monaten mehrere hunderttausend Mark nach Chile transferiert werden, vor allem, um den Untergetauchten zur Flucht zu verhelfen und die Familien der Gefangenen und Ermordeten zu unterstützen. Dieter Esche und Elfriede Irrall erstellen in der Broschürenreihe Internationale Solidarität eine Dokumentation des gesellschaftlichen Prozesses in Chile unter der Regierung Allende. Ja, wir alle arbeiten am Rand unserer Kräfte und spüren zugleich eine grenzenlose Ohnmacht. Später, zum ersten Jahrestag des Putschs im September 1974, wird in Frankfurt eine große Chile-Solidaritätsdemonstration fast aller Gruppen zustande kommen, ordentlich deutsch, sortiert nach Marschblöcken der KPD, des KBW, der Spontis usw. und dazwischen die vielen kleinen Lateinamerika-Solidaritätsgruppen und auch die Genossinnen und Genossen vom Sozialistischen Büro, weil wir nicht bereit sind, einen eigenen „Block“ zu bilden. Wichtiger jedoch: die Junta Pinochets wird dann fest im Sattel der Macht sitzen; der offene Widerstand ist für die nächsten zehn Jahre gebrochen.

Am *3./4. November 1973* findet im Bürgerhaus Frankfurt-Harheim eine erweiterte Arbeitsgruppentagung des Sozialistischen Büros statt, die vor allem der „Organisationsdebatte“ dient. Eine heftige Diskussion entzündet sich an dem Vorschlag, die korporative Gruppenmitgliedschaft in der Arbeitsgruppe Sozialistisches Büro abzuschaffen und nur Einzelmitgliedschaften zuzulassen. Die Sprecher für die Beibehaltung einer korporativen Gruppenmitgliedschaft sehen die Gefahr, dass ausschließliche Einzelmitgliedschaften im Sozialistischen Büro ihre gewachsenen lokalen oder arbeitsfeldspezifischen Arbeitszusammenhänge zerstören könnten. Diejenigen, die nur noch Einzelmitgliedschaften zulassen wollen, fordern mehr „politische Verbindlichkeit“. Worin diese „Verbindlichkeit“ bestehen könnte, zeigt sich schon in der Abstimmung der umstrittenen Frage, bei der eine knappe Mehrheit für ausschließliche Einzelmitgliedschaft und eine erhebliche Minderheit für Beibehaltung der korporativen Gruppenmitgliedschaft votiert. Ich weiß nicht, wo ich in diesem Augenblick den Mut hernehme, aber wie im Brennspiegel sehe ich eine fatale Situation auf uns zukommen: wir werden eine Organisation wie jede andere, in der nicht um den Konsens gerungen wird, sondern Mehrheiten Minderheiten unterbügeln. Ich erkläre das Abstimmungsergebnis für nicht vertretbar, stelle fest, wir sollten es bei den beiden Mitgliedsarten belassen, und zu meiner großen Verwunderung wird dies ohne Widerspruch hingenommen.

Dem neuen organisatorischen Rahmen des Sozialistischen Büros, der auf dieser Arbeitsgruppentagung beschlossen wird, ist vorangestellt: „Der organisatorische Rahmen ist als ein experimentelles Modell zu verstehen. Die weitere Praxis und Kooperation im politischen Zusammenhang des Sozialistischen Büros wird zeigen, wo Korrekturen an diesem organisatorischen Rahmen vorzunehmen sind." Nun, es wurden weitere Korrekturen vorgenommen. Sie alle waren faule – auch von mir akzeptierte – Kompromisse. Sie haben in meiner heutigen Sicht zur Bürokratisierung und zunehmend auch Aushöhlung des einstmals basispolitischen Grundkonsenses des Sozialistischen Büros beigetragen. Dass trotz nun permanenter „Organisationsdebatte" das Sozialistische Büro weiterhin als ein undogmatisch sozialistischer Arbeitszusammenhang von einzelnen und Gruppen wahrgenommen wurde, steht nicht im Widerspruch zu den hier geäußerten Gefühlen. In den Arbeitsfeldern, den sonstigen Arbeitsprojekten und in den meisten nun entstehenden SB-Gruppen hatte sich bereits so viel Autonomie und Selbstbewusstsein herausgebildet, dass das Grundkonzept sich überwiegend halten konnte. So war und blieb das Sozialistische Büro während des schwierigen und oft politik- und arbeitshemmenden Organisationsprozesses der einzige übergreifende sozialistische Zusammenhang in der Bundesrepublik, auch unter sich verändernden politischen Rahmenbedingungen lernfähig.

1974

Das SB-interne Jahr beginnt für mich erfreulich. Gemeinsam mit Peter Grohmann (der inzwischen Sekretär im Sozialistischen Zentrum Stuttgart ist) und Suso Lederle (Medizinstudent) lade ich ein zur Gründung eines Arbeitsfeldes Gesundheitswesen. Aus dieser Initiative entsteht ein neuer auf die Berufsinteressen bezogener sozialistischer Arbeitszusammenhang, eine kontinuierlich arbeitende Gruppe. Im Mai erscheint das Heft 1 des Informationsdienstes Gesundheitswesen. Die bereits existierenden Arbeitsfeld-Infos und ähnliche Publikationen des Sozialistischen Büros finden zunehmend Anklang. Es bilden sich zahlreiche neue Arbeitsfeldgruppen. Überregionale Arbeitsfeldkonferenzen finden statt. Alle Arbeitsfelder wirken auch in den entsprechenden gewerkschaftlichen Organisationen mit.

Für den Betriebsbereich hat sich um den „express" ein fester Stamm von etwa 40 bis 50 Kollegen gebildet, die sich vierteljährlich zu Arbeitskonferenzen treffen. Der „express" erzielt eine verkaufte Auflage von 4000 Exemplaren. Durch sein klares, an den Interessen der aktiven Kollegen und Betriebsgruppen orientiertes Konzept ist der „express" eine Stütze für alle Betriebskollegen, die nicht im Strom der konzertierten Aktion und damit der offiziellen Gewerkschaftspolitik mitschwimmen. Darum wird er zunehmend aus den Gewerkschaftsapparaten unter Beschuss genommen.

Inzwischen hat das Sozialistische Büro einen „Arbeitersolidaritätsfonds" gegründet, der immer zu Hilfe ist, wenn Kollegen wegen politischer Unbotmäßigkeit gefeuert werden und ihnen der gewerkschaftliche Schutz entzogen wird. Viele Betriebsgruppen und einzelne, die in diesen Jahren engagiert für die Sache ihrer Kollegen eintreten, werden nicht nur betrieblich, sondern auch gewerkschaftlich reglementiert. Wenn irgendwo die Politik eines in sozialpartnerschaftlicher Tradition groß gewordenen Betriebsratsfürsten in Frage gestellt wird, kommt es in der Regel zu Konflikten mit dem Ergebnis, dass die Opponenten ausgeschaltet werden. So entstehen bei den nächsten Betriebsratswahlen oppositionelle Listen, und der Gewerkschaftsausschluss folgt auf den Fuß. Im Gegensatz zu den K-Gruppen (und vormals auch dem „Revolutionären Kampf" bei Opel) verfolgen die „express"-Redaktion und das Sozialistische Büro nicht den Kurs, die bestehenden gewerkschaftlichen Strukturen zu zerschlagen. Vielmehr geht es darum – und auf einigen Gewerkschaftstagen werden dabei erstaunliche Erfolge erzielt –, durch Druck von unten, auch durch eigenständige Aktionen wie spontane Streiks, den „Ordnungsfaktor" Gewerkschaften wieder auf die eigentliche Funktion hinzuführen, nämlich Gewerkschaften als die Interessenorganisationen der Lohnabhängigen. Aber auch in der Arbeitsgruppe Sozialistisches Büro wird die „Gewerkschaftsfrage" kontrovers diskutiert. Auf der Arbeitsgruppentagung am *16./17. Februar 1974* werden die schwerpunktmäßige Orientierung des „express" auf die gewerkschaftlichen Vertrauensleute, und die Unterstützung autonomer Ansätze sowie die Betonung einer betriebsnahen Bildungs- und Tarifpolitik problematisiert. Dabei zeigt sich die Schwierigkeit, die Erfahrungen der Lohnabhängigen aus der Realität der Arbeitswelt einerseits und die theoretischen Erkenntnisse über die ökonomische Lage, deren Entwicklungstendenzen und über die konkreten historischen Erscheinungsformen des heutigen Kapitalismus andererseits zu einer einigermaßen gesicherten politischen Strategie für eine sozialistische Betriebs- und Gewerkschaftsarbeit zu vermitteln. In meiner Wahrnehmung zeigt sich dabei allzu oft, dass manche vehement vertretene Theorie durch praktische Ereignisse recht plötzlich in Frage gestellt wird. Auf jener Arbeitsgruppentagung im Februar 1974 wird ein Arbeitsausschuss des Sozialistischen Büros gewählt, dem angehören: Elmar Altvater, Uta Bitterli, Eike Blechschmidt, Andreas Buro, Dieter Esche, Peter Grohmann, Rainer Jendis, Arno Klönne, Willi Michel, Walther Müller-Jentsch, Oskar Negt, Dieter Otten, Willi Scherer, Herbert Stubenrauch, Sonja Tesch, Klaus Vack und Edgar Weick. Für „links" wird eine Art Kern-Redaktion gewählt, und zwar Eva Brumlop, Andreas Buro, Dieter Esche, Egbert Jahn, Roland Roth, Eva Senghaas-Knobloch und Gert Schäfer. Die Redaktion bildet jedoch einen erweiterten Redaktionskreis – der sich wie immer donnerstagsabends in Offenbach trifft – und garantiert damit die Offenheit der redaktionellen Arbeit.

Während die „Emanzipationsdebatte", die u.a. von Dieter Duhm initiiert, in breiten Kreisen der Linken und so auch in „links" geführt wird, finden die Entwicklung der Frauenbewegung und die wachsenden Aktivitäten von zahllosen Bürgerinitiativen in der Publizistik und Politik des Sozialistischen Büros kaum Widerhall. Im Nachhinein kann man durchaus von einer gewissen Borniertheit auf Betrieb, Gewerkschaften und Arbeitsfelder im Reproduktionsbereich sprechen.

Im Frühsommer 1974 beschließt der Arbeitsausschuss, „Thesen des Sozialistischen Büros" zu erarbeiten, „um den Diskussionsstand der am Sozialistischen Büro orientierten und in ihm organisierten Linken festzuhalten und die Diskussion sowie den Organisierungsprozess im SB selbst voranzubringen". Die „Thesen", die später in Hunderttausender Auflage verbreitet werden, an denen sich alle politischen Spektren außerhalb der etablierten Parteien „abarbeiten", stellen letztendlich einen – aus meiner heutigen Sicht nicht gelungenen – großen Wurf einer sozialistischen Programmatik dar, wohl weil sie aus der allzu begrenzten tagespolitischen Perspektive formuliert wurden, weil Widersprüche – die zu scharfen Kontroversen führten – unter dem selbsterzeugten Druck, „wir brauchen die ‚Thesen' jetzt!", unter den Teppich gekehrt wurden und weil wir auf eine uns schon damals geläufige Erkenntnis verzichtet haben, nämlich dass man nicht zu allem und jedem etwas sagen muss, gerade dann, wenn man eigentlich wenig zu sagen hat. Allerdings sollte man auch vorsichtig sein, ein Produkt losgelöst aus den aktuellen Zusammenhängen, in denen es entstanden ist, zu beurteilen. Noch längst hatten wir unsere Erfahrungen mit dem Gewaltcharakter der bürgerlichen Gesellschaft nicht voll verarbeitet. Obwohl schärfste Kritiker des Sozialdemokratismus, hatten wir Hoffnungen in die Sozialliberale Koalition gesetzt, die gerade mit dem Regierungswechsel zerschlagen worden waren. Die „Hinwendung" zur Arbeiterklasse durch die überwiegend intellektuellen Mitglieder des Sozialistischen Büros war durch die Zunahme der Streikbewegung in den siebziger Jahren und insbesondere nach den spontanen Streiks von 1973 nicht nur identifikatorischer Natur, sondern wir hatten selbst ein wenig zu diesem Prozess beigesteuert. So waren die „Thesen" aktueller und zugleich widersprüchlicher Ausdruck unserer damaligen, miteinander ringenden Sichtweise.

Den besten Beitrag zu den „Thesen" hat Dieter Esche „beigesteuert". Er machte mir den Vorschlag (der mir nach Erscheinen der „Thesen" viele „Prügel" einbrachte), Bertolt Brechts Text „Der Zweifler" auf die erste Seite zu setzen: „Immer wenn uns / Die Antwort auf eine Frage gefunden schien / Löste einer von uns an der Wand die Schnur der alten / Aufgerollten chinesischen Leinwand, so dass sie herabfiel und / Sichtbar wurde der Mann auf der Bank, der / So sehr zweifelte. / Ich, sagte er uns, / Bin der Zweifler, ich zweifle, ob / Die Arbeit gelungen ist, die eure Tage verschlungen hat. / Ob, was ihr gesagt, auch schlechter gesagt, noch für einige Wert hätte. / Ob ihr es aber gut gesagt und euch nicht etwa / Auf die Wahrheit verlassen habt dessen, was ihr gesagt habt. / Ob es nicht vieldeutig ist, für jeden möglichen Irrtum / Tragt ihr die Schuld. Es kann auch eindeutig sein / Und den Widerspruch aus den Dingen entfernen; ist es zu eindeutig? / Dann ist es unbrauchbar was ihr sagt. Euer Ding ist dann leblos. / Seid ihr wirklich im Fluss des Geschehens? Einverstanden mit / Allem, was wird? Werdet ihr noch? Wer seid ihr? Zu wem / Sprecht ihr? Wem nützt es, was ihr da sagt? Und nebenbei: / Läßt es auch nüchtern? Ist es am Morgen zu lesen? / Ist es auch angeknüpft an Vorhandenes? Sind die Sätze, die / Vor euch gesagt sind, benutzt, wenigstens widerlegt? Ist alles belegbar? / Durch Erfahrung? Durch welche? Aber vor allem / Immer wieder vor allem andern: Wie handelt man / Wenn man euch glaubt, was ihr sagt? Vor allem: Wie handelt man? / Nachdenklich betrachteten wir mit Neugier den zweifelnden / Blauen Mann auf der Leinwand, sahen uns an und / Begannen von vorne."

Zurück zum *Sommer 1974*. In der Juni-Ausgabe von „links" erscheint, wenn ich nicht einen anderen Text übersehen habe, der erste Aufsatz zu einem Frauenthema, geschrieben von Frauen aus der Redaktion, Heide Erd-Küchler und Kirsten Schäfer: „§ 218 – Zur historischen und aktuellen Situation." Die Autorinnen schreiben an einer Stelle: „So steht der Lassallesche Arbeiterverein auf dem Standpunkt des proletarischen Antifeminismus. Seine Vertreter lehnen das Auftreten der Frauen auf dem Arbeitsmarkt als Konkurrentinnen ab und sind noch ganz in bürgerlichen Familienidealen befangen. Sie vertreten die Beschränkung der Frau auf die ‚weibliche Sphäre' – was impliziert, dass sie die unterprivilegierte Position der Frau in der Familie als Hausmütterchen und bloße Gebärmaschine voll akzeptieren. Das kommt auch in ihrem Grundsatz: ‚Die Lage der Frau kann nur verbessert werden durch die Lage des Mannes' zum Ausdruck. Anders bei Bebel und seinen Genossen. Sie übernehmen den von Engels schlagwortartig formulierten Frauenemanzipationsgedanken und fordern die volle Integration der Frau in den Produktionsprozess als Voraussetzung für ihre Befreiung. Dabei übersehen sie jedoch völlig, dass von einer Selbstbestimmung der Frau in der Familie keine Rede sein kann – in ihrem Forderungskatalog lassen sie den familiären Bereich völlig außer acht. So ist in den politischen Programmen der beiden Organisationen der Arbeiterklasse aus unterschiedlichen Gründen die Forderung nach Abschaffung des Abtreibungsverbots nicht zu finden ..."

1975

Blickt man heute zurück auf jene Jahre 1974/75, in denen die erste „Organisationsdebatte" des Sozialistischen Büros stattfindet, Arbeitsgruppentagungen von 400 bis 500 Genossinnen und Genossen besucht werden, ein Arbeitsausschuss gebildet wird, der politische Erklärungen im Namen des Sozialistischen Büros abgibt, die Zeit, in der die „Thesen" erarbeitet, herausgegeben und diskutiert werden und die Diskussion über die „richtige" Betriebs- und Gewerkschaftsstrategie stattfindet, könnte der Eindruck entstehen, das Sozialistische Büro sei nun endgültig auf abgehobene Politik abgefahren. In Wirklichkeit verbreitert sich gerade jetzt die organisatorische Basis der Arbeitsfelder und findet die programmatische Aussage „Nach Interessen und nicht nach Köpfen organisieren" bei immer mehr Gruppen, die sich, wie es immer heißt, „am Sozialistischen Büro orientieren", Widerhall. Das registrieren auch unsere Gegner. Der Soziologe Helmut Schelsky weist in einem langen Aufsatz in der „Frankfurter Allgemeinen Zeitung" darauf hin, dass die „eigentliche Gefahr für den Staat weniger von den kommunistischen Gruppen" ausginge, sondern von denen, die sich in der Tradition der „Kritischen Theorie" wie das Sozialistische Büro daran gemacht hätten, die gesellschaftlichen Institutionen zu unterwandern und von innen auszuhöhlen. Gerhard Löwenthal benutzt seine Sendung ZDF-Magazin, um die Untergrundarbeit, die in Offenbacher Kellerräumen ausgeheckt werde, aufs Korn zu nehmen. Er zitiert namentlich die „Roten Pauker" des Sozialistischen Büros.

Am 27. *Februar 1975* entführen Mitglieder der „Bewegung 2. Juni" den CDU-Politiker Peter Lorenz. Diese Gelegenheit nutzt ein erheblicher Teil der bürgerlichen Presse, um erneut zur Hatz gegen die gesamte Linke zu blasen. Die „Frankfurter Allgemeine Zeitung" fordert, „geschehe, was da wolle", die „entscheidende Schlacht gegen den politischen Terrorismus ... dort zu schlagen, wo er seinen geistigen und personellen Nährboden hat ... Wer zählt all die Gelehrten, Künstler, Literaten, Gottesmänner, die den organisierten Hass gegen ‚Klassenfeinde' nähren, preisen, liebkosen?"

Eine Erklärung des Arbeitsausschusses bricht das anfängliche Schweigen der Linken, wobei die Erklärung nicht nur auf platte Kritik einerseits und ungeteilte Zustimmung andererseits stößt, sondern vor allem, nachdem sie vor Universitäten, Betrieben und in linken Gruppen verteilt wird, eine breite und intensive Diskussion in Gang setzt. Einige Zitate aus der Erklärung: „Ebenso wie der Mord am Kammergerichtspräsidenten von Drenkmann im November 1974 kommt die Entführung zu einer Zeit, da besonders wichtige Probleme öffentlich diskutierbar wären. Der Mord an Drenkmann erfolgte einen Tag nachdem Holger Meins im Knast gestorben war und verhinderte eine breite Diskussion und Kampagne zu den Verhältnissen im westdeutschen Strafvollzug. Die Entführung von Lorenz erfolgte zwei Tage nach dem skandalösen Urteil der Mehrheit des Bundesverfassungsgerichts zum § 218 und verhindert eine breite Kampagne und Bewegung, die sich gegen dieses Urteil herauszubilden begann. Die der Entführung folgenden ‚Kopf-ab-Parolen' in der Bevölkerung machen eine breite Diskussion über die Probleme der Krise der kapitalistischen Gesellschaft unmöglich. Nicht die gegenwärtige Arbeitslosigkeit und die gewerkschaftlichen Reaktionsmöglichkeiten auf den Disziplindruck des Kapitals werden zum Hauptdiskussionspunkt, sondern diese sinnlose Entführung und ein in der 2.-Juni-Gruppe sich scheinbar dokumentierender Radikalismus der Linken (...) Die Errungenschaften der bürgerlichen Gesellschaft dürfen nicht leichtfertig aufgegeben werden. Die Erklärung und Proklamierung der Menschenrechte, die verfassungsmäßige Festlegung und Absicherung bürgerlicher Freiheitsrechte sind auch für Sozialisten nicht bloß ‚bürgerliche' Vordergründigkeiten, sondern gerade auch angesichts der Rechtstendenzen verteidigungswerte Errungenschaften. Jede Einschränkung der bürgerlich-demokratischen Strukturen und Verhältnisse trifft die Linke doppelt: einmal, weil ihre Entfaltungsmöglichkeiten beschnitten werden, zum andern, weil dadurch der Klassengegner und seine Exekutive schlagkräftiger werden. Darüber kann man sich auch nicht mit militärischer Phraseologie hinweglügen. (...) Sozialistische Politik besteht darin, alles daran zu setzen, Herrschaft abzubauen, Repression zu verringern, die Entfaltungsmöglichkeiten der Individuen zu erhöhen und die Einsichten in die gesellschaftlichen Prozesse zu verbessern. (...) Das Kriterium sozialistischer Moral ist immer die Entwicklung von Klassenbewusstsein und organisierenden Momenten in der Arbeiterklasse. Jede Aktion, die dem ein Hindernis in den Weg legt, verletzt daher die Bedingungen sozialistischer Solidarität. (...) Aus all dem ergibt sich, dass zwar die 2.-Juni-Leute noch etwas mit der Linken zu tun haben wollen, dass aber die Linke nichts mit dieser Art von ‚Politik' und ihren Trägern zu tun haben darf. Wer sich als links bezeichnet, muss es nicht unbedingt sein. Der objektive Charakter und der subjektive Anspruch der 2.-Juni-Leute zeigt klar: hier werden nicht nur Fehler gemacht, die in einer solidarischen Diskussion noch korrigiert werden könnten; hier haben wir es mit einer Gruppe zu tun, die der Rechten in die Hände spielt – und die dies wahrscheinlich sogar weiß!" Die „Bewegung 2. Juni" fordert den ehemaligen regierenden Bürgermeister von Berlin und jetzigen amtierenden Pastor Heinrich Albertz auf, sich zur Verfügung zu stellen, um mit den Inhaftierten, die durch die Entführung von Peter Lorenz freigepresst werden sollen, nach Aden zu fliegen. Heinrich Albertz erklärt sich dazu bereit, er rettet letztlich ein Menschenleben. Dies kommentiert die BILD-Zeitung so: „Der glücklose Mann mit dem Doppelkinn und dem freudlosen Blick durch die Brille ... Heinrich Albertz, Pfeifenraucher und Weinkenner, dieser unentschlossene und weiche Mann ... wurde nun zum Anwalt der Aufrührer. Er triftet hoffnungslos nach links außen ab ... Jetzt haben sich die Terroristen den unscheinbaren Ex-Politiker und Friedensprediger als Unterpfand dafür ausgesucht, dass sich unser Rechtsstaat dem Unrecht beugt." – Viele Jahre später sagt mir Heinrich Albertz sinngemäß: dass ich ebenso wie du die Gewaltfreiheit predige und jede terroristische Aktion ablehne, brauchen wir uns nicht zu bestätigen; gleichzeitig ist festzustellen, hätte man in späteren ähnlichen Situationen staatlicherseits genauso gehandelt wie bei der Entführung von Peter Lorenz, wir hätten nicht nur Menschenleben gerettet, sondern auch den Kreislauf der Gewalt unterbrochen.

Am *12./13. April 1975* konstituiert sich der Delegiertenrat des Sozialistischen Büros. Im Vorfeld hatte es über die Schaffung eines solchen Gremiums Kontroversen gegeben. In diesen spiegelten sich die nun fast durchgängig auftretenden politisch-organisatorischen Vorstellungen „zweier Linien“ wider. Etwas vereinfacht ging es zum einen um das Konzept eines „starken“ Arbeitsausschusses und die Umwandlung der Arbeitsgruppe Sozialistisches Büro, an der alle Mitglieder teilnehmen können, in eine Delegiertenkonferenz. Die andere Position plädierte für die Beibehaltung der Arbeitsgruppentagung als „Thing“ des Sozialistischen Büros und wollte mit dem Delegiertenrat ein Gremium, das sowohl regionale Zusammenhänge als auch überregionale Arbeitsfelder und Projekte integriert. Der Arbeitsausschuss sollte danach durchaus mit Entscheidungskompetenzen versehen sein, aber doch nicht zum dominierenden Gremium des Sozialistischen Büros werden. Die letztere Variante hatte sich 1974/75 durchgesetzt – nach vielen Diskussionen auch allseitig akzeptiert –, wurde aber, beginnend mit der sogenannten „zweiten“ Organisationsdebatte, ab 1977 zunehmend außer Kraft gesetzt, was allerdings nicht lediglich inhaltlichen Konflikten zuzuschreiben ist, sondern mehr einer veränderten und weniger bedeutsamen Rolle, die dem Sozialistischen Büro in späteren Jahren innerhalb der westdeutschen Linken zufiel.

Der Terrorismus liefert zwar die Legitimation für schärfere Gesetze und eine innere Militarisierung der Gesellschaft. Das wird, wie wir heute wissen, noch schlimmer werden – erinnert sei an den Herbst 1977. Aber die wuchernde Praxis der Berufsverbote wurde nicht wegen der „RAF“ eingeführt. Der Verfassungsschutz observiert inzwischen flächendeckend, wo immer sich aufmüpfiges Engagement zeigt. Was in den Verfassungsschutzberichten als „linksextremistisch“ eingestuft wird, skizziert die gesamte Palette der außerparlamentarischen Opposition.Bei Aktionen der Bürgerinitiativen gegen Atomkraftwerke fliegen zwar keine Steine, doch auch die gewaltfreien Aktionen werden mit Wasserwerfern und Polizeiknüppeln beantwortet. Den Genossinnen und Genossen, die ihr sozialistisches Engagement in Arbeitsfeldern, im Beruf und am Arbeitsplatz einzubringen versuchen, bläst nun der reaktionäre Wind stärker ins Gesicht. Im April 1975 schreibt Gert Schäfer in „links“: „Weil sich die sozialistische und kommunistische Linke in der Isolation befindet und der von der Reaktion antizipierte kommende Klassenkampf jetzt schon – präventiv – durch exekutive und gesetzliche Mittel noch stärker eingehegt werden soll, und weil die Arbeiterklasse selbst diesen Klassenkampf noch nicht wirklich erkannt, aufgenommen und organisiert hat, ist die Linke insgesamt der von öffentlicher Hetze begleiteten, in einer schubweisen Zunahme repressiver Gesetze, Verordnungen und Maßnahmen bestehenden autoritären Entwicklung ausgesetzt. Die Gefahr schwerer Rückschläge ist deshalb groß. Denn es ist keineswegs zu erwarten, dass die SPD der autoritären Reaktion demokratischen Widerstand leistet, der nur auf einer der Tendenz nach antikapitalistischen Mobilisierung der Massen beruhen könnte. Es ist besser, dieser gegenwärtigen Gefahr ins Gesicht zu sehen, als die Augen vor ihr zu verschließen. Wir befinden uns jetzt in einem Stellungskampf, in dem wir Rückschläge aushalten und sie kollektiv auffangen müssen.“

Eine frohe Botschaft, die sich schon seit Monaten angekündigt hat, erreicht uns am *1. Mai 1975* während eines Jugoslawienurlaubs. Die Vereinigten Staaten von Nordamerika haben ihre Aggression gegen Vietnam beendet und ihre Truppen zurückgezogen. Millionen Menschen sind hingeschlachtet worden wegen einer imperialistischen Doktrin. Vor aller Welt hat sich die „demokratische“ Nation demaskiert, aber wie wird sie das Trauma bewältigen? Ähnlich wie die Deutschen den Faschismus? Und wie wird sich das nun souveräne Vietnam entwickeln, ein Land, das nicht nur zerstört, entlaubt und vergiftet ist, sondern auch seit länger als 30 Jahren keinen Frieden hatte? Ich weiß, dass auch wir das uns Mögliche dazu beigetragen haben, dass die USA letztlich vom Völkermord ablassen mussten. Und doch stellt sich gerade in dieser Stunde das Gefühl ein: wir haben im Grunde zu wenig für Vietnam getan!

Am *17. Mai 1975* werde ich 40 Jahre alt. Andreas Buro und Wolf-Dieter Narr besuchen mich in Obersensbach, aber es geht nicht ums Geburtstagfeiern. Vielmehr erörtern wir auf einem Spaziergang auf der Sensbacher Höhe, was können wir, was kann das Sozialistische Büro tun, um der wachsenden Repression, dem wuchernden Berufsverbot, der zunehmenden Reglementierung in den Institutionen, Widerstand entgegenzusetzen oder, richtiger ausgedrückt, zu widerständigem Verhalten der einzelnen und Gruppen zu ermutigen und zu solidarisieren. Hier entsteht die Idee eines zentralen Kongresses „Gegen ökonomische und politische Repression". Dem Delegiertenrat liegt auf seiner Sitzung am 28./29. Juni 1975 ein thematischer und organisatorischer Vorschlag für den Kongress vor. U.a. wird festgestellt: „Mit dem vorgeschlagenen Kongress geht es für das SB nicht darum, irgendeinen Führungsanspruch anzumelden oder mit anderen vornehmlich gegen das Berufsverbot gerichteten Aktivitäten zu konkurrieren. Vielmehr ist es darum zu tun, innerhalb der breiten Front, die sich gegenwärtig im Kampf gegen Berufsverbote herausbildet, einen spezifischen inhaltlichen Beitrag zur Problematik der ökonomischen und politischen Repression zu leisten und auf dieser Grundlage zur Strategiefindung beizutragen. Dabei wird es vor allem darum gehen, die qualitativ neue Strategie der Unterdrückung und der Einschüchterung von politischen Aktivitäten in Form der Berufsverbote, aber auch die Wirkungen ökonomischer und politischer Repression in zahlreichen gesellschaftlichen Bereichen, die dem öffentlichen Sektor vorgelagert sind, und mit einer Anti-Berufsverbots-Kampagne, die sich auf ihren eigentlichen Anlass beschränkt, gar nicht erfasst werden, zu analysieren und Gegenmaßnahmen zu diskutieren. Damit der Kampf gegen Berufsverbote nicht als eine isolierte Angelegenheit der ‚ständischen' Interessenvertretung angesehen werden kann, ist es daher notwendig, in die politische Argumentation alle gesellschaftlichen Bereiche einzubeziehen, in denen faktische Berufsverbote eine alltägliche Erscheinung sind. Diese decken ein breites Spektrum ab: von schwarzen Listen gegenüber politisch aktiven Betriebsräten und Vertrauensleuten, Bedrohungen durch Gewerkschaftsausschlüsse, über die Nicht-Einstellung von Sozialarbeitern, politisch bewussten Ärzten und Lehrern bis zu Hochschullehrern. Auf allen diesen Ebenen soll deutlich werden, dass im Zuge wachsender Arbeitslosigkeit auch im Reproduktionssektor (Schule, Hochschule, Krankenhäuser) die bewusste Mobilisierung der Existenzängste alle betrifft, die überhaupt kritische Positionen vertreten. Die neue präventive konterrevolutionäre Strategie der Unterdrückung zielt darauf ab, nicht nur einzelne politisch hervorgetretene Personen zu treffen, sondern auf breiter Front, bis zu Kindergärtnerinnen und Putzfrauen, die Bedingungen der Artikulation politischer Alternativen zum bestehenden Herrschaftssystem radikal einzuschränken und bestehende Ansätze zu zerstören. Es ist aus diesen Gründen unmöglich, die Kampagne parteipolitisch einzugrenzen oder den Staat als einzigen Adressaten von Forderungen zu betrachten." Obwohl mir im Informationsrundbrief des Sozialistischen Büros (Ausgabe 13 vom 5. Juli 1975) ein ausführliches, von mir verfasstes 21-seitiges Protokoll der Delegiertenratssitzung vorliegt, ist es unmöglich, die vertrackte Diskussion über den Kongress-Vorschlag wiederzugeben. Gerade eben lese ich dieses Protokoll und frage mich erneut, in welche introvertierte Struktur hatten wir uns selbst manövriert, dass eine derartige selbstverständliche, politisch in der Luft liegende Aktion zwei Tage lang in schärfster Kontroverse diskutiert und dann mit 23 Stimmen (bei 17 Stimmen für den Kongress) verworfen wird: „Das Sozialistische Büro unterstützt einen nationalen Kongress der lokalen und regionalen Kampagnen, wenn aus deren Kreis die Initiative zu einem solchen Kongress ergriffen wird. Das SB wird nicht anstelle der Kampagnen, Aktionskomitees usw. gegen die politische Repression die Initiative dafür übernehmen."

Jedoch, kommt Zeit, kommt Vernunft. Einerseits trifft nach der Aussendung des Informationsrundbriefs mit dem Protokoll der hier knapp dargestellten Delegiertenratssitzung eine Flut von Reaktionen „der Basis" ein. Viele Gruppen spüren in ihrer tagtäglichen Arbeit vermehrt die Auswirkungen der Repression. Sie wissen, dass sie, allein auf sich gestellt, nur zum Teil etwas ausrichten können. So wird der Ruf nach der vom Delegiertenrat abgelehnten zentralen Initiative des SB für einen Anti-Repressions-Kongress vielfach und vernehmlich artikuliert. Andererseits: der Sommer 1975 bietet, ob man nun nah oder fern Urlaub macht, erholsames Wetter, und wesentlich entkrampft treffen sich die Delegierten zu zwei kurz hintereinander geschalteten Sitzungen am 4./5. und 18./19. Oktober 1975. Auf einer erweiterten Arbeitsgruppentagung am *29./30. November 1975* in Frankfurt werden immer noch mit vielen Wenn und Aber versehene lange Diskussionsbeiträge hin und her gewälzt. Nicht zuletzt die Berichte aus vielen Gruppen, die stets in die

Forderung nach einer großen Aktion münden, bereiten das Klima für eine Einigung vor. Als ein Mitglied des SB Hamburg knapp und präzise formuliert und zum Antrag erhebt: „Das Sozialistische Büro ruft für Pfingsten 1976 zu einem großen Anti-Repressions-Kongress auf, der allen, die sich daran beteiligen wollen, offen steht“, gibt es zwar noch einige kleine Widerstände, aber dann beschließen die knapp 400 Anwesenden fast einmütig: Der Kongress findet statt. – Gleichzeitig wird ein neuer Arbeitsausschuss gewählt: Elmar Altvater, Volkhard Brandes, Andreas Buro, Peter Grohmann, Otto Jacobi, Helmut Korte, Sibylle Laturner, Wolf-Dieter Narr, Willi Scherer, Sonja Tesch, Klaus Vack.

Eine „links“-Sondernummer wird Anfang 1976 erscheinen und bis zum Pfingstkongress mit über 80.000 Exemplaren verkauft werden. Mehrmals treffen wir uns in der Redaktionsgruppe im Dezember. Ich empfinde die Arbeit wie eine Befreiung nach der vorangegangenen Selbstlähmung.

1976

Am 8. Januar 1976 erstellt die beauftragte Redaktionsgruppe die „links“-Sondernummer zur Anti-Repressionskampagne. Vertreten sind Beiträge wie: Elmar Altvater/Christel Neusüß: Thesen zum Zusammenhang von ökonomischer Krise und politischer Unterdrückung; Arbeitsgruppe Ruhrgebiet: Unterdrückung im Betrieb; H. E. Brand: Repression und Widerstand in Betrieb und Gewerkschaften; Autorengruppe: Repression im Schulalltag – Erfahrungen Hamburger Lehrer; SLB-Schulgruppe Frankfurt: Der Kampf der Ernst-Reuter-Schule gegen Berufsverbote; Jürgen Seifert: Innerer Feind und Restauration – Seine Bestimmung und Behandlung in der Geschichte der BRD; Joachim Perels: Der Staat als politische Konfessionsschule? Das Bundesverfassungsgericht und die Treuepflicht der Beamten; Arno Klönne: Der öffentliche Dienst als Herrschaftsreserve – Zur Kontinuität des Antidemokratischen; Joachim Hirsch: „Reformökonomisierung“, Repression und Widerstand im öffentlichen Dienst; Jens A. Brückner: Berufsverbote – Möglichkeiten der rechtlichen Gegenwehr; Albrecht Funk/Falco Werkentin: Materialien zur Entwicklung des innerstaatlichen Gewaltapparates – Polizei, Bundesgrenzschutz, Bundeskriminalamt u.a.; Uwe Wesel: Am Beispiel Stammheim; Sebastian Cobler: Das Gesetz zum Schutze des Gemeinschaftsfriedens; Bernhard Blanke/Wolf-Dieter Narr: „Kampf um die Verfassung“ oder „Sozialistische Strategie“?; Heinz Brandt: „... dass Angst umschlägt in Widerstand!“; Klaus Vack: Überwintern in repressiver Epoche?

Mit dem Aufruf zur Kampagne gegen politische und ökonomische Unterdrückung und zum Kongress Pfingsten 1976 geht ein Ruck durch die undogmatische Linke in der Bundesrepublik. Der Arbeitsausschuss und andere mitarbeitende Genossinnen und Genossen können den vielen Einladungen zu lokalen Veranstaltungen kaum noch nachkommen. Wir erstellen ein „links“-Extrablatt, das auf der einen Seite die Dimensionen politischer Unterdrückung und auf der anderen Seite die ökonomische Ausbeutung aufzeichnet und versinnbildlicht. Politische Unterdrückung und ökonomische Ausbeutung werden in ihrer Dialektik zusammengefasst. Das Flugblatt mündet in die Aussagen einerseits: „Ohne die Freiheitsrechte keine Möglichkeit zur Veränderung. Der Kampf um die Freiheitsrechte muss daher ohne Wenn und Aber geführt werden“. Andererseits: „Das System der Lohnarbeit, die moderne Form der Sklaverei, läßt sich nur abschaffen, wenn wir die Freiheitsrechte täglich neu erkämpfen.“ Das Flugblatt wird in einer Auflage von 800.000 Exemplaren verbreitet.In einem erneuten Aufruf, einige Wochen vor Pfingsten, beschreibt das Sozialistische Büro die Stoßrichtung der Aktion noch einmal: „Opportunistisches Sich-Arrangieren mit denjenigen, die die Repression ausüben, und die Hoffnung auf ein ‚Überwintern‘ verstärken die Möglichkeiten politischer Unterdrückung ebenso wie verzweifelte Akte individueller Auflehnung oder leichtfertiges Märtyrertum von linken Organisationen. Der politischen Unterdrückung kann nur wirksam entgegengetreten werden, wenn die individuelle Angst in Widerstand gegen diese Unterdrückung umschlägt, wenn dieser Widerstand organisiert erfolgt und wenn damit für wirksame politische Arbeit Perspektiven eröffnet werden. Also, lassen wir uns nicht durch die Repression lähmen, organisieren wir den Widerstand!“

Emblem für den Pfingstkongress wird die SB-Eule mit zwinkerndem linken Auge und geballter Faust – heute noch zu finden als Anstecker, versehen mit der wohl beliebtesten Parole des Pfingstkongresses: „Wer sich nicht wehrt, lebt verkehrt!" Seitdem sammle ich Eulen aller Art – etwa 300 werden es inzwischen sein.

Strahlendes Wetter während der drei Pfingsttage. Michael Krawinkel und Roland Roth fassen später in „links" zusammen: „Wir fragten uns in der Vergangenheit manchmal, was es eigentlich mit dem viel vermuteten ‚Dunstkreis' des Sozialistischen Büros auf sich hat? Diese Frage stellt sich heute nicht mehr. Die zahlreiche und starke Beteiligung am Kongress gegen politische Unterdrückung und ökonomische Ausbeutung ist ebenso Ausdruck dieses Umfeldes wie Ausdruck der Offenheit und Fähigkeit, neue politische Ansätze in solidarische Zusammenhänge einzubeziehen. 20.000 Teilnehmer an den großen Demonstrationszügen und der ausgedehnten Kundgebung verweisen auf die Vielfalt von Arbeitszusammenhängen und auf die weit darüber hinausreichende Bereitschaft zum politischen Engagement. Die Initiative der Teilnehmer brachte Spaß und Attraktivität: Hamburger Genossen hatten das Leittransparent der Demonstration mitgebracht, rote Blaskapellen aus Freiburg und Frankfurt spielten den Demonstranten und Zuschauern auf, an den Informationsständen für Frankfurter Bürger fanden sich Tübinger und Kölner Genossen und viele andere wieder. Frauen überlegten gemeinsame Aktionen gegen ihre besondere Unterdrückung. Parolen waren überwiegend nicht zuvor abgesprochen, sondern entstammten den unmittelbaren Arbeitszusammenhängen der Teilnehmer. Dänische, französische und niederländische Gruppen, Schweizer und Österreicher machten deutlich, dass der Kampf gegen Repression in der Bundesrepublik auch Anliegen der westeuropäischen Linken ist. (...) Veranstaltungen mit Filmen aus dem Betriebs- und Gewerkschaftsbereich, die Darstellung und Diskussion der Berufsverbote, gegen Frauenunterdrückung, gegen Zensur in Presse und Funk, gegen Maulkorberlasse und Gewaltparagraphen, gegen die Unterdrückung von Jugendzentrumsinitiativen und gegen die Einschränkung der Verteidigung sowie die Verschärfung der Haftbedingungen der politischen Gefangenen, zur Isolationsfolter ..."

Stichworte aus den Reden – Heinz Brandt: „Wir wollen kein Berufsverbots-Europa"; Frankfurter Spontis: „Uns treibt der Hunger nach Liebe, Zärtlichkeit und Freiheit"; Frauen-Beitrag: „Wir akzeptieren die uns aufgezwungene Trennung von politischem *und* privatem Bereich nicht mehr ..."; Rudi Dutschke: „Sozialismus, das heißt: Realisierung des Reichs der Freiheit ..."; Betriebsgenossen: „Der Druck des Kapitals auf die Lohnabhängigen ist so stark, dass manche Illusionen vom Wirtschaftswunder und der Wohlstandsgesellschaft geplatzt sind ..."; Oskar Negt: „Revolutionäre Geduld ist keine Phrase ..."; Elmar Altvater: „Die SPD ist Träger der Repression ... Die Folge ist, dass nur außerhalb der SPD eine sozialistische Strategie entwickelt und in viel mühseliger Kleinarbeit praktisch umgesetzt werden kann ..."; Klaus Vack: „Die Repressionspolitik ist kein bloßes Phänomen an der Oberfläche der gesellschaftlichen Auseinandersetzungen. Wer als Sozialist politische Arbeit macht, leistet Widerstand gegen die Repression! Wer gegen die Repression angeht, kämpft um Freiräume für sozialistische Politik! Für Sozialisten kann sich nicht die Alternative stellen: Anti-Repressions-Kampagne oder sozialistische Arbeit, vielmehr sind sozialistische Praxis und Widerstand gegen die Repression ein und dasselbe!"

Dass eine schöne Kongress-Schwalbe noch lange nicht bedeuten muss, dass jetzt der sozialistische Sommer anbricht, diese Erfahrung mussten wir auch in diesem Falle recht bald machen. Aber wer den Erfolg an der nächsten Ecke sucht, der hat noch nicht erkannt, dass unser Freiheitsdrang, die Hoffnung auf Frieden und Gerechtigkeit den langen Atem auf einem sehr, sehr langen Marsch abfordern. Wenn wir dabei – trotz aller Erschwernisse und Gefahren – unsere Fröhlichkeit, Liebe und Geselligkeit nicht verlieren, lohnt der Weg zum Ziel, und sei das Ziel in noch so weiter Ferne! Das galt für mich zum Beispiel 1961, als wir mit den Ostermärschen begannen, oder 1969, als wir, einige wenige Leute, das Sozialistische Büro gründeten, ebenso wie Pfingsten 1976. Und es gilt, wenn ich in einigen Tagen Klaus J. im Knast besuche oder am bevorstehenden Ostersamstag, wenn wir, einige hundert Odenwälderinnen und Odenwälder, beim Friedensmarsch gegen Militarismus, Kriegsvorbereitung, Zerstörung unserer natürlichen Umwelt und viele weitere Übel demonstrieren werden.

D. Weitere politisch-biographische Stationen – eine knappe Skizze

Nachdem Klaus und Hanne Vack als *die* Sekretärin und *der* Sekretär sich von der Tagesarbeit des Komitees für Grundrechte und Demokratie Ende der 1990er Jahre zurückgezogen hatten – zuvor und danach sorgten sie für einen wohl gleitenden Übergang zum neuen, schon zuvor teilweise ausgelagerten Sekretariat in Köln –, plante Klaus Vack weitere Aktivitäten. Ein „Unruhestand" (Heinrich Albertz) war von innen, von Klaus Vack selbst, als auch von außen im Sinne neuer schlimmer Ereignisse, im Sinne der Nachfragen nach seinen Erfahrungen und seiner Hilfe programmiert. Anhaltende Krankheiten und ihnen folgende Schwächungen machten viele Pläne zunichte und hinderten intensivere politische Aktivitäten. So ging Klaus Vacks einem Journalisten gegenüber anlässlich seines 50. Geburtstags geäußerter Wunsch, seither – bislang zumindest – nur eingeschränkt in Erfüllung:

„Auf die Frage eines jungen Fernsehjournalisten, welche Wünsche ich zu meinem 50. Geburtstag habe, lautete meine ehrliche Antwort: 30 Jahre weitermachen, nur ein bisschen langsamer. Und auf die Nachfrage, wie das denn durchzuhalten sei: Indem man sich immer erneut mit Gleichgesinnten und Mitstreitern zusammentut, gleichgültig, ob man Jahrzehnte oder lediglich einige Monate gemeinsam kämpft."

Wir können Klaus Vacks eigene, gegenwartsgerichtete, zukunftsoffene, einer eminent politischen Biographie gemäß gezogene Erfahrungssumme nicht ersetzen. Den leicht gekürzten biographisch-politischen Aufzeichnungen, die Klaus Vack anlässlich seines 50. Geburtstags und des von uns dazu komponierten Buches 1985 gemacht hat, schließen wir wenige Hinweise an, die nur einige Rohinformationen über Klaus und Hanne Vacks Weg seit 1976 markieren, dem Ende der Aufzeichnungen. Wir mischen diese Hinweise mit der einen oder anderen, ihrerseits nicht weiter ausgeführten Bemerkung und Überlegung.

1976-1980. Das Sozialistische Büro konnte die Aufbruchstimmung, die just ihre Antirepressions- und Antiberufsverbotskampagne erweckte, mittelfristig nicht nutzen. Wie zumeist spielten bei der Stagnation, ja beim langsamen Niedergang innerorganisatorische Gründe, auch personelle Querelen und von außen aufgeworfene Probleme Mehrfachpass. Freilich nicht in Richtung Erfolg, sondern in Richtung Eigentor. Beide Ursachenbündel vermischten sich in wachsendem Maße in der periodisch wiederkehrenden Parteidebatte. War es nicht angezeigt, so wurde vielfach gefragt, das „linke Spektrum", so heterogen es war, und die Mobilisierungserfolge der „Neuen Sozialen Bewegungen" – dem insgesamt neuen und positiven Phänomen der 70er Jahre –, zu nützen, um „politisch handlungsfähig" zu werden (s. Klaus Vacks Artikel von 1979 zur Art dieser „Handlungsfähigkeit": Strauß, die Linke und die Grünen)? Schon in den Vordiskussionen irritierte und beschränkte die Partei(en)fixierung lebendige demokratische Politik von unten.

Dass Hanne und Klaus Vack schließlich aus dem SB, „ihrem" SB, als Sekretärin und Sekretär ausschieden, hatte jedoch über ihre Lust an Neuanfängen mit bleibendem radikaldemokratisch sozialistischen, also strikt antiherrschaftlich-anarchistischen Politikbegriff hinaus, einen zusätzlichen Grund in einer neuen Wahrnehmung und der ihr folgenden veränderten Akzentsetzung. Schon das Berufsverbot und die gegen dasselbe gerichteten, insgesamt gut eine Dekade umfassenden Aktivitäten hatten erkennen lassen, wie wichtig für die eigene Politik Grund- und Menschenrechte sind. Zwar waren und sind diese materialistisch zu fassen. Dies gilt, nicht um Karl Marx zu rechtfertigen, wohl aber um seine berechtigte Kritik über 100 Jahre später und mehr aufzuheben. Dass die allgemeinen Menschenrechte die Verallgemeinerung der besonderen Rechte der Habenden und Herrschenden darstellen. Dass sie ideologisch eingebläut werden, herrschafts- und ungleichheitssichernd wirken und durchgehend symbolisch instrumentell missbraucht werden. Frei nach Fontane: sie sagen allgemeine Menschenrechte und meinen ihre allen aufgeherrschten Kapitalinteressen. Wenn jedoch die Grund- und Menschenrechte angemessen gefasst werden, dann ist nicht nur in den Kampf der Begriffe einzutreten. Gegen flachsinnige und verdinglichte Menschenrechtsbegriffshülsen aller Art. Dann sind substantielle Menschenrechte vielmehr als Kriterien aller politischen Urteile, als deren Basis und Zielbezug zugleich radikaldemokratisch sozialistisch unabdingbar. Viele Fehlentwicklungen und kollektive Gewalttaten, die in marxistischem Namen begangen worden sind, können zukunftsgerichtet nur vermieden werden, wenn man die materialistischen, hier und heute geltenden Menschenrechte nicht spekulativ und gegenwartsherrschaftsfixiert preisgibt.

Das Dritte Internationale Russell Tribunal zur Situation der Menschenrechte in der BRD 1978/79, vom Berufsverbot angestoßen, signalisiert den menschenrechtlichen Lernprozess. Dieses Russell Tribunal, das ohne programmatisch organisatorische Hilfe des Sozialistischen Büros und Klaus Vack an erster Stelle nicht zu denken ist, begleiteten deshalb früh Diskussionen, nicht zuletzt mit dessen Präsidenten, dem „Vollblutmenschenrechtler" Vladimir Dedijer aus Jugoslawien. Wie kann die Politik der Menschenrechte mit einem nicht liberal enggefassten, sondern politisch umfassenden Begriff der Menschenrechte in der Bundesrepublik und in anderen europäischen Ländern weitergeführt werden?

1980-1997. Ein Ergebnis dieser Diskussionen war die Gründung des Komitees für Grundrechte und Demokratie. Dieses weiterbestehende Komitee kristallisierte sich rund um Klaus Vack aus. Ohne ihn wäre es nicht entstanden. Ohne Hanne Vack und ihn als *dem* Sekretariat hätte es die ersten beiden (Fast-)Jahrzehnte nicht wachsen, gedeihen und als kleine, aber verlässliche Institution wirken können. Selbst rückwärtsgewandt, selbst wenn man teilweise wie wir selbst bei manchen Aktionen dabei gewesen ist, verliert man fast den Atem und die Fasskraft angesichts der Fülle der Vack'schen Initiativen. Diese zeichnen sich wie zuvor, nun nur noch bewusster, durchgehend durch drei Eigenschaften aus: durch ihren radikalen Menschenrechtsbezug zum ersten. Hierbei versteht es sich selbst, dass die Menschenrechte durchgehend als Aktivrechte aufzufassen sind. Menschenrechte und Demokratie gehören also innig zusammen. Ebenso können Menschenrechte nur pazifistisch begriffen werden. Krieg für und durch Menschenrechte ist ausgeschlossen. Menschenrechte werden nur ernst genommen werden, wenn ihren Normen die ihnen entsprechenden Formen einschließlich der nötigen materiellen Voraussetzungen und Konsequenzen folgen. Zum zweiten gilt für die klaushannevackschen Unternehmungen, dass sie sich durch eine Phantasiefülle auszeichnen. Immer neue Mittel der Umsetzung werden erfunden, die die menschenrechtlichen Aktivitäten den Menschen nahe bringen, die die Menschen im besten Sinne vereinnahmen. Solche Mittel, die den Zielen konform sind, die die Ziele angemessen übersetzen und orientierend einsetzen, reichen von der friedensbewegten Menschenkette, den vielen Varianten gewaltfreier Sitzblockaden, Luftballone gegen Tiefflieger, angekündigt und niemanden gefährdend, steigen lassen, der Wieder- und Neueinführung von Palavern zur Vergabe medizinischer Hilfen, die den Bedürfnissen derjenigen, die sie brauchen, entsprechen, weil die Bedürftigen beim Helfen mitmachen, bis hin zu Freizeiten von Kindern mitten im Krieg aus kriegerisch verfeindeten Elterngruppen und ihren Ländern. Das dritte Merkmal ist auch für die beiden erstgenannten entscheidend. Es steckt schon in ihnen. Bei allen Aktionen – und mögen sie noch so hoch, so breit und langfristig ausgerichtet sein –, zählen die einzelnen beteiligten Personen und zählen die Personen, denen sie gelten. Das gilt, selbst wenn die zuletztgenannten damit kritisiert werden sollen, an erster und an letzter Stelle. Menschenrechtliche Aktionsformen zeichnen sich durch diesen vorrangigen ersten und letzten, konkret personalen Bezug aus. Sonst tragen sie die Qualität menschenrechtlich nur angemaßt. Sonst werden Menschenrechte um den Preis von Menschen angewandt. Also werden sie, indem sie instrumentell verdinglicht werden, zerstört.

Zu solchen Aktionen von allem Komiteeanfang an, nie von Klaus und Hanne Vack allein gemacht, immer mit anderen zusammen betrieben, aber doch so, dass sie von Klaus meist initiiert und durchgehend verantwortet worden sind, gehören:

- Sorgfältige Beobachtungen von Demonstrationen. Der einzige Artikel des Grundgesetzes, Art. 8 GG, das sog. Versammlungsrecht, der es erlaubt, dass Bürgerinnen und Bürger kollektiv politisch werden, wenn letztlich auch auf „nur“ symbolische Demonstrationen beschränkt, auf den Kampf um den öffentlichen Raum und in ihm mögliche gewaltfreie Überzeugungen, verdient besonderes menschenrechtliches Augenmerk und demokratische Selbstkontrolle. Nicht ohne Grund sind Demonstrationen als politisches Mittel im Kontext der Studentenbewegung, der Bürgerinitiativen und der daraus erwachsenen Neuen Sozialen Bewegungen erst richtig entdeckt worden. Nicht zufällig ist es darum auch, dass seitdem herrschaftlich immer erneut, die Freiheit zu demonstrieren einzuschränken und von ihr abzuschrecken versucht wird. Darum organisierte Klaus Vack die erste Demonstrationsbeobachtung des Komitees im Februar 1981 zu Brokdorf. Uch, war das kalt! Danach sind solche argusäugigen Beobachtungen seither zur Institution geworden.

- Noch bevor die 2. Friedensbewegung in der Bundesrepublik 1980/81 wider die „Nachrüstung" in Gang kam, forderte Klaus Vack in der „*taz*" 1980 die Anti-AKW- und Umweltbewegung dazu auf, friedenspolitische Aktivitäten nicht zu vergessen. Die erste Friedensbewegung der Bundesrepublik setzte ein mit der diffusen Bewegung wider die Remilitarisierung (1952-1955), an die sich verengt schon, der „Kampf wider den Atomtod" anschließt, die geplante Ausrüstung der Bundeswehr mit sog. taktischen Atombomben. Ein Widerspruch in sich selbst (1957-1959/60). Aus dieser Bewegung geht nach dem Rückzug der SPD und eines Gutteils der Gewerkschaften das schmale, aber wichtige Flüsschen, die Ostermarschbewegung, hervor (1960 und in den folgenden Jahrzehnten). An all diesen Bewegungen war der junge Klaus Vack schon als hauptamtlicher Anreger und einfallsreicher Organisator beteiligt (s. Klaus Vacks Bericht oben). Klaus Vack war es dann, der die gewaltlosen Sitz-Blockaden in Mutlangen, Fischbach und an anderen Orten wesentlich mitorganisierte. Die berühmte, politisch nicht elitär gespitzte „Promi-Blockade" und die Menschenkette sind von ihm ausgeheckt und, wie sich bei ihm immer verstand, an erster Stelle mitorganisiert worden. Was wäre hier Klaus Vack ohne die atemberaubend geschwinde Hanne Vack gewesen. Die angeblichen Rädelsführer der Sitzblockaden, so mehrfach auch Hanne und Klaus Vack, wurden lange gemäß § 240 StGB, einem Paragraphen mit Nazischeitel, wegen angeblicher „Nötigung" und darin gegebener „Gewalt" bestraft. Das geschah so lange, bis das Bundesverfassungsgericht im Januar 1995 beschied, dieser Paragraph könne gegen friedensbewegte Aktionen nicht angewandt werden (leider hat es versäumt, diesen Paragraphen mit Nazischeitel insgesamt als grundrechtswidrig zu erkennen). Der Bundesgerichtshof wandte jedoch diesen Paragraphen schnell auch wieder gegen Blockaden an (Juli 1995). Verschiedene Amts- und Landgerichte ließen die Anwendung des „Nötigungsparagraphen" nach dem Irak-Krieg von 2003 gegen Sitzblockaden der Friedensbewegung (resist) wiederaufleben.

- Ein menschliche Kraft schier überforderndes Engagement mitten im Krieg der NATO im ehemaligen Jugoslawien. Klaus Vack organisierte Hilfe ohne alle öffentlichen, sprich staatlichen Mittel. Die Hilfeleistungen geschahen in Absprache mit Gruppen fast überall in Jugoslawien so, dass mit der sonst oft nur propagierten Hilfe zur Selbsthilfe bis zum tz ernst gemacht wurde. Sie erfolgten durchgehend so, dass sie dem Selbstbewusstsein und Selbstvermögen der Gruppen und einzelnen in den verfeindeten Regionen im ehemaligen Jugoslawien entsprachen. Wir vermögen nicht die Hilfsformen, Hilfsinhalte und die Namen derjenigen, die nötige Hilfe antikriegerisch erhielten, die, von Klaus Vack unterstützt, hier zusammenkamen, alle erwähnen.

- Noch mitten in den Kriegen, die Jugoslawien zerstörten und, von herrschaftsgeilen Potentaten geführt, zerstückelten, erfand Klaus Vack Kinderferien mitten im Krieg. Welch einfache, menschliche Basisidee, Kindern aus den verfeindeten, herrschaftsverführt sich gegenseitig mordenden und vergewaltigenden Teilen Jugoslawiens, einen Ort am Meer zu bieten. An ihm können sie eine andere, eine ihnen gemäße Wirklichkeit spüren und spielend erfahren. An ihm können sie andere Kinder treffen und pseudoethnischem Totalitarismus entgegen erleben, dass die anderen Kinder sind wie sie. Wenige Wochen im Jahr wurde die Utopie friedlichen Menschenumgangs mit den Kindern zum spaßvollen Ruheort. Welche phantastische Leistung, im Kriegsgezeter das Einfache zu entdecken, und, das ist entscheidend, in die kindertümliche, ganz unpolitische und darum erste menschenrechtspolitische Tat umzusetzen.

- Von allem komiteelichen Anfang an verstand sich der Kampf wider die gesetzlich verankerten und zuerst staatsbürokratisch praktizierten Vorurteile wider Ausländerinnen und Ausländern allgemein und wider Asylsuchende insbesondere von selbst. Die erste Komitee-Broschüre war diesem Thema gewidmet. Als all die Aktionen nichts fruchteten – nicht zuletzt der Versuch einer „fürsorglichen Belagerung" des Bundestages im Mai 1993 – damals transformierte dieser die Verfassung und das Grundrecht auf Asyl (Art. 16 II GG) bis zur Unkenntlichkeit in das neue Grundunrecht auf Nicht-mehr-Asyl (Art. 16 a GG) –, kurzum, als es in Sachen Asylrecht, dem Lackmustest einer menschenrechtlich verbindlichen Verfassung, schlimmer und schlimmer wurde, organisierte das Komitee die symbolische Entzäunung eines Abschiebeknasts zu Worms. Ideengeber: Klaus Vack. Selbstverständlich wurden er und andere, die mitwirkten, hinterher, von den strikt auf dem Boden der Verfassung stehenden Amts- und Landgerichten, zu divers gestaffelten Tagessätzen verurteilt.

- Trotz des 100 und mehr Jugoslawien-Reisen umfassenden Engagements schmorten bundesdeutsche Konfliktfälle und Probleme nicht unbeachtet. Mit dem Eintreten für Peter Brückner hob es Anfang der 80er Jahre an. Peter Brückner war in der augenmaßlosen offiziellen Hatz auf die RAF (Rote Armee Fraktion) und ihre angeblichen Helfershelfer als einziger deutscher Professor nach Beginn der Bundesrepublik mit einem Berufsverbot sanktioniert worden. Peter Brückner, einer der aufrechtesten in akademischen Sphären, einer der besten politischen Psychologen, dessen Schriften heute wie eh und je zu lesen lohnt, zerbrach auch an diesem, ihm so wichtigen Lehrverbot früh. Dieser „Einzelfallhilfe", wie man es so nennt, folgten andere. Sie galt fast immer Personen, die ins Abseits geschoben wurden und die, selbst wo sie nicht akzeptable Dinge getan hatten, unmäßig bestraft worden sind. Brigitte Heinrich gehörte dazu, aber auch Peter Jürgen Boock, der – Mitglied der sog. zweiten Generation der RAF – sich später zum

Kronzeugen hat ummodeln lassen. Nicht umsonst hat das Komitee auch eine eigene Stelle zur Betreuung von Inhaftierten eingerichtet, die Helga Einsele, die Kundige, im Februar 2005 im 95. Lebensjahr verstorben, Fehlsame genannt hat. Und nicht zufällig versieht Sonja Vack, Hanne und Klaus Vacks ältere Tochter seit langen Jahren dieses wichtige, aufreibende und überaus frustrationsreiche Amt. Auf Klaus Vack geht es gleicherweise zurück, dass das Komitee in Tagungen, Publikationen, Petitionen und Einzelfällen wider die lebenslange Freiheitsstrafe eintritt, auf der sich die Bundesrepublik in ihrem grundrechtlich zu gründenden Rechtsstaat zu Unrecht doppelmoralisch und bigott ausruht. Als seien alle sonstigen Strafen, da der Parlamentarische Rat die Todesstrafe abgeschafft hat (Art. 102 GG), mit den Grund- und Menschenrechten, nicht zuletzt dem Ecksatz des Grundgesetzes vereinbar: „Die Würde des Menschen ist unantastbar" (Art. 1 Absatz 1 Satz 1 GG). Sie sind es nicht.

- Fast alle von uns schaffen es vielleicht und zuweilen, auf einer politischen Ebene eher lokal/regional oder eher bundesweit aktiv zu sein. Klaus Vack war mit Hanne Vack lokal und regional immer erneut aktiv. Er suchte und besaß immer seinen „Basisbezug". Sei es rund um die Aktionen wider die „Startbahn West" des Frankfurter Flughafens, sei es wider den Atomkomplex in Hanau mit seinen tückischen Risiken oder sei es gegen Tiefflieger, die viele Odenwälder allein mit ihrem Krach in Angst und Schrecken versetzten, von den gesundheitlichen und umweltbezogenen Schäden nicht zu reden. Dagegen ließ Klaus Vack an erster Stelle in jeder Hinsicht ungefährliche Ballons aufsteigen. Er organisierte eine „Ballonbewegung". Eine Gasflasche, mit der die großen Ballons gefüllt werden können, stand lange mitten im Vackschen Obersensbacher Garten. Dass Hanne und Klaus Vack von den frühen 1980er Jahren an lokal/regional friedenspolitisch mobilisierten, versteht sich von selbst. Das viele Jahre aktive „Odenwälder Friedensforum" mit seinen Ostermärschen verdankt ihnen viel. Diese Aktivitäten hielten gegen den Kosovo-Krieg an – der ersten vollen Kriegsbeteiligung der BRD nach dem 2. Weltkrieg. Sie reichten bis zu den terroristischen, antiterroristisch gezielten Kriegen nach dem 11.9.2001 mit – und zu einem wahlpolitisch günstigen Teil ohne – direkter bundesdeutscher Beteiligung.

Nach dem Komitee heißt für Hanne und Klaus Vack – bislang – nicht vor dem Komitee, sprich vor neuen Aktivitäten in alten und neuen Zusammenhängen. Wer gute fünf Jahrzehnte lang so viel politisches Blut ohne behutsame Eigenökonomie gespendet hat, kann zuweilen nicht mehr, weil er körperlich erschöpft ist. Dies möchte bei einem politischen „Triebtäter", wie wir Klaus Vack zuweilen in freundschaftlicher, mit Bewunderung gemischter Ironie genannt haben, nur ein vorübergehender Zustand sein. Wenn er nicht nur ausgeruht, wenn er – mit Leon Feuchtwanger gesprochen – aufgeruht, also aufgetankt, in der Muße Kraft für die politischen Aktivitäten angereichert hätte, dann stellte sich die Notwendigkeit politisch zu handeln von selbst wieder ein, bei einem zumal, der im Tun alle seine Phantasie, all seine Intelligenz und alle seine andere überzeugende Kraft gewonnen und bewährt hat.

Das Alter fordert gesundheitlich Tribut. Das kann man nur hinnehmen, ohne sich in Hass und Bitterkeit zu verschließen. Man kann dagegen kämpfen. Indes nur in Maßen. Also bleibt Klaus Vack ein zoon politikon, ein rundum politisches Wesen im radikaldemokratisch-anarchisch, sozialistisch menschenrechtlich besten Sinne des Wortes. All diese Adjektive, zu denen mehr gesellt werden könnten, wirken letztlich tautologisch. Sie meinen dasselbe: einen Ekstatiker des aufrechten Gangs, der darum unablässig bestrebt ist, sich und anderen dessen Bedingungen zu schaffen. Einen, der den Mut, sich seines eigenen Verstandes zu bedienen, nie und von niemandem hat einschränken lassen. Von keiner Selbstsucht auch und keinem noch so verlockenden Machttrieb. Der darob aber nicht arrogant, sondern radikaldemokratisch sozialistisch aktiv für alle anderen ausging, die Bedrückten, die Verarmten und die Beleidigten zuerst, gesellschaftliche Zustände zu schaffen und politisch gesellig selbst zu üben, die Freundschaft und Liebe mit in ihnen aufgehobenem Streit nicht als leeren Wahn „realpolitisch" disqualifizieren.

Nicht um Vorbilds-Konstruktionen ist es zu tun, betrachtet man Klaus Vacks glücklicherweise anhaltendes, immer noch mit Möglichkeiten angefülltes Leben. Wohl aber mag es weit über den Tag hinaus beglücken, dass solche politischen Charaktere mitten in dieser Bundesrepublik möglich waren, sind und bleiben. Wenn Nachkommende ein wenig in Klaus Vacks treffliche, durchgehend antiautoritäre, jedoch erheblich fordernde politische Schule gehen, können sie für sich selbst und andere, gerade für diesen unabdingbaren sozialen Zusammenhang von ich und anderen, von vielen Du's lernen. In seinen Grenzen nicht auszumessen. Das aber macht dann den Spaß und das Glück nicht in Entfremdungen „individualistisch" erschöpfter Menschen.

Gespräch mit Helmut Gollwitzer*

Vorbemerkungen

Das Gespräch mit Helmut Gollwitzer führte Klaus Vack rund um dessen 70. Geburtstag am 29.12.1978. Dieses Gespräch dreht sich nicht um den „Sozialismus mit einem menschlichen Antlitz“ als historische Möglichkeit der längst vergangenen Gesellschaften des Ostblock, auch wenn diese Formulierung an den unvergesslichen Prager Frühling von 1968 und seinen „Kommunismus mit menschlichem Antlitz“ erinnert. Letzterer ist bekanntlich von Sowjetpanzern blutig niedergemacht worden. Der Anfang vom Ende sowjetkommunistischer Zukunft. Die Kombination „Sozialismus mit menschlichem Antlitz“ verstand sich für Klaus Vack und Helmut Gollwitzer in einem anderen Sinne von selbst. Ihnen geht es darum, dass die kapitalistisch eingenommene Erde nur menschlich werden könne, wenn die kapitalistische Globalisierung gründlich anders und das heißt in sozialistisch-radikaldemokratischer Richtung vergesellschaftet werde.

Wir haben dieses mit Helmut Gollwitzer vor 27 Jahren geführte Gespräch aus mehreren Gründen für den Band ausgewählt. Zum ersten der politischen Inhalte und Verhaltenselemente halber, die aus dem Gespräch hervorscheinen. Sozialismus ist das Thema. Darüber unterhalten sich die Gesprächsbeteiligten, wie dieser im politischen Engagement und als politisches Ziel, selbstredend in der Form radikaldemokratisch, im Sinne der materiellen Fundierung der Menschenrechte in dürren Zeiten durchgehalten werden könne. In Zeiten, da seinerzeit schon galt und heute mehr denn je zu gelten scheint: der Mensch ohne kapitalistische Alternative. Anders als beim älteren Gesprächspartner, Helmut Gollwitzer, verstand sich Sozialismus als gesamtgesellschaftliche Prägeform bei Klaus Vack, Handwerkerkind in der Arbeiterstadt Offenbach, von all seinem denkend fühlenden Anfang im Umkreis der noch

* Gespräch von Klaus Vack (zusammen mit Wolf-Dieter Narr) mit Helmut Gollwitzer aus Anlass von dessen 70. Geburtstag am 29.12.1978 (abgedruckt in: links, 11. Jg., Nr. 106 und 107, Jan./Febr. 1979, S. 11-14 und S. 25-28)

lebendigen Traditionen der Arbeiterbewegung von selbst. Dieses Selbstverständnis bildet – unbeschadet der geschichtlichen Veränderungen und lernender Entwicklung – den starken roten Faden, der alle beruflich-politischen Etappen von Klaus Vack zusammenhält.

An nicht nachrangiger zweiter Stelle ist die Person hervorzuheben, der dieses Gespräch aus Anlass ihres 70. Geburtstags gilt: Helmut Gollwitzer. Aus dem Kreis der vielen Personen, mit denen Klaus Vack früh Kontakt hatte, die auf ihn wirkten, von denen er, mitmachend, bald verantwortlich Politik organisierend, lernte, älteren Personen oft, die von den Geschehnissen der ersten Hälfte des 20. Jahrhunderts gerüttelt, geprägt und geprüft worden sind, sticht die Freundschaft mit Brigitte und Helmut Gollwitzer hervor. Sie knüpfte sich in den frühen Jahren der Ostermarschbewegung Anfang der 1960er Jahre. Helmut Gollwitzer, Pastor und Professor für Theologie an der Freien Universität Berlin, in Zeiten der Bekennenden Kirche in Berlin-Dahlem neben und nach Martin Niemöller zu einem Mann mit eigenem Profil geworden, war ein besonders „ungewöhnlicher" Mensch. Mit seinem gelebten Christsein, das darum fast notwendig sozialistisch praktisch werden musste, mit seiner unverwüstlichen Vitalität und seiner Traute, sich auch im Zweifel seiner selbst bewusst, vor keiner Aufgabe und Berührung zurückschreckend, hätte er auch noch den „Teufel" wie einen Menschen getroffen und ihn, wenn schon nicht bekehrt, so doch friedsam mit Wort und Tat zur Ruhe gezwungen. Und dieser „Golli", wie ihn die meisten von uns nannten, und Klaus Vack waren ein innig miteinander in ihren verschiedenen Fähigkeiten korrespondierendes Paar. Das galt durchaus, obwohl Klaus Vack mit der Kirche und ihrer institutionalisierten und verdinglichten christlichen Propaganda wenig anzufangen wusste und weiß. Das galt auch für viele andere Personen, die ihren christlichen Glauben, in Lutherdeutsch ausgedrückt, nicht vergeblich im Munde führten. Martin Niemöller vor allem, den großen alten Mann, noch vom 1. Weltkrieg geprägt, dann in der Auseinandersetzung mit den Nationalsozialisten zu einem politischen und glaubensvollen Protestanten „bekehrt". Oder Heinrich Albertz, Regierender Bürgermeister der Stadt Berlin (West), der mit dem Schah von Persien die Oper besuchte, als Benno Ohnesorg in der Gegendemonstration vom

Polizeimeister Karl-Heinz Kurras am 2. Juni 1967 erschossen wurde. Noch in der Nacht rechtfertigte Albertz das Verhalten der Polizei, erkannte jedoch wenig später seinen schlimmen Fehler. Er leistete Trauerarbeit, indem er sich für alle Mühseligen, Beladenen und Verfolgten voll des persönlichen Risikos in den politischen Streit mischte. Und als ganze Person überzeugte. In all den 1970er und 80er Jahren gab es zwischen Heinrich Albertz und Klaus Vack einen lebendigen Draht und oftmals ein Zusammenwirken. Vorstellen müssten wir andere ungewöhnliche Personen, die Klaus Vacks radikaldemokratisch gelebten Sozialismus in von ihm ausströmender Solidarität mitprägten, sich an ihm beteiligten. Von den Naturfreunden, ihren auch lokal in Offenbach präsenten führenden Mitgliedern, von Gewerkschaftern wie Willi Buckpesch müsste ausführlich die Rede sein. Dann vor anderen von Fritz Lamm, dem Ursozialisten aus Stuttgart, vom dem schon der junge Kindergruppenleiter der Naturfreunde Offenbach, Klaus Vack, lernte. Und viele, viele andere mehr, die darum nicht weniger wert und auch im Umfeld Klaus Vacks – wenigstens zeitweise – wichtig waren bzw. sind. In der Personenfülle von Freundschaften stiftendem politischen Zusammenarbeiten und Politik stiftenden Freundschaften kommen zwei Kernmerkmale des Vackschen Politikverständnisses und Politiktreibens zur Geltung. Der sozialistisch solidarische Anspruch wird nicht nur propagiert, er wird in den eigenen Umgangsformen mit anderen gelebt. So sehr sozialistische Politik in der Bundesrepublik Kritik an herrschenden Verhältnissen und ihren Vertretern üben muss, so sehr ist sie in Form und Inhalt auf andere, auf Freundschaften als politischen Kern ausgerichtet. Das ist das Positive. Darum kann diese Politik von denjenigen, die sie vertreten, auch besser durchgehalten werden. Vereinzeln gilt nicht.

Gespräch mit Helmut Gollwitzer

Helmut Gollwitzer wird am 29. Dezember 1978 siebzig Jahre alt. Das überrascht. Denn nicht nur denjenigen, die ihn etwas kennen – und das sind viele – und ihn liebevoll-ehrfürchtig „Golli“ nennen, ist eben dieser Golli eine Institution, der man vertraut, auf die man bauen kann.

Da gibt es eine verzwickte Situation: man braucht jemand, der integer und nicht korrumpierbar – auch nicht in seiner Kritik – überzeugend im strengen Sinne des Wortes auszusagen und zu handeln vermag. Einer, mit dem man immer rechnen kann, wenn es um Risiko und Engagement, um menschliches Risiko und sozialistisches Engagement, geht.

Wir alle gehen mit ihm nicht sparsam um. Er selbst hat nie mit sich geknausert, vielmehr freizügig und gezielt in konkrete sozialistisch-demokratische Richtung gewirkt und ausgegeben. Und siebzig Jahre nun wird dieser Golli, der so vital zu sprechen und zu diskutieren, der so konzentriert zuzuhören und Pfeifenrauch verbreitend zu arbeiten versteht. Das ist kein alter Mann, mit dem man nun behutsam umgehen müßte. Das ist nach wie vor der Freund und Genosse, der da ist, wenn's brennt und nicht nur dann.

Wir gratulieren, nicht wie man dies bei einem „Jubilar" tut, sondern wie man dies einem älteren Genossen gegenüber tut, der einem viel geholfen, von dessen Beispiel man viel gelernt hat, der einen immer noch vieles lehrt und zu lehren hat, der verlässlich ist in Wort und Tat. Den Anlass seines 70. Geburtstags nutzend, führten Wolf-Dieter Narr und Klaus Vack Ende November für „links" ein ausführliches Gespräch mit Helmut Gollwitzer, das uns trotz seiner Länge wichtig genug erscheint, mit nur geringfügigen Kürzungen abgedruckt zu werden.

Die „links"-Redaktion

Zur Motivation und Orientierung

In Deinem Buch „Krummes Holz – Aufrechter Gang. Zur Frage nach dem Sinn des Lebens" formulierst Du als Maxime und unterstreichst sie selber: „Es kommt darauf an, für den Fortschritt zu kämpfen, ohne aber an ihn zu glauben." Unmittelbar im Anschluss daran zitierst Du Jeremias Gotthelf: „Wer es nicht der Mühe wert findet, bessere Zeiten herbeizuführen, der ist auch nicht gut genug für bessere Zeiten." Dass heute ein Sozialist, der sich selbst und andere nicht täuschen will, nicht (nicht mehr) davon ausgehen kann, dass „die Geschichte mit uns" ist, muss man, so schmerzlich es sein mag, eingestehen. Woraus aber schöpft dann ein Sozialist seine Kraft, was macht es für ihn individuell und für andere wertvoll, ohne Gewissheit, ja vielleicht trotz einer größeren Wahrscheinlichkeit, dass man Niederlagen einstecken wird, für eine humanere, für eine sozialistische Gesellschaft einzutreten?

Gollwitzer: Als ein herausragendes Kennzeichen unserer Periode gegenüber früheren im Bereich der letzten 200 Jahre wird oft die Krise des Fortschrittsglaubens angegeben. Mit Fortschrittsglauben ist gemeint die Überzeugung, dass die Geschichte der Menschheit sich in einem positiven Sinn voran bewegt, um es mit Hegel zu sagen, als eine Geschichte der Freiheit, als ein immer Näherkommen zu einer freiheitlichen Gesellschaft, eine Geschichte der Menschwerdung des Menschen. Ohne Zweifel gehört der historische Marxismus in diesen Zusammenhang hinein. Auch bei Lessing findet man die Vorstellung von der Geschichte als die Erziehung des Menschengeschlechts, eine von Gott veranstaltete evolutionäre Erziehung des Menschengeschlechts von der Barbarei der Kindheit zur Reife einer wirklich zivilisierten Menschheit. Der Fortschrittsgedanke resultiert aus dem Christentum. Andere Religionen haben die irdische Geschichte als ein Chaos von sinnlosen Ereignissen, als eine Kreisbewegung gesehen, als eine kosmische Ordnung, in der Veränderung immer das Negative war und aus der man heraufsteigen muß in eine Oberwelt, eine jenseitige Welt. Die jüdisch-christliche Überlieferung dagegen hat Geschichte heilsgeschichtlich gesehen, auf ein göttliches Ziel hin, eine wirklich gerettete und erfüllte Menschheit, das Reich Gottes. Später wird der Fortschrittsgedanke säkularisiert. Der Fortschrittsglaube seit Lessing und der Aufklärung ist eine verweltlichte Form dieser christlichen Vorstellung eines Sinns der Geschichte, einer Bewegung der Geschichte auf ein positives Ziel hin.

Warum war denn diese positive Ziel-Zukunftsbezogenheit über die Gegenwart auch des einzelnen Lebens hinaus gerade auch für die politisch Aktiven und die emanzipatorischen Massenbewegungen so wichtig?

Gollwitzer: Die Zukunftsbezogenheit hat die Menschen, auch die, die nie ein philosophisches Buch gelesen haben, sehr viel mehr erfüllt als man sich vorstellen kann; vor allem war es das Pathos der arbeitenden

Bevölkerung. In einem herausragenden Sinn, noch in den Briefen hingerichteter Widerstandskämpfer, die ich mit herausgegeben habe, sind die Briefe gerade kommunistischer und sozialistischer Widerstandskämpfer Zeugnisse dieser Hoffnung, auch der Faschismus wird etwas Vorübergehendes sein, am Ende steht das erfüllte Leben der Menschheit, für das wir kämpfen, die humane Gesellschaft. Zu der Bewusstseinsveränderung der Arbeiterschaft, wie wir sie als politisches Problem bei uns ständig empfinden, zum Verschwinden des Klassenbewusstseins gehört auch dieses Verschwinden des Fortschrittsglaubens. Die mit dem Kapitalismus sich abfindende Arbeiterschaft ist zugleich in einer tief resignierten Stimmung; sie sieht so wenig wie die ganze kapitalistische Gesellschaft mehr ein Ziel. Auch der frühbürgerliche Fortschrittsglaube ist verschwunden. Das Ziel der heutigen kapitalistischen Gesellschaft, wie es sich, im Wachstumsziel etwa ausdrückt, ist nicht mehr, als Erhaltung, vielleicht noch Verbreiterung des Gegenwärtigen, aber alles andere ist abgeschoben in den Bereich der Utopie, des Wunschtraums.

Welche Folgen hat denn der Verlust des Fortschrittsglaubens?

Gollwitzer: Ganz sicher eine tiefe Krise des Bewusstseins, weil es der Zustand eines hoffnungslosen Bewusstseins ist. Darum nehme ich das Ende des Fortschrittsglaubens sehr ernst und meine, dass ihr mit dieser Frage nach dem Satz aus meinem Buch zugleich ein sehr allgemeines Problem heute angesprochen habt. Mindestens für den Teil der Menschheit, den man heute die entwickelte Industriegesellschaft nennt. Auch Meinungsumfragen in der Jugend der osteuropäischen Länder des so genannten realen Sozialismus haben übrigens ergeben, dass dort der offiziell gepredigte Fortschrittsglaube, d.h. die Überzeugung, dass wir auf dem Weg zur kommunistischen Gesellschaft sind, auf größte Skepsis stößt. Auch dort ist in Wirklichkeit an die Stelle einer tragenden Hoffnung weithin die Ziellosigkeit und die Resignation getreten.

Selbstlosigkeit – ein oft anfechtbares Ethos

Unbeschadet der Frage, ob der Fortschrittsglaube begründet war oder nicht, hat er nicht ernorme praktische Folgen gezeitigt? Hat nicht der Fortschrittsglaube ein Stück Fortschritt selbst bewirkt?

Gollwitzer: Ohne Zweifel. Der Sozialismus war, was den einzelnen Sozialisten und Proletarier in der Arbeiterbewegung anlangt, zugleich eine Bewegung großer Selbstlosigkeit. Alle sozialistischen und kommunistischen Märtyrer wussten, dass sie selbst die gute, die menschlichere Gesellschaft nicht mehr erleben. Das Ethos, das sie erfüllt hat, war gerichtet auf kommende, vielleicht noch weit entfernte Generationen und geprägt von großer Selbstlosigkeit. Damit war es auch ein sehr anfechtbares Ethos. Bloch zitiert aus dem Roman „Ssanin" des russischen Schriftstellers Artzibaschew, der nach der Revolution von 1905 geschrieben wurde, den Satz eines dann abfallenden revolutionären Kämpfers an seine früheren Genossen, „er verschmähe es, sich aufhängen zu lassen, damit die Arbeiter des 32. Jahrhunderts keinen Mangel an Nahrung und Geschlechtsgenüssen leiden." Dieser anfechtenden Frage gegenüber haben viele Sozialisten tatsächlich standgehalten. Das war ihr enormes Ethos.

Allerdings war bei der Arbeiterbewegung – das darf man nicht vergessen – der Einsatz für die Zukunft immer verbunden mit jetzt schon erfahrbaren Fortschritten. Jetzt schon wird etwas herausgeschlagen, der Acht-Stundentag, Arbeitserleichterungen usw. Diese konkreten Erfolge waren aber auch immer mit der Perspektive verbunden, um es mit Tucholsky zu sagen, „gut, das ist der Pfennig, aber wo ist die Mark?", also wir wollen die ganze, eine ganz und gar humane Gesellschaft.

Du hast jetzt dargestellt, welche enorme Bedeutung der Fortschrittsglaube nicht zuletzt auch in der Geschichte der Arbeiterbewegung gespielt hat, und zwar auch eine positiv öffnende, motivierende Bedeutung. Uns scheint aber, dass der Fortschrittsglaube zum Teil auch eine negative Bedeutung gehabt hat, etwa in dem Sinne, dass er Kosten hier und heute hat rechtfertigen lassen, die nicht zu rechtfertigen waren, mit dem Argument: aber es dient der Zukunft. Auch der

Stalinismus hat ja bekanntlich den Fortschrittsglauben für sich ausgebeutet.

Gollwitzer: Stalin hat, ich glaube bei der Zwangskollektivierung der Landwirtschaft ungefähr folgendes gesagt: Wir pressen hier das Leiden von hundert Jahren Menschheit in das Leben einer Generation. Mit dem Fortschrittsglauben hat sich also nicht nur der sozialistische Kämpfer in seinem eigenen Leiden und Märtyrium getröstet. Der Fortschrittsglaube diente auch dazu, die anderen zugefügten Leiden zu rechtfertigen, weil die Fortschrittslinie mit der Parteilinie identifiziert worden ist. Es ist aber etwas ganz anderes, ob ich meiner eigenen Aufopferung einen Sinn gebe in dem, was für andere Menschen rauskommt, oder ob ich als Herrschender – es handelt sich hier ja um einen zur Herrschaft gekommenen Marxismus – meine Maßnahmen mit der Verheißung einer besseren Zukunft rechtfertige.

Es gibt noch einen anderen wichtigen Punkt an dem der Fortschrittsglaube zweifellos negative Folgen zeigt. Das ist dort, wo mit einem einseitigen Fortschrittskonzept das eurozentrische Weltbild, d.h. die europäische Entwicklung als allgemein gültig gesetzt wird. Über den Kapitalismus hinaus wird die weitere Entwicklung der Produktivkräfte und Sprengung der Produktionsverhältnisse mit sozialistischem Ziel gedacht. Für die Völker der Dritten Welt wird dies als das von ihnen ebenfalls zu erreichende Ziel angesehen mit all den Opfern ihrer eigenen Tradition von den Indianern bis zu anderen Kulturen. Wir geben unsere Kultur und das Ziel, das wir für unsere Kultur setzen, als den Fortschritt aus, der auch für sie gilt und dem auch ihre ganze Kultur geopfert werden muss.

Gegenwärtig steht aber nicht nur der Fortschrittsgedanke in Frage, es droht, so scheint uns, eine geradezu globale Regression, ein Zurück selbst im Hinblick auf das gegenwärtig Erreichte.

Gollwitzer: In der Tat. Das wird am stärksten sichtbar, seit die ökologische Bedrohung der Menschheit bewusst geworden ist. Bei den Warnungen unserer Ökologen spielt ja das Wort von irreversiblen Veränderungen eine große Rolle, d.h. dass hier verhängnisvolle Tatsachen geschaffen werden, die nicht mehr zurückgedreht werden können. Ich will gar nicht von dem hier noch möglichen, ja sehr wohl möglichen Atomkrieg sprechen, der die Menschheit zurückwerfen würde in einen Zustand der Barbarei, sondern von vielem anderen, vom Raubbau an Ressourcen und allem Möglichen. Zwar kenne ich aus der sowjetischen ökologischen Literatur noch einen ziemlich unverzeihlichen Fortschrittsglauben, der überzeugt ist, ähnlich wie der amerikanische technologische Fortschrittsglauben, dass technische Entwicklungen dies alles wieder beherrschbar machen. Aber das ist sehr umstritten.

Es lohnt sich, Sozialist zu sein

An dieser Stelle möchten wir noch einmal auf unsere Eingangsfrage zurückkommen, indem wir eine Art These aufstellen. Wir würden behaupten, individuell gesehen, für jeden persönlich, lohnt es sich, Sozialist auch in einer kapitalistischen Gesellschaft Bundesrepublik oder anderwärts zu sein, selbst wenn die Zweifel daran, ob wir eine sozialistische Gesellschaft erreichen, berechtigt sind. Denn es ist ja auch eine Erfahrung, dass man für das eigene Selbstbewusstsein, für das eigene Rückgrat sozusagen, für den aufrechten Gang ungeheuer viel an Gaben erhält, wenn man selber in seinem alltäglichen Leben erstens keine Beherrschung von Menschen braucht – dann wird man erst frei, sonst stellt sich das Herr-Knecht-Verhältnis jeweils erneut wieder her – und zweitens, dass der Einsatz für eine wirklich humane Gesellschaft denjenigen, der sich engagiert, auch selber humanisiert. Wenn Brecht in einem Gedicht, wo ein Pferd zusammengebrochen ist, fragt, welche Kälte muss über die Menschen gekommen sein, wer schlägt so auf sie ein, dass sie so kalt sind gegen das Elend um sich herum, dann trifft das heute auch für unsere Mitmenschen zu. Da müssen wir ansetzen, und zwar, obwohl wir eine verschwindende Minderheit sind, dennoch ohne Stellvertreteransprüche.

Gollwitzer: Gut, hier ist ein moralisches Moment, das keiner geschichtsphilosophischen Begründung bedarf. In einer Welt, in der neben mir und um mich herum die Menschen verhungern, kann ich nicht ruhig in meiner Villa sitzen bleiben. Ich kann also nicht so existieren, wie zum Beispiel ein großer Teil lateinamerikanischer Villenbesitzer und Großbourgeois existiert: Eintreten für eine Wirtschaftsordnung und politische Ordnung, die mir Reichtum sichert, und alles niederschlägt, was neben mir die Situation der verelendeten Massen verbessern würde. Das wäre unmenschlich. Meine Ablehnung einer solchen Einstellung mag aus christlichen Motiven kommen oder weil ich einfach ein Mensch bin, der gegenüber Leiden anderer Menschen nicht gleichgültig sein kann. Dieses moralische Moment ist das Drängende der Not des anderen, die mir das unbekümmerte privilegierte Leben unmöglich macht. Das bedarf jedoch einer Ergänzung, die ich erfahren habe als christlicher Theologe durch das marxistische Denken, denn die traditionelle christliche Ethik hat das Eintreten für den anderen gewöhnlich altruistisch begründet: „Liebe deinen Nächsten wie dich selbst!", heißt: wie du bisher dich um dich selbst gekümmert hast, so sieh jetzt von dir ab und wende dich ganz deinem Nächsten zu! Gegenüber vielen Stellen im Neuen Testament ist dies eine gewisse Verkürzung, auf die mich persönlich der Marxismus aufmerksam gemacht hat, der ja nie verzichtet hat auf politische Motivation, die von diesem christlichen Altruismus aus egoistisch ist, in der richtigen Einsicht, dass man einzelne zwar bewegen kann durch selbstlose Motivation, dass man Massen aber nur bewegen kann durch Ziele, die in ihrem eigenen Interesse liegen. Das führt mich zu der Frage, ob denn Selbstlosigkeit eine wirkliche Beschreibung dessen ist, was einer, auch wenn er aus christlichen Motiven Nächstenliebe versucht, wirklich tut. Er hat das Wohl und das Glück des Nächsten im Auge, muss aber ja zugleich sagen, dass er etwa durch sein Christwerden ein Mensch geworden ist.

Das ist sicherlich entscheidend, dass man nicht verlangen darf, im politischen Engagement von sich selbst abzusehen. Aber besteht der Gewinn den man selbst aus dem eigenen politischen Engagement zieht, nicht in noch mehr als der von Dir bis jetzt angedeuteten etwas beliebigen Erwägung, dass man es „schöner" findet, andere nicht beherrschen und ausbeuten zu müssen, vielmehr gegen Herrschaft und Ausbeutung einzutreten? Das eigene Menschsein selbst kann sich doch erst im sozialen und politischen Engagement verwirklichen.

Gollwitzer: Ja, dieses Moment der Befriedigung auch meiner eigenen Interessen, und zwar nun über die materiellen Interessen, die im proletarischen Kampf ihren legitimen Platz haben, hinaus, dieses Moment der eigenen Selbsterfüllung und Selbstverwirklichung kommt selbstverständlich hinzu. D.h. also, auch um meiner selbst willen, um meines Menschseins willen, auch um meines Glücks willen, um der Erfüllung willen, die ich im solidarischen Kampf mit Genossen immer wieder erlebe. Wir haben zwar nicht gerade tolle äußere Erfolgserlebnisse, aber wir haben innere Auftriebserlebnisse immer wieder im Zusammensein mit Genossen, im Angreifen einer Arbeit usw., so dass wir in der Stunde der Anfechtung, wo uns die Frage kommt: „Mensch, sollst du nicht alles liegen lassen und ins Privatleben abgehen, dort hast du es viel ruhiger?“, uns selbst aus diesen Erfahrungen sagen: „Nein, anders möchte ich eigentlich nicht leben, dieses Leben, bei allem, was es kostet, lohnt sich mehr für mich selbst als ein äußerliches materiell egoistisches Leben.“ Von da aus, selbst wenn es wirklich später wäre als wir denken, selbst wenn die Alternative Sozialismus oder Barbarei nicht mehr vor uns stünde, sondern zugunsten der Barbarei schon unabwendbar entschieden wäre, würde genau all das gelten, was wir jetzt aufgezählt haben. In der Zeit zunehmender Not der Menschheit finden wir unser eigenes Menschsein offenbar nur darin, dass wir, mag auch das Ganze abwärts gehen, für das Bessere arbeiten, und zwar nicht nur im karitativen, im persönlichen Bereich, sondern auch politisch, kollektiv und allgemein.

Der Atheismus ist ein historisches Attribut des Marxismus, kein wesenhaftes

Ist denn die apokalyptische Sicht, ein umgekehrter negativ gewordener Fortschrittsglaube sozusagen, so eindeutig und so plausibel? Ist sie nicht ihrerseits wenigstens mit einem Fragezeichen zu versehen?

Gollwitzer: Die Hoffnung, doch etwas zu erreichen, kann und soll man nicht nur nicht austilgen, sie hat ihren, wenn auch nicht mehr absolut gewissen Grund. Man muss nämlich sagen, dass auch die apokalyptische Sicht, mag sie viele Argumente haben, so wenig Gewissheit besitzt wie die optimistische Sicht. Es ist tatsächlich noch alles unentschieden. „Solange ich atme, hoffe ich“, sagt Albert Camus. So ist also jede Tat, mit der wir uns selbst erfüllen, indem wir für Besseres auch für unsere Mitmenschen uns einsetzen, eine sinnvolle Tat und das Weiterreichen einer Hoffnung, vielleicht wie Luther gesagt hat, eine „Hoffnung wider die Hoffnung".

Ist dieses Hoffen wider die Hoffnung, dieses Glauben, obwohl, ja weil es „absurd" ist, nicht ein urchristliches, ein urprotestantisches Motiv, das man Nicht-Christen nicht ohne weiteres vermitteln kann?

Gollwitzer: Mit allem, was wir bisher gesagt haben, haben wir nichts gesagt, was nur der eine oder nur der andere von diesen beiden Typen von Sozialisten, also Sozialisten christlicher oder nichtchristlicher Eigenart, aussprechen könnte. Dies alles könnten sie völlig gemeinsam aussprechen, aus einer Vision des wirklichen Menschseins. Von letzterer kann man vielleicht geistesgeschichtlich sagen, dass sie sich einem moralischen Schub in der Menschheitsgeschichte verdankt, der mit Neues Testament zu umschreiben ist. Es gibt solche Schübe der Menschheitsgeschichte, wo vergangene Moralen überwunden werden zugunsten anderer. Das war ein Argument für den Fortschrittsglauben. Die spartanische Moral war eine brutale gegenüber der athenischen, die schon einen erweiterten Begriff von Humanität hatte. So ist das Ethos des Neuen Testaments, die Menschensicht des Neuen Testaments, Liebe und Selbsterfüllung in der Liebe zum anderen usw., ein neuer moralischer Schub gewesen, der in anderen Religionen so nicht da war. Dieser Schub hat sich noch kaum verwirklicht in diesen 2000 Jahren. Dennoch, was wir gerade für den Sozialisten beschrieben haben, an Lebensgefühl und Sicht des Sinns des Lebens und der Beglückung des Lebens im Eintreten für eine bessere Gesellschaft, für andere, kann sich möglicherweise diesem christlichen Schub zu verdanken haben. Das würde ich, wenn ich Atheist wäre, ohne weiteres zugeben.

Wenn man diesem Urteil folgt, ist denn dann der Unterschied zwischen einem christlichen Sozialismus und einem nichtchristlichen Sozialismus überhaupt noch relevant? Willst Du sagen, beide Seiten haben hinzugelernt?

Gollwitzer: Wir stellen erst mal fest, dass entgegen der Auffassung der Dogmatisten auf beiden Seiten von Christentum und Marxismus, nämlich der Unvereinbarkeitsauffassung, es heute das merkwürdige Phänomen gibt, nämlich Christen, die Marxisten sind, und Marxisten, die Christen sind. Daneben gibt es die nicht-marxistischen Christen und atheistische Marxisten. Meine Überzeugung ist erstens, dass der Atheismus ein historisches Attribut des Marxismus ist, aber nicht ein wesenhaftes Attribut. Ich setze den Marxismus zum einen nicht mit dem Sozialismus gleich, sondern verstehe ihn als ein theoretisches Instrument des Sozialismus. Wir empfehlen marxistische Theorie dringend allen Sozialisten, können sie ihnen aber nicht oktroyieren. Und nicht-marxistische Sozialisten, deren es viele auf der Welt gibt, sind uns als Bundesgenossen sehr willkommen. Zum zweiten ist Marx'sche Theorie (siehe Engels „Der Sozialismus auf dem Weg von der Utopie zur Wissenschaft") ein wissenschaftliches Instrument, das sich ständig wissenschaftlicher Kritik stellen muß und sich wissenschaftlich und praktisch immer aufs neue bewähren muß. Infolgedessen muß es auch ständig revidiert und modifiziert werden. Als solches ist die Marx'sche Theorie ein wesentliches Instrument zur Veränderung weltlicher Zustände; sie kann darum keine metaphysischen Sätze enthalten. Der Satz „Es gibt keinen Gott" ist genauso ein metaphysischer Satz wie die Feststellung „Doch, es gibt Gott". Mit der Parteiergreifung für den Atheismus hat sich der traditionelle Marxismus metaphysisch übernommen.

Die Frage nach dem Verhältnis von Christen und Atheisten innerhalb der sozialistischen Bewegung kann man nur beantworten, wenn wir, wozu uns Bloch schon angeleitet hat, die Ausschließlichkeitsvorstellung wechselseitig aufgeben. Religion birgt beide Möglichkeiten in sich: eine regressive und eine progressive. Manche Religion weniger, manche Religion mehr. Mit Bloch war ich einig, die jüdisch-christliche in besonderem Maße, sowohl die Möglichkeit der Weltflucht wie des Impulses zur Weltgestaltung, sowohl die Möglichkeit, Ideologie der Herrschenden zu werden, wie die Möglichkeit der kritisch-explosiven Bewegung und der Zersetzung von Herrschaft und also auch die Möglichkeit des Impulses für revolutionären Einsatz. Wenn man das beobachtet hat und zugleich Marxismus als theoretisches Instrument versteht, kann man von der marxistischen Seite her völlig offen sein dafür, dass es Leute gibt, die an ihrem christlichen Glauben festhalten und ihren Glauben praktizieren und zugleich in der marxistischen Diskussion genauso wie im politischen Kampf völlig als Gleichberechtigte auftreten und nicht nur als Bundesgenossen, sondern als Genossen anerkannt werden. Von Seiten der Christen ist hier nur die Erkenntnis fällig, die sie im Laufe der 400 Jahre Neuzeit ohnehin haben gewinnen müssen: eine ausschließlich christliche Welt gibt es nicht. Die mittelalterliche Welt war eine zweifelhaft christliche Welt und ist unwiederholbar. Christen leben überall mit Atheisten zusammen. Christen entdecken in Atheisten Vorbilder und Tugenden, von denen sie sich eine Scheibe abschneiden können. Umgekehrt kann es einem atheistischen Sozialisten nur recht sein, wenn jemand in dieser Situation der Anfechtung, wie wir sie im Zusammenhang mit dem Stichwort des Fortschrittsglaubens beschrieben haben, Stärkung bezieht aus Quellen, über die er als atheistischer Sozialist nicht verfügt.

Politischer Kampf und persönliche Stärke

Ansatzpunkte in der Bundesrepublik

Wir möchten jetzt gerne etwas gezielter auf konkrete Ansatzpunkte für uns in der Bundesrepublik zu sprechen kommen. In Deiner Rede an Ulrike Meinhofs Grab hast Du gesagt: „Hätte sie bei uns mehr Menschen gefunden, ebenso bereit mitzukämpfen für eine menschenfreundlichere Gesellschaft und nicht zuerst darauf bedacht, die eigene Haut zu retten, wären wir ebenso entschieden und rücksichtslos gegen uns selbst gewesen, vielleicht hätte sie dann mit uns eine Strategie der Befreiung gesucht, die anders ausgegangen wäre und nicht gezeichnet von Hass und Gegenhass. Dafür fehlt sie uns jetzt." Wo siehst Du, wenn wir einfach so direkt fragen dürfen, Ansatzpunkte hier und heute und spezifisch-konkret für einen solchen Kampf? Was können wir denen entgegenhalten, die sich ins Landhaus flüchten oder an den Strand von Tunix reisen?

Gollwitzer: Ich hoffe, es wirkt nicht billig, wenn ich hier auf das Sozialistische Büro (SB) verweise. Wo sind heute hier bei uns Ansätze für den Kampf für eine menschenfreundliche Gesellschaft? Das SB hat, als wir damit vor etwa 10 Jahren angefangen haben, in einer mir damals sehr eindrücklichen Weise die Frage ähnlich gestellt. In den ersten Rundbriefen standen solche Erwägungen: Wo sind in unserer heutigen Gesellschaft Risse, die auch dem einzelnen Menschen fühlbar werden und an denen angeknüpft werden kann bei unserer Systemkritik, um denen, die sich relativ wohlfühlen in dieser Gesellschaft oder mindestens meinen, Besseres als wir gerade haben, sei kaum zu erreichen, um denen klarzumachen, dass das, was wir haben, nicht so gut ist, wie sie meinen, und dass es wahrscheinlich noch schlechter werden wird. Dass es also in ihrem Interesse liegt, auch praktisch-politisch in ein kritisches Verhältnis zur „freien Marktwirtschaft" und zur gegenwärtigen bundesrepublikanischen Gesellschaft zu treten. Damals wurden als Ansatzpunkte angegeben neben dem, was den einzelnen Bundesrepublikaner nicht direkt berührt, aber was für uns selbstverständlich wichtig ist, nämlich die Rückentwicklung der Dritten Welt als Kehrseite der kapitalistischen Fortentwicklung unseres Weltteils; vor allem die psychische Verelendung, die Kosten des quantitativen Fortschritts, der arme Staat neben dem privaten Reichtum mit allen Folgen, die das hat, im Erziehungswesen, im Wohnungswesen, im Verkehrswesen, für die Arbeitsbedingungen in der Fabrik usw. Dies alles gilt unverändert und inzwischen nun so vermehrt weiter, so dass es jetzt zusammengefasst werden kann unter der Forderung des qualitativen Fortschritts gegenüber dem quantitativen Fortschritt, der uns ständig schädigt.

Ja, das waren die Aufgaben, die wir uns damals gestellt haben. Und es ist richtig, sie stellen sich heute eher drängender als vor zehn Jahren. Wir können auch feststellen, dass aus dem SB, beurteilt man seine Bedeutung sozusagen von außen her, ein nicht, unbedeutender Faktor im linken Spektrum der BRD-Gesellschaft geworden ist. Aber bei genauerem Hinsehen stellen wir fest, dass heute, mehr als in den Aufbruchsjahren 1968/69, Genossen, die die Verhältnisse um sich herum zu analysieren vermögen und für Gefahren und das Leid um andere nicht unempfindlich sind, sich zurückziehen. Wir müssen ja heute einen erheblichen politischen Exodus gerade auch von Genossen der mittleren Generation, die zehn und mehr Jahre politischer Arbeit als Linke hinter sich haben, feststellen. Wie kann man diese Genossen an ihrem eigenen Anspruch anpacken, wie kann man ihren oft analytisch gestärkten Panzer durchbrechen, die Meinung also, dass zur Zeit ohnehin nichts „drin" sei und man sich deswegen besser um die eigenen Angelegenheiten kümmere? Selbstverständlich soll der berechtigte private Anspruch nicht geleugnet werden. Aber das Glück im bundesrepublikanischen Winkel zu suchen, in der Pflege der eigenen Resignation, ist falsch und gefährlich zugleich.

Gollwitzer: Was wir, schlagwortartig geredet, unter der psychischen Verelendung in unserer Etappe des Hochkapitalismus verstehen, macht es möglich, ja verständlich, dass jemand, der bisher aktiv mitgekämpft hat, aussteigt, wegen der Nachteile, die er hier erfährt, in ein unpolitisches Leben, in Karriere, Geldverdienen, Villa oder zweites Landhaus oder vielleicht auch an den Strand von Tunix. Dieses Aussteigen erfolgt in der Meinung, ich könne eine Insel gewinnen, auf der ich von den Schäden dieser Gesellschaft unbetroffen bleibe. Das ist eine Illusion. Bei unveränderter Gesellschaft gibt es für niemanden von uns eine Insel, auf die er entfliehen kann, um für sich allein zu leben und wenigstens mit seinen Kindern ein intaktes Familienleben zu haben. Mag der einzelne gut versorgt sein, indem er beruflich vorangekommen ist in der „freien Wirtschaft" oder in der Beamtenkarriere, spätestens im Verhältnis von Eltern und Kindern, aber auch in seinen eigenen psychischen und beruflichen Krisen holen ihn die gesellschaftlichen Verhältnisse ein. Damit möchte ich nicht sagen, dass der einzelne sich bloß dadurch entlasten soll, dass er alle Schuld an der Misere, in der er selbst steckt, auf die Gesellschaft schieben soll. Im Einzelgespräch muss man jemandem oft sagen: „Klage nicht die Gesellschaft an, klage dich selber an, schau nach, was du falsch gemacht hast und was du jetzt inmitten der uns gegebenen Gesellschaft ändern könntest!" Aber wir müssen wissen, dass auch die psychischen Zustände gerade in ihrer heutigen Massenhaftigkeit ein Problem der bürgerlichen Gegenwart geworden sind, in einem Maß, wie wir es nie vorher gewußt haben. Auch an den Strand von Tunix kann man sich jedenfalls nur noch dem Scheine nach flüchten. Wir sehen am Strand von Tunix dann die gleichen Deformationen, ob ich nun bürgerlich und solid werde oder ob ich vergammle. Aber auch die dritte Möglichkeit, eine alternative Lebensweise zu versuchen, bleibt dann Illusion, wenn einer erwartet, er hätte damit die Insel gewonnen, auf die er sich aus dem allgemeinen Verderben heraus retten könnte. Habe ich diese Illusion nicht, dann freilich wird mein Versuch alternativer Lebensweise sofort verbunden sein mit dem allgemeinen politischen Kampf, und das ist das Entscheidende. Wir bekämpfen nicht diese alternativen Versuche, wir stellen denen, die sie machen, immer nur die Frage: „Scheidet ihr damit aus dem politischen Kampf aus oder werdet ihr dadurch vielleicht erst recht stabilisierte Genossen und macht pionierhafte Versuche einer Lebensweise in einer künftigen Gesellschaft?"

Die privaten Bedürfnisse und die politischen Interessen zusammenbringen

Wir meinen, dass wir es jetzt, vereinfacht gesagt, mit zwei Phänomenen zu tun haben. Das eine, das im Abklingen ist, aber das exemplarisch eigentlich vorgelebt worden ist durch die K-Gruppen. Dort ist das Persönliche, das Private, das Individuelle verdrängt, bekämpft und unterdrückt worden. Nur die „richtige" Politik, die „richtige" Aktion hatte das Primat. Das neuere, in jüngster Zeit feststellbare Phänomen, was Du jetzt auch kurz beschrieben hast, besteht im Sich-Zurückziehen, im Versuch, für sich selbst eine neue Innerlichkeit zu entwickeln. Auch im Hinblick auf dieses andere Extrem gilt, dass derjenige, der den politischen Kampf aufgibt, sich auch als Individuum aufgibt. Er muß genauso scheitern. Sein Leben wird ohne das politische Engagement für ihn und andere leerer. Wenn wir das so sehen, dann geht, wenn ein Genosse aus der politischen Arbeit aussteigt, nicht nur ein Mitstreiter für unsere Sache verloren, sondern er verliert sich auch selbst. Das ist für die unter uns, die weitermachen, und das sind ja immerhin noch viele, eine Herausforderung. Was aber können wir tun?

Gollwitzer: Wir müssen zur Kenntnis nehmen, dass die Frage des individuellen Interesses mit den Stichworten Emanzipation, Selbstverwirklichung usw. sich jetzt enorm in den Vordergrund gedrängt hat. Was wir dazu zu sagen haben, könnte ich formulieren in Antwort auf eine These, die ein Genosse in einer Diskussion auf dem Bahro-Kongress anschaulich aufgestellt hat. Er sagte, das politische Interesse auf der einen Seite und das individuelle Interesse auf der anderen Seite habe sich für uns polarisiert: wir bringen das z.Zt. nicht zusammen. Man müsste darauf antworten, erstens, durch eine Aufklärung über den politisch-gesellschaftlichen Zusammenhang und Untergrund für die persönlichen Probleme für das, was er das persönliche Interesse genannt hat: das ist nicht trennbar. Zweitens, wo dies in Konkurrenz zu treten scheint mit meinem Leben, sollte ich mir die Maxime stellen, dass die politische Arbeit der Frage nach der Selbsterfüllung vorangeht. Solange ich sie in Alternative, in Konkurrenz zueinander sehe, bin ich versucht, meine unmittelbare Selbsterfüllung im Individuellen gegen das Politische zu finden. Nach allem, was wir im Verlauf dieses Gesprächs bereits gesagt haben, haben wir gesehen, dass unsere Motivation, politisch tätig zu werden, aus unserem Wissen kommt: so lohnt sich unser Leben, so kommen wir auch als Individuum auf unsere Rechnung. Es fehlt also Wesentliches in der angestrebten Selbsterfüllung, wenn ich sie in der privaten Isolation betreibe. Freilich kommt es darauf an, die auseinander klaffenden privaten Bedürfnisse und die politischen Interessen und Aktivitäten, die der erwähnte Diskussionsredner als getrennte Pole darstellte, zusammenzubringen, in sich, in der eigenen Person zu vereinheitlichen. In der Parole, wir wollen unsere Bedürfnisse jetzt in unserem eigenen kurzen Leben befriedigen, kommt aber ein ernstzunehmendes Bedürfnis zum Ausdruck. Gerade weil wir auf lange hinaus diese Gesellschaft nicht in dem Maße verändern werden können, obwohl wir überzeugt sind, dass sie verändert werden muss, drängt sich die individuelle Frage wieder in den Vordergrund: soll ich mich, mein Leben ganz opfern für das Glück der anderen und die Zukunft? Diese Frage kann man nicht einfach mit dem Kantschen Imperativ „Du sollst", unabhängig vom eigenen Glück überfahren.

Wie ließe sich denn eine Überbrückung der Kluft zwischen privater und politischer Aktivität, eine Kluft, die diese Gesellschaft ja immer mehr verbreitert, vorstellen, ohne in diese oder jene Fluchtgebärde zu verfallen?

Gollwitzer: Wenn jemand im politischen Kampf, in der politischen Praxis bleibt und dort zugleich in seiner Gruppe sorgt für den Abbau von Gesinnungsvergewaltigung, von schrecklichem Gruppendruck, der den einzelnen einschüchtert und linientreu macht statt ihm freie Äußerungsmöglichkeiten zu geben, wenn jemand den Abbau von hierarchischen, verfestigten Strukturen befürwortet, die sich auch in solchen Gruppen ergeben, wenn versucht wird, auch emotionalen Bedürfnissen neben der rationalen Analyse zu entsprechen, Wärmestrom gegen Kältestrom, wenn die Gruppen die Probleme des einzelnen nicht als angeblich belanglos verdrängen, – wo das geschieht, wo also in einer politisch arbeitenden Gruppe zugleich das Menschliche, das individuell Menschliche seinen Platz hat, ist in einem winzigen Bereich schon vorweggenommen, was von einer sozialistischen Gesellschaft erwartet wird. Und das ist sowohl Aufgabe des einzelnen, der beiträgt zu solcher Entwicklung seiner Gruppe, wie auch der Gruppe gegenüber dem einzelnen.

Aspekte einer sozialistischen Alternative

Angesichts der vielen Verwechslungen und Unsicherheiten scheint es uns immer erneut wichtig, deutlich zu machen, was wir unter einer sozialistischen Alternative verstehen und warum sie für uns nicht eine verblasene Utopie darstellt, nicht das, was Bloch Wunschdenken genannt hat, sondern – auch wenn wir die zum Teil skeptischen Aspekte unseres bisherigen Gesprächs bedenken – noch immer auf der humanen Tagesordnung steht. Könntest Du zentrale Aspekte einer sozialistischen Gesellschaft anführen und verdeutlichen, warum es – human gesprochen – nichts außer der sozialistischen Alternative gibt?

Gollwitzer: Diese Frage weiß ich eigentlich nur auf eine sozusagen autobiographische, ganz persönliche Weise zu beantworten. Ich nehme sie so auf, dass ich antworte auf die Frage: Warum hältst du heute die sozialistische Revolution für nötig und was gibt dir die Hoffnung, dass sie auch möglich sei? Unter sozialistischer Revolution verstehe ich nicht den alten Revolutionsbegriff, die Vorstellung von der Revolution, die mit dem Tage der politischen Machtergreifung alles ändert, sondern einen langwierigen Prozeß. Ein kommunistischer Schriftsteller (Le Duan, Generalsekretär der KP Vietnams) hat gesagt, die eigentliche

Revolution beginne erst am Tag nach der Revolution. Ich möchte hinzusetzen: schon in den Tagen vor der Revolution beginnt die Revolution. Was wir unter sozialistischer Revolution verstehen, ist ein Prozess mit besonderen Höhepunkten, sie ist kein schlagartiges Geschehen, sie ist ein langer Weg.

Du sagtest, Du wollest die vorgenannte Frage ganz subjektiv in persönlicher Weise beantworten. Lass uns deshalb dazwischen sagen, dass wir eine solche Art der Antwort sehr gut fänden. Wie bist Du persönlich dazu gekommen, eine prozesshafte Revolution für nötig zu halten?

Gollwitzer: Ich war bis 1933, ganz von rechts kommend durch mein eigenes Elternhaus und einen rechten Bund der Jugendbewegung, dann ungefähr beim Sozialismus angekommen und hatte ein bisschen Marxismus-Kenntnis. Das alles war noch sehr vage. Dann hat die Gegnerschaft zum Nationalsozialismus im Bündnis von Linken, ordentlichen Rechten und ordentlichen Konservativen diese Frage zurückgedrängt. Danach kamen für mich fünf Jahre sowjetische Gefangenschaft. Ich kam zurück und hatte die Schnauze voll von Sozialismus und hielt für das Höchste in diesem irdischen Jammertal mit seinen begrenzten Möglichkeiten einen Kapitalismus mit menschlichem Antlitz, einen reformierten Kapitalismus. Meine Entwicklung zum Sozialisten war dann begründet in einer schrittweisen Erkenntnis, dass es diese Vermenschlichung des Kapitalismus nicht geben kann. Dazu trugen bestimmte Beobachtungen bei. Mir rückten Probleme der Dritten Welt, vor allem auch durch die christliche Ökumene, sehr viel näher, und es entsetzte mich, was dort der gleiche Kapitalismus anrichtet, dem wir hier solche „sozialen Errungenschaften" zu verdanken haben. Das führte zu der Frage, ob das überwindbare Pannen sind oder ob das System notwendig solche Folgen zeitigt. Mein Fazit für die kapitalistische Gesellschaftsordnung wurde negativ. In der gleichen Zeit, durch dieses Negativwerden, entstand das Interesse für eine positive Alternative. Da in diesen Jahren selbst nonkonformistische Positionen von sozialistischen ganz zu schweigen, isoliert waren, konzentrierte sich mein aktives Engagement auf die außerparlamentarischen Oppositionsbewegungen der 60er Jahre, also Ostermarsch, Kampagne gegen die Notstandsgesetze, Studenten- und Protestbewegung. Erst die Protestbewegung hat die Frage nach der sozialistischen Alternative in diesem Lande und damit für viele von uns wieder auf die Tagesordnung gebracht. Aber diese Protestbewegung konnte zwar viele Impulse geben für uns alle, aber angesichts der Kräfteverhältnisse konnte sie nicht die Alternative selbst sein.

Wenn ich heute beschreiben soll, was eine sozialistische Gesellschaft ist, dann fallen erst einmal nur negative Antworten ein, nämlich eine Gesellschaft, die nicht die und die Eigenart hat usw. Schwerer zu beantworten ist, wie die positive Konstruktion einer solchen Gesellschaft aussieht. Das ist eine Schwierigkeit, in der wir, glaube ich, alle stehen. Denn die Antwort, der entscheidende Schritt werde die Aufhebung des Privateigentums an den Produktionsmitteln sein ,hat sich als nicht genügend herausgestellt, weil Folge dieses Aufhebens des Privateigentums an den Produktionsmitteln auch eine andere Gesellschaft sein kann als die, die wir als sozialistische meinen. Das ist also ein notwendiger Schritt, aber es ist noch nicht der Schritt auf dem sozialistischen Weg selbst, sondern eine notwendige Vorbedingung für den sozialistischen Weg, bei dem man aufpassen muß, dass er nicht Vorbedingung für einen anderen, dem Sozialismus konträren Weg wird. Mir ist Bahro deswegen wichtig, weil er neben Karl Korsch, André Gorz u.a. gerade zur positiven Füllung dessen, was mit Vergesellschaftung der Produktionsmittel gemeint ist, einige wichtige Anregungen gibt.

Die positiven Momente der bürgerlichen Gesellschaft erhalten

Genügt die negative Bilanz im Urteil über die kapitalistische Ordnung, um sich als Sozialist zu bezeichnen?

Gollwitzer: Sie hilft uns dann ein gutes Stück weiter, wenn die negative Bilanz nicht mit einem apokalyptischen Fazit beantwortet wird. Die negative Bilanz drängt zu der Frage nach der Alternative auch dann, wenn heute unter Sozialisten diese Frage zunächst, soweit ich sehe, nur auf zweierlei Weise beantwortet werden kann. Einmal, um überhaupt zur Alternative zu kommen, müssen wir die positiven Momente der bürgerlichen Gesellschaft erhalten. Diese positiven Momente sind natürlich nicht die „freie Marktwirtschaft", die es ohnehin kaum gibt, sondern es sind die republikanischen Freiheiten, die die bürgerliche Gesellschaft errungen und zum Teil oder vorübergehend selbst wieder liquidiert hat in ihrem Entwicklungsgang. Das ist ein erster Schritt; denn die Verteidigung der Grund- und Menschenrechte ist ja schon eine Gegenbewegung gegen das kapitalistische System, dem es zuzuschreiben ist, dass diese Freiheitsrechte ständig bedroht sind. Zum zweiten: soweit ich sehe, sind Sozialisten verschiedener Richtungen einig in der Verteidigung und dem Ausbau der sozialen Errungenschaften, die ebenfalls durch die kapitalistische Entwicklung, vor allem durch die Krisen, gefährdet werden. Der Einsatz gegen die Rücknahme sozialer Errungenschaften, wie zum Beispiel die gegenwärtigen oder jüngst vergangenen Streiks in Druck-Stahlindustrie, ist zunächst reformistisch begrenzt. Insoweit aber eine solche Rücknahme den Erfordernissen der kapitalistischen Ordnung entspricht, übersteigen Widerstandsaktionen dagegen die kapitalistische Ordnung. Wenn dieser Kampf dann noch mit einer weiteren Perspektive verknüpft wird, so sehr wir ständig für Reformen kämpfen, sind wir nicht Reformisten, sondern Revolutionäre, weil wir eine Gesellschaftsform ohne Krisen wollen, ohne den ständigen Menschenmord an Millionen, den kapitalistischen Krisen verursachen, ohne Arbeitslosigkeit, ohne diesen Arbeitsstress, ohne das quantitative Wachstum, für ein qualitatives Wachstum. Aber aus dem, was ich gerade mit den letzten Worten zum Ausdruck bringen wollte, sehen wir, dass wir deutlicher sagen können, was wir nicht wollen, auch angeben können, mehr in Form eines Idealzustands, was wir wollen, aber die Übersetzung des Wunschzustandes in die Schritte, die zu ihm führen und in seine „konkrete Denkbarkeit", um mit Bahro zu reden, dies ist eigentlich die schwierige Aufgabe.

Hierin liegt aber eine entscheidende Schwäche der sozialistischen Bewegung. Denn es ist gar keine Frage, dass die Kritik der bestehenden Zustände unabdingbar ist, und sie muß spezifisch sein, sie darf nicht nur global ausfallen, das ist eine Vorbedingung. Aber Sozialisten versäumen ein zentrales Politikum auch im Sinne der Abstraktion für noch nicht sozialistische Bevölkerungskreise, wenn sie ihnen wiederum in einer konkreten Weise aufzuzeigen vermögen, wie denn der negative Zustand in einen positiven Zustand hin überwindbar ist. Denn, wenn ich heute ein bisschen was habe, das vielzitierte Häuschen im Grünen, dann will ich dieses einfach nicht verlieren für ein Wolkenkuckucksheim, das vielleicht edel aussieht und ganz paradiesische Züge trägt, das aber, solange mir die Verwirklichungschance überhaupt nicht einsichtig ist, wie die Taube auf denn Dach erscheint, welcher ich den Spatz in der Hand vorziehe. Deswegen ist es zentral, dass die Zwischenglieder zwischen dem kritisierten Zustand, der nicht haltbar ist unter menschlichen Gesichtspunkten, und einem sozialistisch-humanen Zustand stärker ausgefüllt werden. Das ist eigentlich auch die zentrale Herausforderung von Bahro, dass er überhaupt den Mut hat, einmal an die Formulierung einer Alternative heranzugehen. Man kann die Notwendigkeit einer konkreten Alternative zum Beispiel an dem Thema Erhalt der Menschenrechte, über das Du gerade gesprochen hast, zu verdeutlichen suchen. Die Menschenrechte sind positive, aktive Rechte des Menschen, die sich in einer sozialistischen Gesellschaft verändern, sie sind nicht nur negative Abwehrrechte gegen einen übermächtigen Staat. Die freie Meinungsäußerung ist ein aktives Recht, ein Beteiligungsrecht, nicht nur ein abstraktes Recht, das wiederum primär Abwehrcharakter besitzt. Mit anderen Worten, die soziale Fundierung, die sozialistische Fassung dieser Menschenrechte verändert auch diesen Charakter von Abwehrrechten in Aktivrechte des sozialistischen Bürgers. Daraus kann man einen weiteren Hinweis für eine sozialistische Gesellschaft entnehmen, nämlich dass eine sozialistische Gesellschaft zweifelsohne eine dezentrale Gesellschaft sein wird, eine Gesellschaft, die im Grunde möglichst am Ort Entscheidungen fällt, dass es eine Gesellschaft sein wird, die keine zentrale Bürokratie kennen darf, weil in der zentralen Bürokratie notwendigerweise Delegation, Herrschaft, abstrakte Regelungen usw. den Vorrang haben. Wir sollten hinzufügen, dass auf Grund des Stands der Produktivkräfte, auf Grund des Stands der Technologien man an und für sich sagen kann, dass heute solche Dezentralisierung durchaus möglich wäre, nicht unrealistisch ist. Werden hier nicht vielfältige Möglichkeiten deutlich, an die wir bisher noch allzu wenig anknüpfen?

Leben ist nicht voll, ohne Beteiligung an den öffentlichen Angelegenheiten

Gollwitzer: Meine Antwort wäre eine Ergänzung zu dem eben Gesagten und eine Anknüpfung an etwas, das wir vorher schon festgestellt haben, nämlich warum die Integrierung der individuellen Bedürfnisse in die politische Arbeit so wichtig ist. Es ist eine anthropologische Einsicht des Sozialismus, dass der Mensch nicht voll ist, dass Leben nicht voll ist, wenn es nicht in Beteiligung an öffentlichen Angelegenheiten stattfindet. Der Ausschluss aus der Beteiligung an öffentlichen Angelegenheiten bzw. die Reduzierung dieser Beteiligung auf Wahlen alle vier Jahre ist aber ein Kennzeichen der kapitalistischen Gesellschaftsordnung, ein Kennzeichen mangelhafter Demokratie. Konkrete, gruppenbezogene politische Arbeit hat darum ihre große Bedeutung, weil in ihr – wie z.B. in den Bürgerinitiativen – dieser notwendige Vollzug von wirklichem Menschsein ein Stück weit eingelöst wird durch Beteiligung an öffentlichen Angelegenheiten. Wer da aussteigt, der muß wissen, dass er die Verkümmerung des Menschseins, die die kapitalistische Gesellschaft vollzieht, nun am eigenen Leibe selber vollzieht.

Damit stehen wir wieder bei den Problemen mit unserer politischen Praxis. Wir sind Minorität und stehen unter dem Schicksal einer „Avantgarde", die, was nicht anmaßend gemeint ist, sondern mehr ein Schicksal ist, mehr weiß, als viele andere wissen, weiter sieht, als viele andere sehen, den anderen dadurch voraus ist und vor der Frage steht, wie sie das den anderen vermittelt, und wie sie die anderen in die gleiche Bewegung bringt. Und dies, ausgeschlossen weithin von den Massenmedien bei uns, mit nicht entfernt den gleichen Informationsmöglichkeiten, die die Gegenmächte zur Verfügung haben! Wie also kann politische Aufklärung bei uns vorangetrieben werden? Wie kann sie so vollzogen werden, dass nicht unsere Resultate den anderen um die Ohren geklatscht werden, so dass sie nur abgeschreckt werden, sondern so, dass die anderen auf den Weg gebracht werden zu Denk- und Erkenntnisprozessen, von denen wir gewiss sein können, dass sie bei den gleichen Resultaten landen, die diese Prozesse bei uns zu Wege gebracht haben. Jedenfalls, da wir allen putschistischen Strategien, wie sie noch bei Lenin enthalten sind, abgesagt haben, ist es das Ringen um die Mehrheit der Bevölkerung, um Erkenntnisverbreiterung, so dass eine Mehrheit sich für den sozialistischen Weg ergibt. Diese Aufgabe ist schwer. Allerdings gibt es, dies sei nochmals an die Adresse der Resignierten gesagt, Ansätze. Heute ist die Erkenntnis der Brüche, der Schäden, der Fäulnis im kapitalistischen Gesellschaftssystem ungleich weiter vorgedrungen als noch vor zehn Jahren, obwohl es damals eine große Protestbewegung gab, und, ohne dass ich die Bürgerinitiativen überschätze, sind sie ein Phänomen, das wir damals bei den Anfangsüberlegungen des Sozialistischen Büros noch kaum zu träumen gewagt haben. Das sollte uns etwas optimistischer machen in der Frage, wie eine auf die Erzielung einer Mehrheit gerichteter Aufklärungsarbeit erzielt werden kann.

Politischer Kampf und persönliche Stärke

Lass uns mit einer ganz persönlichen Frage enden, die allerdings an das anschließt, was wir die ganze Zeit gesprochen haben. Wie schaffst Du es trotz so vielfältiger und verschiedener Anforderungen, Du selbst zu bleiben? Was machst Du, wenn Dich Enttäuschung und Resignation bedrücken? Denn Deine Stärke sind ja nicht blicklose Tollkühnheit oder Mangel an Angst und Sorge, sondern die Art, wie Du sie, anderen helfend, überwindest.

Gollwitzer: Wenn man, wie ich, erfährt, dass man anderen den Eindruck von Stärke, von Zuversicht, von unangefochtenem Kampfgeist macht, fragt man sich selbst: „Woher kommt der Eindruck, der sich mit dem, wie du wirklich dran bist, nicht notwendig deckt?" Selbstverständlich erfahre ich Anfechtungen, von denen wir gesprochen haben, sowohl intellektuelle wie psychische. Die Depressionen angesichts der Frage, ob die Barbarei schon so über uns hereingebrochen ist, ob alles vergeblich ist, das alles ist keinem von uns fremd, mir auch nicht. Wenn ich trotzdem offenbar den Eindruck mache, dass ich nicht schlapp mache, dann bin ich froh darüber. Und ich mache auch nicht schlapp, das hat sicher ganz bestimmte Gründe, etwa auch den Grund meiner physischen Gesundheit. Ich weiß nicht, wie ich dran wäre, wenn ich nicht so robust wäre. Da ist man sicher besser gerüstet für diese Anfechtungssituation. Ganz sicher trägt dazu auch bei, dass ich in intensiven sozialen Beziehungen stehe. Das beginnt beim Zusammenleben mit meiner Frau, die ein stabilisierendes Element, ein stärkendes für mich ist, und bei dem intensiven Austausch, in dem wir stehen. Ebenso die übrigen sozialen Beziehungen, also viele Freunde und viele positive Erlebnisse mit Genossen, so dass ich individuelle Einsamkeitserfahrungen kaum empfinde. Es kommt noch etwas drittes hinzu, das ist mein Christsein und das, was ich sowohl an Aufforderung, an innerer Mobilisierung und an Ich-Stärkung dadurch erfahre, dass ich ein Hörer des Evangeliums bin, dass mir Jesus jeden Tag äußerst wichtig ist, dass ich nicht in den Wind schlagen kann alles, was von Gottes Liebe und Gegenwart gesagt wird, dass ich davon immer wieder einiges bis ins Psychische hinein erfahre, dass ich beten kann. Gut, das alles zusammengenommen könnte den Eindruck entstehen lassen: du bist eben privilegiert, du bist viel besser dran als sehr viele andere. Auf diesen Einwand möchte ich antworten: Ich hoffe, dass das, was ihr in meinem Fall Stärke nennt, anderen zugute kommt. Und das scheint der Fall zu sein. Ist man selbst einigermaßen besser ausrüstet für die Kämpfe des Daseins, dann kann das für andere ein Gewinn sein. Immer wieder sind einige – aus solchen Gründen, wie sie für mich gelten oder auch aus anderen Gründen – stabiler als andere und an die halten wir uns in schwachen Momenten. Daraus folgt für mich in der gemeinsamen Arbeit von christlichen und sich nicht als christlich bezeichnenden Sozialisten: Erstens: Es mache keiner dem anderen Quellen madig, aus denen der andere Stärkung und Orientierung für den gemeinsamen Kampf um eine menschenwürdige Gesellschaft empfängt. Zweitens: Ich bin froh, wenn Genossen durch meine christliche Haltung, wie unvollkommen sie auch sein mag, aufmerksam werden auf das, was der durch die Christen so oft in Verruf gebrachte christliche Glaube für unser Leben, also auch für unseren politischen Kampf bedeuten kann.

Klaus Vack

Strauß, die Linke und die Grünen*

Vorbemerkungen

Anfang des Jahres, da dieses Buch erscheint, 2005, ist die Partei der Grünen 25 Jahre alt geworden. Wie sich versteht, sind alle möglichen stolzen und/oder geknickten Bilanzen gezogen worden. Diese bleiben angesichts der parteilich-parlamentarisch-regierungsbezogenen Dynamik weithin irrelevant, in deren Kasten die Grünen stecken. Der Kasten bestimmt.

Als es noch relevant war, als die Weichen noch nicht fertig im Gelände etablierter Politik gestellt waren, schrieb Klaus Vack den unten abgedruckten Artikel. Dieser atmet unvermeidlich zeitgenössischen Geist. Die Konstellation in der Wende vom Jahr 1979 zum Wahljahr 1980 war einmalig und ist nicht zu wiederholen. Der CSU-Vorsitzende Franz Josef Strauß, Vorsitzender der CSU und Ministerpräsident des Freistaats Bayern, stand, so sahen und befürchteten das viele Liberale und Linke, vor den Toren der „Machtergreifung“ als Bundeskanzler in Bonn. Wie die Wahlen dann zeigten, war diese Befürchtung falsch. Der amtierende Bundeskanzler Helmut Schmidt und die von ihm geführte Koalition aus SPD und FDP siegten knapp, auch und gerade wegen Strauß. In diesem Sinne hat sich auch Klaus Vack geirrt. Ob seine Furcht vor dem Kanzlereffekt Strauß gleichfalls falsch gewesen wäre, ist hinterher nicht mehr herauszufinden. Immerhin hatte Strauß als seinerzeitiger Verteidigungsminister im letzten Kabinett des Kanzlers Konrad Adenauers einen kleinen Regierungsputsch und damit die „SPIEGEL-Affäre“ inszeniert (1962), eine Nacht- und Nebelaktion gegen ein einflussreiches Nachrichtenmagazin, initiiert unter dem Stern eines autoritären Staatsverständnisses mit modernen Mitteln. Immerhin gehörte Strauß zusammen mit „seinem“ Kanzler als Atom- und später als Verteidigungsminister zu denjenigen, die darauf drängten, dass die

* in: links, 12. Jg., Nr. 118, Jan. 1980, S. 11-13

Bundeswehr im Rahmen der NATO mit Atomwaffen ausgerüstet werde. Immerhin hatte Strauß im Laufe seiner politisch aktiven Jahrzehnte so viele Skandale auf seinen Rücken gepackt, dass er im Rahmen einer funktionsfähigen liberaldemokratischen Öffentlichkeit ob deren Last längst hätte politisch zusammenbrechen müssen.

Ungleich wichtiger als die situativen Elemente von Klaus Vacks Einlassung ist das, was dieser Artikel an radikaldemokratischem Politikverständnis zum Ausdruck bringt. Hierbei ist es fast müßig, daran zu erinnern, wie zutreffend seine Einschätzung der Parteifixierung, hier der Fixierung auf die zu gründende und an Wahlen zu beteiligende grüne Partei kurz-, vor allem aber mittel- und langfristig gewesen ist. Dass die Grünen, nachdem sie es 1983 schließlich in den Bundestag geschafft hatten, nicht das Muster und kaum die Inhalte etablierter Politik von oben veränderten, wohl aber umgehend selbst ins etablierte Musterlager kooptiert würden. Vor allem aber, dass die Grünen die außerhalb der etablierten Institutionen und ihrer verkümmerten Demokratiepraxis ansetzenden Gruppen und ihre „außerparlamentarische“ Politik, kurz dass sie wahrhaft demokratische Öffentlichkeit schwächen würden. Die Grünen trugen führend mit zu einer Art Re-Parlamentarisierung im Sinne einer Orientierung am demokratisch asthenischen Geviert repräsentativ abstrakt und bürgerfern gewordener Schau- und Scheindemokratie bei. Klaus Vack betont stattdessen, wie wichtig vielfältig in vielerlei Institutionen aktive Einzelne und Gruppen waren und weiterhin seien, weit über den formellen Sektor staatlicher Politik hinaus, die auf demokratische Beteiligung und auf eine entsprechende Willens-, Entscheidungsbildung und ihr entsprechende Praxis drängen. Das bedeutete u.a. das „Arbeitsfeld“-Konzept des Sozialistischen Büros vom Arbeitsfeld Betrieb über das der Gesundheit bis zu dem der Schule. Indem aber Klaus Vack eindeutig eine Position für das bezieht, was man seinerzeit „außerparlamentarische Politik“ nannte, indem man den Ort ihres Ansatzes kennzeichnete, drängt er zugleich darauf, dass seine eigene Position wie die anderer offen kontrovers diskutiert werde. Damit eine eigene kritische Öffentlichkeit entstehe und letztlich jede und jeder antigruppen- und parteidogmatisch selbst entscheide, was sie/er für richtig halte. Das ist, was eine wahrhaft plurale demokratische

Meinungsbildung ausmacht. Auch dort, wo aus bzw. nach derselben dann doch Entscheidungen nötig sind, die unvermeidlich andere Möglichkeiten verbrauchen, unterscheidet sich die Art, ob und wie die Entscheidungen getroffen und wie sie dann mit Vorbehalten, korrekturoffen und zeitsachlich begrenzt ausgeführt werden. Das macht eine Differenz ums Ganze zu den Basta-Entscheidungen der Exekutiven, die – meist ohne zureichende öffentliche Willensbildung – ihre Parlamente bzw. Parlamentsmehrheiten in der regierungsamtlichen Tasche haben und deren formelle Gesetzesbeschlüsse bürokratiepraktisch vollends enteignen (zu den prinzipiellen Argumenten gegen eine angeblich linke und Politik verändernde Parteigründung, die weithin heute und morgen ebenso gelten, vgl. den Artikel von Klaus Vack zusammen mit Wolf-Dieter Narr in Nr. 122, S. 45 - 49, desselben Jahrgangs der „links": „Form und Inhalt der Politik – ein fiktives Gespräch").

Strauß, die Linke und die Grünen

Wieder mal steht eine Lokomotive unter Dampf. Bei genauerem Hinsehen würde sich zwar zeigen: die Energiereserven sind rar. Wer aber bemerkt dies noch? Eine Reise ist angesagt! Ins blaue (oder ins grüne oder ...). Sehnsüchte erwachen. Genug der Tag-zu-Tag-Arbeit. Genug des „Wurstelns" an der Basis. Wer mag immer nur kleine Brötchen backen? Drei Schritte vor, zwei zurück, das geht entschieden zu langsam. Kleine Schrittchen zudem. Wir wollen nicht immer wieder fast von vorne anfangen. Jede Frustrationstoleranz hat ihre Grenze. Wer immer nur unten arbeitet, will auch mal nach oben. Selbstbestimmung hin, Selbstorganisation her – wir wollen endlich Repräsentanz. Also, einsteigen und abfahren. Um die „besten" Plätze können wir uns im Zug noch genug streiten. Die „richtige" Richtung grünrotbuntalternativ und vor allem „vorn" – werden wir auch noch rauskriegen ...

Aber, aber! Warum so sarkastisch, Genosse Vack?

Lese ich, was in der letzten „links" aus Tübingen und Saarbrücken kam, auch das Interview mit Willi Hoss, beobachte ich das „grüne" Saturday Night Fever, das bereits die halbe Linke erfasst hat, höre ich die „realpolitischen“ Patentrezepte (linker und linkssozialdemokratischer Zuschlag = Sprung über die 5-Prozent-Hürde) –, also verzeiht, nach zehn Jahren basisorientierter SB-Politik überkommt mich da der schwarze Humor.

Aber ernsthaft und in der Tat: es bedarf dringend einer Strategiediskussion, wie sie Horst Dieter Zahn in seinem Beitrag in „links“ gefordert und auch eingeleitet hat. Hinzu kommt jedoch auch, dass derzeit das politische Selbstverständnis des SB grundsätzlich zur Disposition gestellt und die Probleme um Strauß und die Folgen m.E. sträflich verharmlost werden. Deshalb hier ein spontaner Meinungsbeitrag – der zwar die Strategiefrage nur antippt – aber mir dennoch zur Positionsklärung wichtig ist.

Basispolitik oder Wahlpartei?

Beim Verfolgen der bisherigen Diskussion kommen mir Fragen. Was ist da los, wenn plötzlich die Genossen ihr bisheriges Politikverständnis über Bord werfen und sich fieberhaft in das Parteiaufbaugerangel stürzen? Was wird aus einer Konzeption, die politische, soziale und emanzipatorische Interessen von unten selbstvertreten und selbstorganisieren will, wenn viele ihrer bisherigen Verfechter Knall auf Fall auf den Parteitrip umsteigen und die Mobilisierung auf Wahlkampf, die politische Orientierung auf das ferne Bundesparlament verlagern?

Ich befürchte, wer sich so von seinen eigenen Ansprüchen und jahrelangen Erfahrungen entfernt und entfremdet, dem steht ein böses Erwachen ins Haus. Der Wunsch nach etwas „Handfestem“, nach einer „neuen“ Identität, wird gewiss nur scheinbar erfüllt und spätestens im Herbst 1980 nachhaltig enttäuscht. Die Gefahr, dass diese Enttäuschung tiefer geht als früher, dass sie bei vielen zur Resignation führen dürfte, muss angesichts der Hitze des derzeitigen Parteiengagements befürchtet werden.

Wir haben bisher jedwede Stellvertreterpolitik abgelehnt. Aus gutem Grund. Der „repräsentative“ Parlamentarismus, auf den man sich nun auch bei uns einlassen will, bedingt nach allen Erfahrungen die

Abgehobenheit von den Bedürfnissen und Interessen der Leute und ist verantwortlich für die verbreitete Entpolitisierung in der Bevölkerung, gegen die wir seit Jahrzehnten – und bei genauerem Hinsehen gar nicht so erfolglos – ankämpfen. Auch eine „fundamentaloppositionelle" Partei steht vor dem Problem, abgehoben und losgelöst von den konkreten Basisinteressen Politik „machen" zu müssen. Das fängt beim Wahlkampf an, der – wie jetzt schon absehbar – auf der Plattform eines kleinsten politischen Nenners geführt werden wird. Und ein paar Leute im Bundestag – zudem eine gewiss heterogene Gruppe –, die werden zusammengenommen weniger handlungsfähig sein, als z.B. die Daimler-Benz-Plakat-Gruppe oder die Bürgerinitiative von Lüchow-Dannenberg. Den grünen Parlamentariern in spe wird vermutlich nicht weniger möglich sein als ein parlamentarisches Schattenboxen. Und sie werden, da sie die unterschiedlichen Interessen von unten kaum angemessen „repräsentieren" und schon gar nicht vereinheitlichen können, vermutlich mehr Schaden anrichten, als sie nutzen.

Man sollte sich auch nicht vormachen, dass das diesmal ganz anders abginge, als uns die Erfahrungen von DFU bis KPD oder DKP gelehrt haben. Gewiss besteht diesmal die – meines Erachtens jedoch geringe – „Chance", über die 5-Prozent-Marke zu kommen. Aber wie das Parteipferd aufgezäumt wird, das unterscheidet sich in der Form wenig von den vorstehend genannten Wahlparteigebilden. Auch wenn es bei den „Grünen" etwas chaotischer zugeht, weil die „Machtkämpfe" schon im Vorfeld ausgetragen werden, so hat dies dennoch wenig mit einem basisdemokratischen Willensbildungsprozess zu tun. Und Haußleiter oder Gruhl sind auf ihre Weise Parteistrategen, durchaus vom Schlage Riemeck, Horlemann oder Mies.

Die Vielfalt und Uneinheitlichkeit der Aktivitäten, Initiativen und organisierten Gruppen an der Basis, die Politisierungsmöglichkeiten der Konflikte von unten, die oppositionellen Ansätze, die – nicht zuletzt propagiert durch das Arbeitsfeldkonzept des SB – in den verschiedensten Institutionen und in Betrieben und Gewerkschaften bestehen, sie stellen heute bereits eine außerparlamentarische Opposition dar, die nicht nur punktuell durchsetzungsfähig ist, sondern auch politische Orientierungen und Impulse ausstrahlt, die insgesamt mehr Menschen direkt erreichen und konkret aktivieren als die Bestrebungen der „Grünen", in den Bundestag einzuziehen. Doch zugleich ist diese Bewegung an der Basis, wenn man sie unter dem Gesichtspunkt von Koordination und politischer Vereinheitlichung betrachtet, noch unreif und widersprüchlich. Jede abstrakte Vereinheitlichung jedoch, jeder Versuch einer wie immer gearteten Bündnispartei, die all die vielfältigen Erfahrungen und disparaten Gruppen und Ansätze über ihren verengten politischen Leisten schlagen will, erfordert die hohen politischen Kosten, dass ein Teil des Ganzen „stellvertretend" für die gesamte Bewegung auf der „Tribüne der hohen Politik" agiert, ohne Rückkopplung und auch ohne Kontrolle.

Fort von der Basisbewegung und hinein in das Diätenkassier-Getto in Bonn, wenn das SB diesen Weg mit ginge, bedeutete dies die grundsätzliche Aufgabe einer Strategie, die bisher weder gescheitert noch widerlegt ist. „Nach Interessen organisieren", diese Parole gilt nicht nur für das berufs- und gewerkschaftsbezogene Arbeitsfeldkonzept, sondern auch für Organisation wie Praxis der Bürgerinitiativen und der selbstorganisierten Alternativen (ASH, Stadtzeitungen, Netzwerk usw.).

Wer meint, dass sich Basisaktivitäten und Bundeswahlpartei nicht ausschließen, unterschätzt die Mechanismen des bürgerlichen Parlamentarismus. Wenngleich eine „grüne" Partei nur einen begrenzten Ausschnitt der gesamten Bewegung widerspiegelt, so wird sie doch allzu leicht als der parteiförmige Ausdruck aller ökologischen und in anderen Bereichen tätigen basisdemokratischen Initiativen angesehen. Und die „grüne" Partei wird versuchen, diesen Anschein zu erhärten, denn sie muss ja hinter jeder Stimme her sein. Die voraussehbare Niederlage bzw. Wirkungslosigkeit der „Grünen" wird also auf die gesamte Bewegung zurückschlagen und von dieser zu verkraften sein. Zu Recht ist die Delegiertenkonferenz der BBU auf Distanz zu den „Grünen" gegangen.

Zwar sind die Umfrageergebnisse ungenau: Dennoch: um die Hälfte der Bürger sind besorgt wegen der Gefahren, die von den AKWs und den sogenannten Entsorgungsproblemen ausgehen. Welch ein Triumph für die KKW-Betreiber und -befürworter, wenn sie demnächst auf die geringen Prozente hinweisen können, die mit ihrer Stimmabgabe für die „Grünen" im ernst gegen Kernkraftwerke und Entsorgungsprojekte abgestimmt haben.

Gerade in einer Zeit, in der das Umweltbewusstsein der Leute zunimmt, sensibler wird, in der sich mehr und mehr Bürger organisieren, wehren und – dort wo die Probleme und Konflikte auftreten – für ihre Ziele kämpfen, muss eine „grüne" Partei- und Parlamentsorientierung geradezu gegenläufig wirken, zu dem, was sie zu beabsichtigen vorgibt.

Wir, das heißt die Bürgerinitiativen, linke Gruppen, einzelne Liberale, Radikaldemokraten, Nonkonformisten, Widerständler usw., die innerhalb (und außerhalb) der Institutionen und Betriebe, Gewerkschaften, Parteien, Kirchen, Bildung und Soziales sowie gegen die Zerstörung der natürlichen Lebensgrundlage arbeiten, waren in der Geschichte Westdeutschlands nie so zahlreich wie heute. Denn die herrschenden Kräfte und Ökonomie und Politik können die gesellschaftlichen Probleme human zusehends weniger lösen. Aber sie sitzen noch immer an längeren (viel zu langen) Hebeln. Allemal auf der Parteien- und Parlamentsebene.

Sozialisten aber – besonders wenn die Bewegung sich zwar erweitert, aber noch immer unzureichend entwickelt ist – sollten dazu beitragen, dass die oppositionellen Kräfte nicht an falschen Fronten verschlissen werden, sondern dort arbeiten und kämpfen, wo sie etwas bewirken können. Und, was noch wichtiger ist, Sozialisten haben auch die Pflicht, ihre Handlungsmöglichkeiten realistisch einzuschätzen und nicht leichtfertig aufs Spiel zu setzen. Und damit wäre ich bei FJS.

Strauß und die Folgen

Das SB Saarbrücken erhebt den Vorwurf, Strauß würde u.a. auch von großen Teilen der Linken „dämonisiert"'. Willi Hoss bezweifelt im „links"-Interview, „ob ein Kanzler Strauß in den vier Jahren, für die er erst einmal gewählt ist, so gefährlich werden kann, dass er alle demokratischen Möglichkeiten abschneiden könnte". Das SZ Tübingen gesteht zwar erhebliche Gefahren, die von Straußens Politik ausgehen könnten, zu, bezweifelt aber die Wahlchancen für Strauß. M.E. soll mit allen diesen Argumenten die nicht leugbare Gefahr, die von Strauß ausgeht, zugunsten der „grünen“ Wahlbeteiligung heruntergespielt werden.

Das ist ein Spiel mit dem Feuer. Was heißt schon dämonisieren, zieht man die nun schon 30-jährigen Erfahrungen mit dem gemeingefährlichen politischen Charakter von Franz Josef Strauß in Betracht? Es geht diesmal auch nicht um das immer wiederholte Problem des „kleineren Übels“. Strauß ist in der gesamten politischen Landschaft der BRD das personifizierte Übel schlechthin.

Mag sein, dass Strauß nicht die gesamte Politik umkrempeln kann. Dass er alles daran setzen wird, die Linke und alle radikaldemokratischen Basisansätze in diesem Lande zu zerschlagen, braucht nicht erst seit Sonthofen mit großer Wahrscheinlichkeit vermutet werden. Und Strauß setzt Pflöcke, „Freiheit statt Sozialismus“, die alte Parole, „Nationalsozialismus = Sozialismus“, die neue, das zeigt die Richtung, in die Strauß seine Polarisierung treibt. Aber Strauß bedarf nicht nur des politischen Gegners, sondern auch des Juden, des Banditen. „Wer Jude ist, bestimme ich“, sagte Göbbels. Wer die „Banditen“ sind, hat uns Strauß in Sonthofen wissen lassen.

Ich stimme nicht mit den Tübingern überein, dass der Strauß-Putsch gegen die CDU auf seinem Weg zum Kanzlerkandidaten diesem bereits alle Chancen genommen hätte. Es gibt in diesem Lande eine schwer kalkulierbare schweigende, zahlenmäßig gewiss beachtliche Minorität, die in ihrer Verunsicherung und Angst durchaus für den starken Mann aus München zu gewinnen ist (zusätzlich zu dem CDU/CSU-Wählerstamm). Und unter den Jungwählern tendieren zwar überdurchschnittlich viele zu den „Grünen“, aber weit mehr nach rechts.

Natürlich kann sich Strauß verkalkuliert haben. Und gewiss wird es ein Kopf-an-Kopf-Rennen geben. Aber was nützte das Spekulieren, das „demoskopische Spiel“, von dem die Tübinger sprechen, wenn Strauß es am Ende doch geschafft haben würde? Dann wäre es zu spät. Zumindest für die Linke wäre die politische Landschaft über Nacht verändert. Wir Sozialisten haben es an uns, all zu oft die objektiven Bedingungen („Die Krise ist noch nicht reif für Strauß") zu verabsolutieren. Wir unterschätzen den subjektiven Faktor in der Politik. Erinnern wir uns an den Herbst 1977. Die sozialliberale Koalition hat uns Gesetze beschert, die wahrlich dem „Modell Deutschland" anstehen. Terrorismus und Repressionsmaschinerie haben sich „vortrefflich" ergänzt. Die überwiegende Mehrheit der bundesrepublikanische Bevölkerung war emotionalisiert und hellauf empört. Zwar haben „unsere Jungs" in Mogadischu das nationale Selbstbewusstsein wieder ins Lot gebracht, aber die „Kopf ab"-Forderung war an fast jedem Stammtisch und Arbeitsplatz zu hören. Fragen wir uns: was wäre geschehen, wäre Franz Josef Strauß in dieser Stunde der Exekutive Bundeskanzler gewesen? Ein Pogrom gegen alle „Sympathisanten", Linke und sonstige „Systemveränderer". Und die, obzwar nur kleinsten Ansätze von „Liberalisierung", die wir seit Sommer 1978 hier und da erkennen können, sie wären unter Strauß allesamt unterblieben.

Strauß und die Folgen meint auch, dass die Strauß-Kandidatur eine Folge der Rechtsentwicklung in den letzten Jahren ist. Wir dürfen ebensowenig die neofaschistischen Tendenzen (die Strauß zur Zeit überwiegend integriert, aber auch jederzeit mobilisieren könnte) wie die allgemeine Verschiebung von Teilen des Massenbewusstseins und der sogenannten öffentlichen Meinung hin zum Reaktionären übersehen. Wenn also die Ökonomie durchaus weiterhin mit Schmidt „gut fahren" könnte, so hat sich doch die Politik verschoben zugunsten von Strauß. Inzwischen ist Carstens Bundespräsident. CDU/CSU verfügen im Bundesrat über die Mehrheit. Strauß hätte also fast alle politischen Voraussetzungen für eine durchgreifende reaktionär-restaurative Machtpolitik.

Damit es nicht ein einziges Mal zu wenig gesagt sei: Niemand darf auf Nummer sicher gehen, dass Strauß scheitert. Die „Grünen" vergrößern mit ihrer Wahlbeteiligung die Gefahr, dass Strauß Kanzler wird. Jeder von uns, der heute noch glaubt, die Gefahr Strauß gering schätzen zu können, wird dies möglicherweise bereits in einem Jahr bitter bereuen.

Mit mehr als 20 Jahren politischer Erfahrung – und nicht zuletzt im

Gedenken an die mit Politischen gefüllten Gefängnisse während des CDU-Staats in den 50er und 60er Jahren – sehe ich mich zu diesem engagierten Plädoyer herausgefordert, das manchem als ein allzu „apokalyptisches Szenarium“ erscheinen mag. Jedoch, da ist kein taktisches Kalkül. Es ist meine Einschätzung. Die Gefahren scheinen mir real.

Und ein Letztes sei angemerkt. Viele der jüngeren Genossen haben wenig sinnliche Vorstellungen davon, was reaktionäre Politik praktisch bedeuten kann. Die Berufsverbote, die wir immer wieder entschlossen bekämpfen und die so vielen schon schrecklich in die Glieder gefahren sind, könnten sich als vergleichsweise harmlos herausstellen, wenn Franz Josef Strauß die Gelegenheit gegeben wird, so aufzuräumen, „dass bis zum Rest dieses Jahrhunderts von diesen Banditen keiner mehr wagt, in Deutschland das Maul aufzumachen!“

SB was tun?

Das Sozialistische Büro hat ein beträchtliches politisches Umfeld. Seine Organisation ist zwar klein, aber seine Publikationen und sonstige Aktivitäten erreichen eine erhebliche Zahl von Genossinnen und Genossen, die in fast allen gesellschaftlichen Bereichen, in privaten und öffentlichen Institutionen usw. tätig sind. Viele, die sich politisch am SB orientieren, sind Multiplikatoren. Sie sind zugleich Leute, die ihren eigenen politischen Standort haben.

Das SB sollte darauf verzichten, in den wichtigen Fragen, um die es in dieser Diskussion geht, eine vereinheitlichende Position herauskristallisieren zu wollen. Auch Wahlempfehlungen – das SB als Organisation – scheinen mir so oder so eher problematisch als nützlich.

Was wir brauchen, ist eine offene und öffentliche Diskussion, die alle Dimensionen möglicher Strategien gegen Strauß, möglicher Handlungen und Aktionen weiterer Entfaltung von Basisaktivitäten, aber auch der Parteifrage erörtert. Und dies ist nicht nur eine publizistische Aufgabe, sondern erfordert die Organisierung von Tagungen, Diskussionsforen u.ä. Das SB hat es bisher verstanden, Kontroversen auszuhalten und auf Beschlüsse zu verzichten, bei denen eine Minderheit außen vor geblieben wäre. Das bedeutet nicht Kneifen oder Entscheidungsangst, sondern beinhaltet ein Politikverständnis, das Dissens auch in wichtigen Fragen aushält und zugleich die einzelnen und Gruppen in die Lage versetzt, überall dort gemeinsam zu handeln, wo Gemeinsamkeit besteht. Gerade in einer Phase verschärfter Repression einerseits und neuer Möglichkeiten und Initiativen andererseits bedarf es eines Sozialistischen Büros, das die Handlungsfähigkeit der Sozialisten nicht durch abstrakte „Verbindlichkeit" behindert, sondern durch Diskussion und konkrete Arbeit die Entfaltung und immer erneutes Engagement der vielfältigen autonomen Ansätze befördert.

Wolf-Dieter Narr / Klaus Vack

8. Mai 1945 – 8. Mai 1985: Menetekel oder Chance?*

Vorbemerkungen

Zwanzig Jahre später wird zum 60. Mal das Ende der nationalsozialistischen Herrschaft und des von ihr entfesselten 2. Weltkriegs erinnert. Das öffentliche Gedenken hallt lauter, ist umfänglicher. Zuerst am 27.1.2005 aus Anlass der Befreiung des Konzentrations- und Todeslagers Auschwitz-Birkenau. Dann am 13./14.2.2005. Vor 60 Jahren ist Dresden zum wiederholten und vor der „Bedingungslosen Niederlage" zum vorletzten Male schier total zerbombt worden. Der verrußte Turm der Frauenkirche, um die zerstörte Häuserreste leblos in die Luft ragen, als Symbol eines untergegangenen Landes und seiner vernichteten Bevölkerung. Und so wird es im Wechsel erinnerter deutscher, nationalsozialistisch organisierter Schreckenstaten und ihrer unerhörten Opfer und deutscher Städte- und Kriegsfolgen-Flüchtlingsopfer weitergehen, Hiroshima und Nagasaki im August 1945, die unfassliche Anwendung der „absoluten Waffe", nicht zu vergessen.

Kein Ende der Gedenktage. Deren zeitlicher Abstand zur Gegenwart vergrößert sich. Massensterben, in dem selbst der eigene Tod aufgehoben wurde, Massentaten und Hinnahmen, in denen die eigene Verantwortung unterging, werden zum historisch fernen Ereignis. Das lässt sich bundesdeutsch, amtlich und nichtamtlich, umso besser „erinnerungspolitisch" zum gegenwärtigen Symbolgebrauch inszenieren. Solches Gedenken und ein entsprechendes Erinnerungsmanagement stehen jeder Instrumentalisierung zu Gebote. Sie „lebt" gerade von der

---

* Wir dokumentieren die im April 1985 veröffentlichte 26 Seiten umfassende Schrift von Klaus Vack und Wolf-Dieter Narr mit dem Titel „8. Mai 1945 – 8. Mai 1985: Menetekel oder Chance? Gedanken von Zeitgenossen und Nachgeborenen" hier in stark gekürzter Fassung.

Folgenlosigkeit und Unverbindlichkeit des Vergangenen. Haben wir es, die Überlebenden, vielmehr längst und mehrheitlich die Nach-Lebenden, nicht herrlich weit gebracht. Siehe Dresden bundesdeutsch großgemalt am 15.2.1945, also am Tag nach der bombenden Katastrophe mit ihren Brand- und Hitzewellen, in denen Menschen wie Zunder verschmorten. Siehe Dresden am 15.2.2005 – welch eine riesige Aufbauleistung derjenigen, die dem Brand entronnen, derjenigen in der Mehrheit, die nach dem Brand gekommen sind und von ihm nur gruselig gehört haben.

1985 war die Situation nicht prinzipiell anders. Die Wieder- und Neuaufbauleistung nicht allein in Sachen Häuser und Straßentrassen war längst imponierend erfolgt. Nur die noch ausstehende, nur noch die von wenigen in absehbarer Zeit erhoffte Vereinigung der beiden deutschen nachnationalsozialistischen Staaten hinderte den Erfolg des großen *„Wieder"*. Das trieb die Nachkriegsdeutschen in einer Fülle von Varianten an. Auch diese nationalstaatliche „Wunde" ist seit dem 3.10.1990 geschlossen. Sie war nur in den ungleich schlechteren Lebens- und Grundrechtsverhältnissen der DDR-Bevölkerung ernst zu nehmen.

1985 und 2005 sind jedoch in Sachen „Vergangenheitspolitik" und gegenwärtige Konsequenzen aus den Erfahrungen des nationalsozialistischen Deutschlands einschließlich seiner deutschen Opfer darin gleich, dass erinnernde Inszenierungen heute kostenlos zu haben sind. Sie kräftigen das Gegenwartsgefühl und seine Politik. Sie sind darin und darum geradezu radikal unverbindlich geworden. Während der Herr Bundeskanzler gerade noch seine „Scham" mit trauerernstzerfurchter Physiognomie „bekannt" hat – lassen wir einmal alle geschmäcklerische Kritik an unverschämter Schamäußerung beiseite –, werden innenministeriell Menschen „abgeschoben", werden für „Schüblinge", bei denen Hindernisse gegeben sind, Lager (!) errichtet oder werden die „Abschiebegefängnisse" entsprechend erweitert. Während gerade noch erinnert wird, wie weit man es in bundesdeutsch vereinigter Demokratie gebracht habe, sprießen in- und ausländische Bürgerinnen und Bürger disziplinierende, ihre Grundrechte strangulierende Maßnahmengesetze nur so aus dem allein hierfür fruchtbaren Boden staatlicher Politik.

Darum bleibt der 1985 formulierte Appell an gegenwartsverbindliches Erinnern der großen und der kleinen Politik, von jedem und jeder von uns, von uns allen, unabgegolten und tagesfrisch. Geradezu ekelhaft all die Trauer-, Scham- und ähnlich gearteten Gesten, die die gegenwärtige Politik- und Lebenspraxis nicht beeinflussen. Das ist Klaus Vacks Botschaft. Zugleich will er Jüngeren nahebringen, was für ihn und eine nicht kleine Gruppe seiner Generation der „Nachgeborenen" gegolten hat und gilt. Dass die zwölf nationalsozialistischen Jahre, 1933 bis 1945, mehr und mehr verblassen mögen und verblassen müssen. Erinnerungsvermögen schließt Vergessenkönnen ein. Die sogenannte Historisierung dieser Vergangenheit ist weithin erfolgt und in abschließendem Gange. Ausschlaggebend aber ist, dass in der politisch-persönlich handelnden Erinnerung präsent ist und bleibt, wie bis an ihre Wurzel Menschen wie du und ich, wie unsere Vorväter und Vormütter, inhuman zu handeln vermögen. Wie sie wegschauen, wenn noch Zeit zu hindern wäre. Wie sie sich und andere belügen. Wie sie aus Ohnmacht versäumen zu widerstehen, auch wenn ohnmächtiger Widerstand geboten ist. Nicht mit dem Zeigefinger ist auf diese Vorväter und Vormütter in längst irrelevanter Anklage zu deuten. Wir sind gehalten, an Verhältnissen um uns herum und an den größeren kritisch und konstruktiv mitzuwirken, die Menschen nicht zu Unmenschen machen, enthemmt im Krieg, enthemmt in täglich gewaltdurchzogenen Herrschaftsverhältnissen. Dann haben wir vielleicht die Botschaften ein wenig begriffen. Hier und heute findet unser Erinnerungsspiel statt. Dass drei Finger derselben Hand, die mit dem moralisch dürren Zeigefinger auf andere weist, auf einen selbst zurückgekrümmt deuten, hat Klaus Vack von Gustav Heinemann gelernt. Gustav Heinemann, ungewöhnlicher Bundespräsident von 1969-1974, hat dieses Bild in einer Fernsehansprache an Ostern 1968 gebraucht, als er, seinerzeit Justizminister der Großen Koalition, aus Anlass des Attentats auf Rudi Dutschke Stellung bezogen hat.

8. Mai 1945 – 8. Mai 1985: Menetekel oder Chance?

(...) Wir, die wir der Zwischengeneration angehören – den heute etwa 45- bis 55-Jährigen –, die man, weil sie nicht mehr in Hitlers Armee dienten und noch nicht zur Bundeswehr eingezogen wurden (oder den Kriegsdienst verweigern konnten), die „weißen Jahrgänge" genannt hat. Wäre es bei dieser Weis(ß)heit nur geblieben. Wir sind also während des deutschen Nationalsozialismus Kinder und Jugendliche gewesen, selten, wie es Peter Brückner gelungen ist, im „Abseits". Aber wir wurden während dieser Jahre nicht mehr erprobt, nicht mehr gewogen mit einer Waage, die auch die meisten von uns als zu leicht hätte befinden lassen. Welch eine Gnade, ein anderer Ausdruck fällt uns nicht ein, dass der Kelch einer solchen Probe an uns, an den insofern Nachgeborenen, vorübergegangen ist. Faschismus, Stalinismus und fast nichts dazwischen.

Wir sind also Zeitgenossen, wenn man den 8. Mai 1945 als Datum wählt, wahrnehmungsfähig und wach damals durchaus. Und wir sind Nachgeborene zugleich, nicht mehr auf Herz und Nieren in unserer gesamten Existenz Erprobte. Erfahrungen „unserer" Generation, sagen wir kühn, einer über den Graben, den „Zusammenbruch" (?) von 1945 vermittelnden?

Diese „unsere" Generation, wie immer sie sich konstituierte, ist von der frühen Zeitgeschichte sehr unterschiedlich geprägt worden. Sie trägt heute die Herrschaft in der Bundesrepublik Deutschland, sie bietet die hauptsächlichen Repräsentanten der von dauerndem Erinnerungsverlust und der sterilen Aufgeregtheit lebenden, der verwaltenden Professionen. Also vermögen wir nur einer Position der Minderheit Wort zu geben. Wie könnte das anders sein? Aber Minderheiten müssen sich wehren, gerade wenn man 1945 etwas gelernt haben sollte. Mitlaufen oder nur innerlich emigrieren, gibt es nicht.

Indem wir den 8. Mai 1945 zur moralischen Angelegenheit, in unserem Sinne zugleich zum Politikum erheben, wissen wir, dass dieser 8. Mai als Fluchtpunkt historischer Ereignisse und möglicher Erfahrungen seinerseits voll von Ambivalenzen steckt. 1945, mitten zwischen Nürnberger Gesetzen (1935) und NATO-Vertrag (1955). 1945, Flucht, Vertreibung, nicht von Deutschen nur; 1945, Befreiung. Eine Befreiung freilich von durchaus nicht uneigennützigen Befreiern. Also steckte in der Befreiung schon neue Unfreiheit, neue Unterdrückung. Und dennoch, die Befreiung dominierte zunächst, das Versprechen, die Chance. Und die Toten mahnen.

Die Bedingungen menschlicher Gesellschaft, die Bedingungen der Politik haben sich 1945 verändert

1. Die Erfahrung Auschwitz

Kann man Auschwitz erfahren, die Vernichtungsmaschinerie und ihre Produktion, die 1945 endlich zum Stillstand kam? Nein. Das Erschrecken bis in den Grund lässt sich in Worten und Bildern nicht einfangen. Es übersteigt unser Sprach- und Anschauungsvermögen. Das Sprengen menschlicher Phantasie, die von der Wirklichkeit überholt wurde, das lähmende Grauen zugleich bei denjenigen, die Auschwitz erlebt haben, sperren bis heute nötige Konsequenzen. Wie soll man das Ungeheuerliche noch in der Überwindung orten? Und wie können diejenigen, die nicht selbst Opfer wurden und als Opfer überlebten, die nie mehr davon loskommen, wie können die Täter also, oder die Stummen und die Kinder der Täter und der Stummen, die Nachricht erfahren, die schier unsägliche?

Genozide, Morde an ganzen Gruppen und Stämmen, hat es nicht selten gegeben. Sie begleiten die moderne Geschichte bis heute. Sie belegen die Gewalt, die menschenmöglich ist, die in den Staaten und den imperialistischen Ökonomien steckt und die uns zu Komplizen macht. Sie zeigen, warum Kritik und menschenrechtliche Aktionen nicht und zu keiner Stunde nationalstaatlich begrenzt werden dürfen. Auschwitz als Abkürzung, und was für eine unauslotbare Geschichte in dieser Abkürzung, der Konzentrationslager jedoch, bedeutet in Begründung, Ausführung und Ausmaß das Extrem der Inhumanität, zu dem Menschen fähig sind.

Es hat den Abgrund aller Politik eröffnet. Dass es Deutsche waren, darf nicht vergessen werden, weil spezifische Umstände und Entwicklungsstränge deutscher Geschichte mit verantwortlich sind. Wichtiger aber noch ist, in ganzem Umfang zu begreifen, dass Auschwitz historisch und menschlich möglich war. Moderne Politik hat Umstände nützen und schaffen lassen, die Ausrottung, Ausmerzung und ihre Durchführung zum Prinzip praktischer politischer Vernunft erhoben haben. Das Wort Adornos, man könne nach Auschwitz keine Gedichte mehr schreiben, ist oft missverstanden und kritisiert worden. In der Tat sind manche Gedichte von Nelly Sachs oder Paul Celan, manche Kunstwerke, manche Bilder und wortgewordene Schreie am ehesten in der Lage, Auschwitz menschlich zurückzunehmen, Auschwitz verarbeitbar zu machen. Denn dies ist nötig, wenn Auschwitz in allen möglichen Variationen nie mehr möglich sein soll. Dann muss man begreifen lernen, dann muss man Bedingungen ausmachen, die es zuließen. Was aber Adorno jedenfalls auch meinte, war, dass unser Leben, dass Politik im weitesten Sinne nicht mehr so sein könne wie vorher. Die Normalität müsse anders werden, und nicht nur die deutsch-bundesdeutsche. Aber sie zuerst. „Fällige Praxis wäre allein die Anstrengung, sich aus der Barbarei herauszuarbeiten“ (Adorno). Sie ist nicht allein nationalsozialistisch möglich und abgründig in der Normalität der Moderne gegenwärtig.

So gesehen heißt über Auschwitz zu reden nicht, über Flucht und Vertreibung zu schweigen; heißt über Auschwitz zu reden nicht, den Mantel des Vergessens über andere, etwa alliierte Untaten auszubreiten. Es verlangt aber nicht aufrechnen. Denn in Auschwitz stecken Flucht und Vertreibung und alle anderen Taten drin. Auschwitz erfordert ein Ende all solchen Aufrechnens, all solcher Inhumanität fordernden „ausgleichenden Gerechtigkeit“. Auschwitz heißt, dass Politik, die dasselbe und alle nachfolgenden Variationen vermeiden will, unerbittlich sein muss in ihrer menschenrechtlichen Schärfe. Unerbittlich und allseitig. Wenn Politik einmal System gewordene Inhumanität verkörpert hat, nationalsozialistischdeutsch, dann bedarf es eines politischen Blicks und seiner Konsequenzen, die systematisch die Bedingungen gegenwärtiger Politik in Frage stellen und sie radikal ändern lassen.

2. Faschismus als dauernde Möglichkeit

Der deutsche Nationalsozialismus ist ein historisches Phänomen. Kein rasender Goebbels wird mehr fragen: „Wollt ihr den totalen Krieg?" Wiederholungen sind allemal ausgeschlossen. Aber der Faschismus in seiner deutschen Variante, der in System und Konsequenz schlimmsten, hat sich ereignet. Und es gibt keinerlei historisch-menschliches Gesetz, dass seine Zeit nicht in neuen Gestalten gleichen oder anderen Orts wiederkommen könnte. Mehr noch. Es gibt keine Gewähr, dass es nicht mitten im Bundesdeutschland oder in anderen Gesellschaften Fermente und Elemente faschistischer Art gibt, heimlich hier und dort zutage tretend, sich in die Alltäglichkeit mischend und sich in Richtung neuen Grauens formend. Heute schon. Jetzt in diesem Augenblick.

Im Hinblick auf den deutschen Nationalsozialismus gilt der 8. Mai 1945 als Befreiung ohne Einschränkung. Befreiung von einer in den letzten Monaten vermehrt in ihrer Menschenverachtung wahrgenommenen Diktatur. Befreiung vom mörderischen Krieg bis zuletzt. Befreiung vor allem für die Widerstandskämpfer in den Konzentrationslagern, den Todeszellen. Sie, die wenigen, die widersprachen und widerstanden unter furchtbarsten Opfern – erniedrigt, gequält, gefoltert. Jedoch: die meisten Deutschen haben diesen 8. Mai 1945 nicht also erlebt. Für sie kam die Befreiung als Katastrophe. Als politisch-nationale, mehr noch als persönliche. Das war damals teilweise verständlich. Man darf deswegen keinen zeitgenössischen Anspruch derart äußern, dass man verlangt: „Ihr hättet 1945 gleichfalls als Jahr der Befreiung erfahren müssen." Solches Fordern führt nur zu einer anderen Täuschung, die in den Nachkriegsjahren persilschein-heischend so rasch Verbreitung gewann und heute noch bei den hundertprozentigen Bundesrepublikanern sich ausdrückt. (Nun, 1984, hat die Berliner Staatsanwaltschaft Anklage gegen die wenigen greisen überlebenden Mitglieder des Volksgerichtshofs erhoben. Welch eine schreckliche „Bewältigung".)

Allein erwartet hätte werden können, dass sich nach und nach, nachdem die zwölf Jahre lügenhafter Sprache und Wirklichkeit offenkundig waren, Einsicht verbreitet hätte. Dagegen wirkten freilich die Mechanismen, die in der Vorrede berührt worden sind. Dagegen sprach die entpolitisierende Kraft des Nationalsozialismus, die sich des „unpolitischen Deutschen“ zuvor heftig zunutze zu machen vermochte. Denn der Nationalsozialismus sog seine Kraft zwar daraus, dass er „die Massen“ mobilisiert hat, dass er sie kanalisierend in seinen Dienst nahm. Blockwartfest. Aber im Gegensatz zu all den eigenen Blut- und Boden- und Gemeinschaftssagungen bestach der Nationalsozialismus als Herrschaftsform vor allem dadurch, dass er vereinzelte und noch einmal vereinzelte. Das uralte Teile-und-Herrsche wirkte nun ganz tief ins Privatleben. Den Zusammenhalt aber stiftete eine Kultur der Zerstreuung mit Hilfe der am meisten entwickelten Technologien der Zeit. Zusammenhalt bildete eine vom nationalsozialistischen Sicherheitskalkül durchströmte Bürokratie, die die „Volksgemeinschaft“ herrschaftsabstrakt praktizierte. Pseudopolitik war Trumpf. Ein riesiges Dauerarrangement der Entfremdung vermochte sich mit dem unpolitischen Alltag der kleinen „Arier“ zu vermengen. Auch im „Dritten Reich“ gab es die „Wonnen der Gewöhnlichkeit“ (Thomas Mann), gerade in ihm. Wehe denen, die auffallen wollten oder mussten. „Identität“ herrschte vor. Alles musste eindeutig sein. Die Entnazifizierung in der Art, wie sie von den westlichen Alliierten in Gang gesetzt worden ist, war deshalb schon fehl am Platze, weil sie fälschlicherweise am Faschismus als einem „politischen“ Phänomen ansetzte, und nicht seine unpolitische, seine strukturelle Seite beachten ließ. Um so wirksamer war, was Theodor Heuss die „Dissoziation des deutschen Gefühlslebens“ genannt hat: die wirtschaftswunderlich wirksame Flucht in die privaten Sachwerte.

(...)

4. Grade und Grenzen kollektiver Schuld

1985 ist die Diskussion anders zu führen. 1945 ist der Streit entbrannt, bis Theodor Heuss, schlimmerweise, denselben mit dem Vorschlag entspannte, wenn schon nicht kollektive Schuld, so sollten alle Deutschen doch kollektive Scham empfinden. Als wäre es damit getan (gewesen), ein wenig die Augen niederzuschlagen oder sich zu verbeugen. Schon zuvor haben sich freilich nur wenige beteiligt. Die meisten hatten ihr wunderkindlich-restauratives „Damaskus“ längst hinter sich. Und die Lust zum Haben und auch zum Herrschen belebte.

1945 und in den Wiederaufbaujahren danach – das Wörtchen „wieder“ spielte eine orientierende Rolle im Gegensatz bald zum „Nie wieder“ des 8. Mai – hatte die Annahme der Kollektivschuld geheißen, dass alle Deutschen sich nicht wegstehlen könnten, als seien sie nicht beteiligt gewesen. Sie waren alle, wie seinerzeit formuliert wurde, „dabei gewesen“: als Aktivisten, als Parteimitglieder, als Beamte, als Wissenschaftler, als Blockwarte, als Mitläufer, in innerer Emigration, als Wegschauer u.ä.m., auch als Widerstehende hier und dort, als Sabotierende zuweilen, als insgeheim Boykottierende. Diejenigen, die die Anerkenntnis kollektiver Schuld der Deutschen verlangten und für sich selbst akzeptierten, dachten hoch von den ehemaligen Volksgenossen. Sie hielten sie für einsicht-, moral- und für konsensfähig. In der „Stuttgarter Schulderklärung“ der Evangelischen Kirche, der bald vergessenen, klang manches davon an. Die Kollektivschuldthese verlangte nicht brustklopfende Zerknirschung, sie verlangte Einsicht hinterher, um der gegenwärtig-zukünftigen Konsequenzen willen. Einsicht in den Zwang zur Politik und die Schuld, sich unpolitisch zu benehmen und behandeln zu lassen. Einsicht, dass es an Mut zur Wirklichkeit mangelte: man schaute weg, man übersah, man sparte aus, man übertrug, und man projizierte. Dass es also an Mut gebrach, sich des eigenen Verstandes zu bedienen, Einsicht in die eigenen Ängste und Befürchtungen, die einen mitlaufen ließen, mithandeln, die für die Vorurteile anfällig machten. Einsicht in die Bedingungen dieses Handelns oder Nicht-Handelns, Sprechens oder Nicht-Sprechens, Lügens oder Täuschens. Nicht um zu entschuldigen oder umgekehrt um verdrängbare Schuldberge anzuhäufen, nein, um zu lernen. Sich kollektiver Schuld bewusst zu werden, hätte endlich bedeutet, sich selbst als Person, als Subjekt, ernst zu nehmen. Eine Chance somit, die Voraussetzung schlechthin, mitzubewirken, dass das „Nie wieder!“ wahr wird. Wahr geworden wäre. Noch wahr werden würde.

Statt auf solcher Anerkenntnis der Kollektivschuld konstituierte sich die Bundesrepublik Deutschland auf dem Fundament der selbst verteilten Amnestie. In diesem Fall ein kollektives Vergessen, ein ahistorischer Versuch, ungeschehen zu machen, keine Amnestie, die nötig gewesen wäre, um einen sonst nicht lösbaren Streit zu schlichten. Artikel 133 GG ist dafür symptomatisch geworden. Ein Volk von Beamten. Und diese übten immer ihren Dienst in Treu und Redlichkeit. Auch im KZ und seiner Verwaltung. Und diese kollektive Amnestie, an der die bundesdeutsche Demokratie bis heute insgesamt fundamental leidet – denn mehr als anderswo gilt Kurt Schumachers Wort hier: „Demokratie ist eine Sache des guten Gedächtnisses" – macht kollektive Schuld 1985 erneut zum notwendigen Thema.

Die Aktivisten sind Greise geworden, die Mitläufer grauhaarig, und diejenigen, die widerstanden und selbst dennoch oftmals „lügen" mussten, sind in aller Regel froh, dass es die Republik gibt. Um so mehr kommt es auf die Hebelkraft des Erinnerns an, darauf, den besagten Flöz der Erlebnisse, der Ereignisse, zum Zweck der Erfahrung abzubauen. Dann wird deutlich, was kollektive Schuld heute meint (und sie gilt dann nicht allein für die Bundesrepublikaner, für sie freilich, wenn sie denn Bürger sein wollen, in besonderem Maße). – Kollektivschuld meint, die „Befindlichkeit" der Politik seit 1945 in vollem Umfange zu erkennen und zum Ausgangspunkt des Handelns zu nehmen. Von Auschwitz bis zur Atombombe. Kollektivschuld heißt einzusehen, dass man unter spezifischen Bedingungen, etwa den deutschen Umständen 1933, selbst „dabei gewesen" sein könnte. Kollektivschuld anzunehmen, als Teil auf sich zu nehmen, heißt also, Auschwitz, Faschismus und Zweiten Weltkrieg als menschliche Wirklichkeit anzuerkennen, deren Teil, und sei es nur als kleines Rädchen, man selbst hätte sein können. Und vielleicht wird man, irgendwann, in anderer Form ihr Teil. Unter dieser Voraussetzung enthält dann die Anerkenntnis kollektiver Schuld die täglich geltende Aufgabe, an den Bedingungen zu arbeiten, dass das „Nie wieder!" der aus dem KZ von Buchenwald und anderwärts Befreiten gelte: Nie wieder Krieg! Nie wieder Folter! Nie wieder Herrschaft, die die Menschen in beiderlei Gestalt – als Täter und Opfer – schrecklich erniedrigt! Substantielle Demokratie statt dessen, in der die Menschenrechte endlich gelten!

Konsequenzen – Gegen die Banalität des Bösen hilft nur die Güte des Normalen

5. Widerstehen

Wenn man politisch den Kopf nicht versteckt oder sich – nur eine andere Form davon – mit dem zufrieden gibt, wie die Bundesrepublik beispielsweise heute eingerichtet ist, dann muss man widerstehen lernen. Nicht als Attitüde, sondern aus dem Wissen um die Wirklichkeit von Herrschaft, aus der Erkenntnis, dass die neue Politik, die seit dem 8. Mai 1945 vonnöten ist, nicht verwirklicht worden ist und anders nicht vorankommen mag, nicht einmal ansatzweise. (Nicht ohne Grund haben die katholischen Bischöfe der USA 1983 angesichts immer weiterer Aufrüstung das Erfordernis der neuen Politik und ihrer anderen Formen unterstrichen.)

Widerständig handeln lernen hat zuallererst mit dem eigenen Selbstverständnis, dem Selbstbewusstsein zu tun, mit meiner und deiner Wahrnehmung dessen, was wirklich ist. Wer sich am 8. Mai 1945 als Herausforderung und Chance neuer Politik orientiert, dem wird ein Dreifaches wichtig sein:

- Wie können Menschen um ihrer selbst willen so selbstbewusst aufwachsen (erzogen werden), dass sie politisch handlungsfähig werden, so dass sie nötigenfalls zu widerstehen vermögen? Denn die letztlich an Personen festzumachenden Möglichkeiten zu widerstehen haben hier ihre institutionellen Voraussetzungen.
- Wann ist es jeweils erforderlich, sich entgegen den Moden, „Bewegungen", Parteien, dem regierungsamtlichen Verhalten u. ä. m. zu stellen? Wie kann man politische Sensibilität dafür stärken und entsprechende „Sensoren" dafür entwickeln, dass biedermännliches und biederfrauliches Verhalten verhängnisvoll ist? Dass es brandstifterisch tätig wird?
- Welche Ziele und Mittel sind in welchen Bezug zu setzen? Diese Frage ist nicht allgemein zu beantworten. Feststellbar ist nur der strikte Grundsatz, dass die Mittel demokratischen Zielen entsprechen müssen. Formulierbar ist die tägliche Schwierigkeit, was man

riskieren solle, dürfe, müsse, wenn in der eigenen Schule oder im Betrieb, wenn im Krankenhaus oder im Altenpflegeheim etwas, was man „eigentlich" nicht tolerieren dürfte, geschähe. Was darf man sich noch, was darf man sich nicht mehr gefallen lassen?

Wir haben im Laufe der Zeit die Grenzen nach und nach weiter nach vorne verlegt. Gerade in der Art, wie wir uns beruflich verhalten, was wir selbst tun. Dies ist nur möglich, wenn man hierfür die erforderliche Freiheit gewinnt. Dieselbe ist nicht exklusiv materiell bestimmt, so sehr die materiellen Chancen gerade widerständiges Verhalten im weiteren Sinne beeinflussen. Dasselbe hat aber gleichstark damit zu tun, dass man genügend Phantasie entwickelt hat. Dass man zu anderen Lebensformen in der Lage ist. Und nicht zuletzt, ob man der Vereinzelung zu entgehen vermag.

(...)

Klaus Vack

Rede zum 10. Odenwälder Friedensmarsch an Ostersamstag, 30. März 1991, in Höchst (Odenwald)

Vorbemerkungen

Ob kindliche Kriegserfahrungen, traumatisch wie sie sind, habituell Käthe Kollwitz' gezeichneten Ruf „Nie wieder Krieg!" ein Leben lang eingraben? Wer weiß. Viele andere Über- und herrschaftliche und nationale Gegenlagerungen mögen das verhindern.

Für Klaus Vack und andere Kriegskinder gilt jedenfalls, dass das eigene kindliche Krieg-Erleben mit anderen Motiven zusammen, Friedenspolitik, friedlichen Kampf um und für eine strikt gewaltfreie Innen- und Außenpolitik, zur ersten Aufgabe hat werden lassen (s. das im Gegenstand schreckliche, in der Art des Schreibens und den präsentierten Erfahrungen schöne, vom früh verstorbenen Helmut Lessing komponierte Buch: „Kriegskinder", das auch einen Beitrag von Klaus Vack enthält).

Klaus Vacks Rede vom 30.3.1991 zeigt wie alle Reden, die aus aktuellem Anlass gehalten worden sind, wie rasch die Zeit vergeht und die Konstellationen sich wandeln. Wer dürfte heute noch „positiv" von der Bundesrepublik und „ihrer" Bundeswehr sprechen, als hätten diese die deutschen Schuld- und Opfererlebnisse des nationalsozialistisch bis zum Genozid und zur totalen (Selbst-)Zerstörung geführten 2. Weltkriegs wirklich und wirksam aufgearbeitet. Mit vorausgehenden Geld- und anderen Waffenhilfsengagements schon zuvor – mit dem 2. Golfkrieg von 1991 hob dies an – haben die BRD, ihre Regierung, ihr fast hundertprozentig vorab folgsames Parlament und zu ihrem Teil auch die Bundeswehr am Kosovokrieg 1999 kriegs-treibend teilgenommen. Und seither protzen die politischen Vertreter dieser lernunwilligen Republik wieder mit weltweitem militärischen Muskelspiel, notfalls im humanitär kamouflierten Einsatz. Die Sicherheit der BRD – und anderer europäischer Musterfriedensnationen – am Hindukusch und überall auf der

Welt verteidigen, heißt die nun auch in die europäische Missverfassung eingegangene Devise.

Die Rede Klaus Vacks bleibt dennoch unmittelbar aktuell. In dem sie zeigt, wie die Geschichte der Bundesrepublik sich im Friedens- bzw. Militär- und Rüstungsraffer liest. Indem sie, wichtiger, darauf aufmerksam macht, dass friedenspolitisches Engagement nicht einmal, wenn's gerade bewegt Mode ist, erforderlich ist. Einmal ist gewiss besser als keinmal. Friedenspolitisches Engagement, die fundamentale Opposition gegen alles, was Krieg macht, Vorkriege und ihre Akkumulation von Kriegsursachen einschließlich der Rüstungen, Kriege und Nachkriege, die schon wieder neue Kriege hecken, fundamentale Opposition also ist um des Lebens willen dauernd erforderlich. Die Kette der gestern Friedensbewegten gibt der nächsten, die morgen auf die Straße geht, die Hand.

Klaus Vacks Rede am gegebenen Ort Odenwald zeigt ein weiteres. Darauf kommt es auch an, dass man Traditionen schafft und erhält. Und dass man dies vor allem auch lokal und regional, dort, wo man lebt, tut. Klaus und Hanne Vack haben wesentlich zur Arbeit des „Odenwälder Friedensforums" und der Kontinuität seiner Ostermärsche beigetragen. Ostermärsche in der „Provinz", die mehr Zulauf hatten als in vielen Metropolen. Ohne dauerhafte und organisierte Zusammenarbeit wäre dies nicht möglich. Erst so ist die alltägliche Wirkung gesichert. So ist es möglich, dass Friedens- wie andere menschenrechtlich orientierte Bewegungen zuweilen verschwinden wie die Donau früh in ihrem Lauf. Und plötzlich tritt sie, treten sie wieder auf. Sie, die Donau und sie, die Friedensaktivitäten, würden dies aber nicht tun, hätte es nicht Vorlaufbäche und Vorlaufbewegungen gegeben, gäbe es nicht unterirdische Strömungen.

Friedensrede

Liebe Freundinnen, liebe Freunde,

Ostern 1961, also vor 30 Jahren, haben wir mit dem ersten hessischen Ostermarsch der Atomwaffengegner begonnen. Nicht hier im Odenwald, sondern in Miltenberg, und wir sind von Karfreitag über vier

Tage bei strömendem Regen etwa 100 Kilometer gelaufen, den Main entlang über Obernburg und Aschaffenburg, quer durch den Spessart nach Hanau und dann nach Offenbach bis zum Frankfurter Römerberg.

Wir waren von Anfang an und über den größten Teil der Demonstrationsstrecke 300 Leute. Wenig Ältere, meist Junge. Viele Eltern, die ihre Kinder in Handkarren mitzogen.

Westdeutschland war wieder aufgebaut. Die meisten Menschen hatten den schrecklichen Zweiten Weltkrieg verdrängt. Sie rannten dem neuen Wohlstand nach. Es war kältester Kalter Krieg zwischen West und Ost. Wir waren ein freies Land mit einer demokratischen Verfassung. Aber die meisten wussten mit ihrer Freiheit nichts anzufangen. Es gab im politischen Sinne keine Opposition.

Die ersten Ostermärsche waren kleine Schritte auf einem langen Weg mit dem Ziel: Frieden, Demokratie und Gerechtigkeit. Wir wenigen Ostermarschierer damals vor 30 Jahren begannen zu lernen, dass man für seine politischen Ziele demonstrieren, dass man auf die Straße gehen muss.

Ostern 1961 hielt ich auch meine „Jungfernrede". Einen Satz will ich zitieren, der mir damals wie heute gleichermaßen wichtig ist: „Erstmals marschieren Deutsche für den Frieden und nicht in den Krieg."

Die weltweiten Ostermärsche der sechziger Jahre haben einiges erreicht. Das lief vor allem über die Köpfe von immer mehr Menschen, die nachdenklich wurden.

Zweifelsfrei, um nur drei Beispiele zu nennen, war die Einstellung der Atombombenversuche, zumindest in der Atmosphäre, durch die USA, die Sowjetunion und Großbritannien ein Ergebnis unserer Friedensmärsche.

Die Entspannungspolitik in Europa durch die 1969 gewählte sozialliberale Koalition hat ihre Wurzeln in der damaligen Friedensbewegung.

Und die USA mussten den brutalen Krieg gegen das kleine Vietnam nicht etwa deshalb beenden, weil sie dem Vietcong militärisch unterlegen waren, sondern weil die Friedensbewegung weltweit und insbesondere in den USA selbst die amerikanische Regierung so sehr unter Druck setzte, dass sie den Vietnamkrieg innenpolitisch nicht mehr durchhalten konnte.

1961 waren wir auf dem Römerberg in Frankfurt 3.000 Demonstranten. 1968 waren wir 30.000 bis 40.000 und in gesamt Westdeutschland mehr als 200.000. Diese außerparlamentarische Bewegung, die durch die 68er Studentenproteste neuen Auftrieb erhielt, hat die politische Kultur in unserem Lande radikal demokratisiert.

In den 70er Jahren stand die Friedensfrage nicht im Vordergrund. Es ging um Entspannung zwischen Ost und West. Es ging um „mehr Demokratie wagen".

Wir erkannten die Gefahren durch die sogenannte friedliche Nutzung der Atomenergie. Wir registrierten kranke Wälder, sterbende Flüsse, verpestete Luft. Und immer erneut gingen wir auf die Straße. Zum Beispiel in Biblis gegen den deshalb nie gebauten Block 3 des Atomkraftwerks. Zum Beispiel in Brokdorf, wo wir das AKW nicht verhindern konnten. Zum Beispiel in Kalkar, wo wir, wie sich heute zeigt, die Inbetriebnahme des Schnellen Brüters verhindert haben. Zum Beispiel in Gorleben und in Wyhl, wo die geplanten großen Atommeiler durch unseren Widerstand verhindert wurden. Zum Beispiel an der Startbahn West, die trotz unseres Widerstandes gebaut wurde.

Von Friedensbewegung sprach damals keiner. Sie schien tot. Und dann kam die Auseinandersetzung über die Stationierung der atomaren Mittelstreckenraketen. Und plötzlich zeigte sich, dass der Friedensgedanke nicht ausgelöscht war. 300.000 Menschen demonstrierten am 10. Oktober 1981 gegen die Raketenpläne.

Ostern 1982 begaben wir uns erstmals hier, wo wir leben, im Odenwald, auf den Friedensweg. Keiner, auch ich nicht, hat 1982 erwartet, dass wir mal einen 10. Odenwälder Friedensmarsch machen würden. Es war nicht mehr als ein Traum. Und doch, um nur die zwei herausragenden Beispiele zu nennen: die Odenwälder Friedensbewegung hat es geschafft, dass immer mehr Bürgerinnen und Bürger die Tieffliegerei und das Munitionsdepot am Hainhaus als einen unerträglichen Skandal empfanden, der aus der Welt geschafft werden muss.

Oft waren wir auch sehr pessimistisch. Aber wir haben an unserem Protest und Widerstand festgehalten.

Dann Hoffnung und Freude. Der INF-Vertrag zur Abrüstung der atomaren Mittelstreckenraketen in Ost und West. Weitere Abrüstungsverträge. Der demokratische Aufbruch in Osteuropa und in der DDR.

Noch vor einem Jahr glaubten wir, es könnte erreichbar sein, dass wir bei uns in Deutschland damit anfangen: Frieden schaffen ohne Waffen – Für eine zivile Bundesrepublik, für eine Bundesrepublik ohne Armee.

Und wir hatten nicht nur diesen Glauben. In keinem Jahr zuvor waren wir Odenwälder Friedens- und Hoffnungsmenschen so oft am Hainhausdepot und störten Munitionstransporte am Michelstädter Verladebahnhof. In keinem Jahr waren so viele Ballons gegen die Tieffliegerei am Himmel.

Aber die Wende kam wie schon so oft sehr plötzlich. Die meisten Deutschen befanden sich trotz aller Warnungen, die heute so bittere Wahrheit geworden sind, im vaterländischen Taumel. Vor allem die gewaltfreien Revolutionärinnen und Revolutionäre, die im Oktober und November 1989 das SED-Regime stürzten, müssen heute die bittere Suppe auslöffeln, die den Menschen in der ehemaligen DDR von unserer Bundesregierung eingebrockt wurde.

Doch es kam noch schlimmer. Fast gelähmt mussten wir zusehen, wie der Krieg am Persischen Golf vorbereitet wurde. Mit Entsetzen im Herzen und Tränen in den Augen erlebten wir den 17. Januar 1991.

Etwa eine Million Tonnen Bomben wurden innerhalb von sieben Wochen auf Kuwait und Irak geworfen. Diese „Abrüstungsmaßnahme" der USA hat eine ganze Region in die Steinzeit zurückgebombt.

Inzwischen geben die US-Militärs sogar zu, dass mindestens ein Drittel der Erdölquellen durch diese Bombardements in Brand gesetzt wurde. Es gelang der Propagandamaschine, den Despoten und Verbrecher Saddam Hussein in den westlichen Medien mit dem irakischen Volk zu identifizieren.

Und heute, da Kuwait befreit, das heißt zerstört ist, und da Saddam

Hussein seine eigenen Landsleute und allen voran die Kurden abschlachten lässt, ist dies den Despoten in Washington absolut gleichgültig.

Wir haben gezittert mit den Israelis und den Palästinensern, als die ersten Scud-Raketen einschlugen. Heute diskutiert man in Israel ganz offen darüber, dass die Patriots die Scud-Raketen bereits kurz nach dem Start hätten zerstören können, und dass der israelische Geheimdienst wusste, dass Saddam Hussein über keine Giftgassprengköpfe für diese Raketen verfügte. Die Frage: Warum steht das nur in der „Jerusalem Post“ und nicht in den deutschen und auch nicht in den US-amerikanischen Zeitungen?

Aber auch: Die für tot erklärte deutsche Friedensbewegung war gar nicht tot. Am 17. Januar begann das Bombardement. 10 Tage später demonstrierten 250.000 Menschen in Bonn für Frieden, für einen sofortigen Waffenstillstand. Wir demonstrierten nicht für Saddam Hussein, sondern gegen ihn, aber auch nicht für George Bush, sondern gegen seine Kriegspolitik.

Dabei wussten wir, unser Protest, unser Schrei nach Frieden, hält keine Kugel auf, die abgeschossen wird, verhindert keinen einzigen Bombenabwurf, kann kein einziges Menschenleben retten. Krieg ist Krieg.

Und schlimmer noch: Alle Probleme sind noch größer geworden, als sie es vorher schon waren. Israels Existenz ist unsicherer geworden. Das Geld, das in der Ex-DDR fehlt, wurde von der Bundesregierung ohne viel Federlesens in die US-amerikanische Golfkriegskasse gezahlt. Nach neuesten Ausrechnungen 18 Milliarden Mark. Die „Erzfeinde“ Özal und Hussein massakrieren die Kurden schlimmer als je zuvor. Der größte Teil der Palästinenser in den israelisch besetzten Gebieten hungert, darunter 50 Prozent Kinder unter 14 Jahren.

Aber auch jedes 8. Kind in den Vereinigten Staaten ist hochgradig unterernährt. Und gleichzeitig werden an dem brutalen Krieg der Roten Khmer gegen die Bevölkerung in Kambodscha über Waffenlieferungen harte Dollar verdient.

Das Los der baltischen Staaten, die einen demokratischen und gewaltfreien Weg in die Unabhängigkeit gehen wollen, kümmert die Bonner Politiker einen Dreck.

Und irgendwann werden sie wieder versuchen, die Bunker im Hainhausdepot mit neuer noch modernerer Munition vollzustopfen. Und bald werden die Tiefflieger vom Fronteinsatz am Persischen Golf zurück (80 Prozent der Überflüge im Odenwald geschehen durch die US-Luftwaffe) über unsere Köpfe donnern. Man könnte verzweifeln!

Und deshalb machen wir heute unseren 10. Odenwälder Friedensmarsch. Gewaltfrei, friedlich, aufrecht. Denn der Krieg am Golf, der heute noch als großer Sieg gefeiert wird, war in Wirklichkeit eine Bankrotterklärung der Politik. Leider auch der Vereinten Nationen, die sich durch den US-Präsidenten erpressen ließen. Unsere wichtigste Lehre aus der schrecklichen Golfkrise muss sein: der Krieg muss verhindert werden, bevor er beginnt.

Und da stehen wir Deutschen gar nicht so schlecht da. Es ist auch ein Verdienst von 30 Jahren Friedensbewegung, dass viele Soldaten der Bundeswehr nicht wie anno 1914 oder 1939 in den Krieg ziehen wollen. Sie sind keine Feiglinge. Sie sind Menschen einer Gesellschaft, in der es eine Friedensbewegung gibt, die eine Utopie hat: leben statt töten, Gerechtigkeit und Solidarität mit den Armen, die natürlichen Lebensgrundlagen bewahren.

Liebe Freundinnen, liebe Freunde, lasst euch nicht einschüchtern. Wir Utopisten und Friedensfundamentalisten sind die wirklichen Realisten für das Leben. Die Großen in der Industrie, in der Politik, in den Waffenschmieden und unter den Militärs sind stark, und sie haben viel Macht. Und doch sind sie ein tonnenschweres Stahlkoloss auf tönernen Füßen.

Lasst uns neuen Mut fassen. Auf Dauer sind Hoffnung und Liebe stärker als Zynismus und Raffgier.

Es passt besonders zum langen Atem der Ostermarschbewegung und auch zu diesem 10. Odenwälder Friedensmarsch, wenn wir sagen: Viele kleine Leute an vielen kleinen Orten, die viele kleine Schritte tun, können das Gesicht der Welt zum Guten verändern.

Ob wir es erreichen? Ob wir, die wir heute zusammen sind, und alle die anderen Ostermarschiererinnen und Ostermarschierer dies je erleben?

Gebt die Hoffnung nicht auf! Immer erneut und auch heute beim 10. Odenwälder Friedensmarsch: Nie wieder Krieg! Schwerter zu Pflugscharen! Frieden ist möglich!

Hanne und Klaus Vack

BoA – Die Verfassungsparole am Ausgang des 20. Jahrhunderts*

Vorbemerkungen

Dieser Artikel ist thematisch unvermindert aktuell. Könnte man grammatikalisch und sachlich steigern, Anfang des 21. Jahrhunderts und seiner antiterroristischen, selbst terroristisch gewandten, US-geführten Weltkehre aktueller denn je.

Seine Aktualität macht der Text selber einsichtig. Dass der von ihm vertretenen Verfassungsparole nach der Vereinigung der beiden deutschen postnationalsozialistischen Staaten, der DDR und der BRD, zur erweiterten BRD nicht im Sinne einer Generalrichtung Schritt für Schritt gefolgt worden ist, ja, dass sie nicht einmal breiter diskutiert worden ist, gehört zu den großen schuldhaften Versäumnissen all derjenigen Parteien, Gruppen und Repräsentanten, die in der BRD angeblich deren Politik „machen". Dass und wie die Riesenchance verpasst worden ist – nach dem überraschenden und überwiegend gewaltlosen Ende des Sowjet-Imperiums, des damit verbundenen Endes des Kalten Krieges und der davon ermöglichten Vereinigung beider deutscher Staaten –, war nicht nur verantwortungslos. Dieses Versäumnis steht auch im Kontext anderer Versäumnisse mit nachhaltig negativen Folgen.

Diese fangen mit dem Grundgesetz und den von ihm gewährten liberaldemokratischen Qualitäten an. Selbst und gerade liberaldemokratisch waren und sind sie den Problemen heutiger Zeit nicht mehr gemäß. Jede Neuerung wurde versäumt. Solche wären nicht zuletzt um des gedeihlichen Zusammenlebens der beiden Bevölkerungen in einer Gesellschaft erforderlich gewesen. Die Alt-BRD, die die Vereinigung in

---

* in: links, 23. Jg., Nr. 258, Nov. 1991, S. 14 - 16

Form einer bürokratischen „Erstreckung" betrieb und die ungleiche Neu-BRD demonstrieren in der Mehrheit ihrer Interessen damit, dass sie zuerst getrennt und nun wieder gemeinsam, den Auftrag, den ihnen der Grabenbruch deutscher Geschichte zwischen 1933 und 1945 gegeben hatte, nicht im mindesten begriffen haben. Heute, bald 15 Jahre später, tun sie dies weniger denn je. Sie deuten nicht nur im eitlen „Konsens der Demokraten" schäumenden Munds auf die NPD, die sie selbst produziert haben und immer erneut produzieren, um sich und andere rechthaberisch über die eigenen Versäumnisse und Vorurteile zu täuschen. Sie präparieren auch die Bundeswehr, ja äußere und innere, gewaltbestimmte, Sicherheit insgesamt, im europäischen und nordatlantischen Kontext in einer Weise um, dass das „neue" (!) Deutschland überall auf der Welt wieder als Kriegsmacht auftreten kann.

Der Text, den Hanne und Klaus Vack zusammen verfassten, dokumentiert darüber hinaus eine Politikform, die die Frauenbewegung der 70er Jahre des vorigen Jahrhunderts eine Politik der ersten Person genannt hat. Und zwar im Singular als auch und vor allem im Plural. Politik und eigener Haushalt waren im Hause Vack (fast) eins. Das ganze Haus war politikvoll. Dazu gehörte wie selbstverständlich die enge politische Zusammenarbeit von Hanne und Klaus Vack neben, in und mit der Familie (in die sich buchstäblich in wachsendem Maße die beiden Töchter einfügten). Die politische Zusammenarbeit war zum einen arbeitsteilig geprägt. Klaus Vack war der hauptsächliche politische „Unternehmer". Hanne Vack war die über die Maßen behände und geschwinde Umsetzerin. Die reibungslose Zusammenarbeit verschieden befähigter und kompetenter Menschen wäre jedoch nicht möglich gewesen, wenn sie nicht weit übers übliche persönliche Vertrauen und die hundertprozentige wechselweise Zuverlässigkeit hinaus auch eine rundum politische Übereinstimmung gewesen wäre. Darum kündet dieser Artikel, darum kündet all das, was in diesem Buch abgedruckt ist, primär von Klaus Vack verfasst, jedoch von Hanne Vack geschrieben und korrigiert, von beiden als einer unterschiedlich akzentuierten Einheit. Darin liegt auch die schier atemberaubende politische Produktivität begründet, die die diversen Büros auszeichnete: des Verbands der Kriegsdienstverweigerer, der Ostermarschbewegung, der Kampagne wider die Notstandsgesetze, des Sozialistischen Büros und des Komitees für Grundrechte und Demokratie. Diese politischen Büros waren im Kerngehäuse wörtlich immer Büros der Vacks.

BoA – Die Verfassungsparole am Ausgang des 20. Jahrhunderts*

Das durch die Entwicklung in Osteuropa bewirkte Ende des Kalten Krieges eröffnete neue Chancen. Die wichtigste davon bestand und besteht darin, den Frieden zwischen unterschiedlichen Gesellschaften mit den einzig angemessenen Mitteln aufrecht zu erhalten: mit friedlichen. Für die Bundesrepublik Deutschland, deren gesamte „äußere" Sicherheit, hochgerüstet und eingebunden in die Nato, gegen den „Osten" ausgerichtet gewesen ist, könnte der Wegfall dieser (erdachten und/oder realen) Gefahren darin bestehen, die ohnehin unmäßig teure Rüstung aufzugeben: Eine Bundesrepublik ohne Armee. Dieser Devise haben Gruppen innerhalb der Friedensbewegung u.a. durch eine Aufklärungskampagne, verbunden mit einer Petition an den deutschen Bundestag, vor allem in den ersten Monaten des Jahres 1990, das Wort gegeben. Die Sache selbst steht allerdings weiterhin auf der friedenspolitischen Tagesordnung.

Die Bundesrepublik Deutschland ist mit dem Anschluss der ehemaligen DDR in Gestalt fünf neuer Bundesländer anders geworden. Wenn sich die neue Verfassung aber nicht nur als veränderte Wirklichkeit ergeben und aufnötigen soll, bedarf es einer bundesdeutschen Ortsbestimmung der Gegenwart, von der Vergangenheit her, auf die Zukunft

---

* Anmerkung der „links"-Redaktion: Stark gekürzter Vorabdruck aus dem Jahrbuch '90 des Komitees für Grundrechte und Demokratie. Das Jahrbuch '90 referiert und reflektiert in 12 Monatsbeitragen (Januar bis Dezember 1990), zirka 10 Hauptaufsätze zu zentralen Ereignissen, einer umfassenden Dokumentation und einem detaillierten Ereigniskalender aus demokratischer, menschenrechtlicher und friedenspolitischer Perspektive das Jahr 1990. Das Komitee-Jahrbuch erscheint seit 1983; Umfang ca. 500 Seiten; Preis: DM 25, -

hin; in beiden 45 Jahre getrennten Deutschlands, getrennt und gemeinsam zugleich.

Bisher besteht wenig Hoffnung, dass eine solche Diskussion über eine nach innen und außen eindeutig zivile BRD zustandekommt. Sie wird von etablierten Kreisen nicht gewünscht. Sie wird verschoben und unterdrückt. Der atem- und konzeptionslose Prozess der „Vereinigung" zerstörte selbst Ansätze des Nachdenkens. Die konventionelle Politik poltert phantasielos einher; Kosten und Zukunft missachtend. Und wenn denn überhaupt, nun von der Unruhe des Golfkrieges verstärkt, darüber nachgedacht wird, was getan werden müßte, dann kommt nichts anderes heraus als Althergebrachtes: Nicht auffallen; sich einordnen; die eigenen kurzsichtigen Interessen „machtvoll" und geschickt ins Spiel bringen.

Also wird europäische Politik ohne Idee, außer der des ökonomischen Wachstums, betrieben. Also sind nun einflussreiche Politiker dabei, das neue Deutschland auch als Weltkriegsmacht etablieren zu wollen. Strikt in den Gewändern von Sicherheitspaketen, versteht sich. Möglichst mit UNO-Helmen. Aber, was heißt das schon bei genauerem Hinsehen!

Die Verfassungsfrage im Großen verlangt mehrere Antworten, doch diese Antworten müssen zusammenpassen. Demokratisierung und die soziale Begründung von Menschenrechten können nicht umstandslos und konsequenzlos mit anderen Bauprinzipien kombiniert werden. Bezogen auf die Verfassung im Innern, und bezogen auf die Art, wie sich die Bundesrepublik in der Welt darstellen sollte, gibt es nur eine Antwort, die richtig und triftig wäre: Die BRD muss den Weg hin zu einer *Bundesrepublik ohne Armee* (BoA) einschlagen. Sie auf Abrüstung zu verpflichten, wäre zu wenig. Auf die Erprobung anderer Formen von Problem- und Konfliktlösung kommt es an.

Aber was helfen alle hier genannten (und gegebenenfalls weiteren) „guten Gründe" angesichts der allgegenwärtigen Auffassung, wonach der Beste nicht in Frieden leben kann, wenn es dem bösen Nachbarn nicht gefällt? Immerhin wird auch von vielen Menschen, die sich in Friedensgruppen und Friedensarbeit engagieren, die Meinung vertreten, es gelte zwar, die Hoch- und Überrüstung drastisch zu reduzieren und vor allem die Massenvernichtungswaffen zu ächten, aber eine Gesellschaft völlig ohne Militär sei doch eher eine irreale Utopie. Wir müssen uns deshalb mit solchen Einwänden gegen die totalen Abrüstung auseinandersetzen.

Pro- und Contra-Argumente

1. Pro Armee: Rüstet die BRD ab, löst sie die Bundeswehr auf, verzichtet sie auf Waffen und Rüstungsproduktion und begibt sie sich damit „aus dem Schutzhof" der NATO, wird sie früher oder später zum Spielball anderer Interessen. Dieselben verfügen über die Fähigkeit, die Bundesrepublik militärisch zu bedrohen und notfalls als leichtes Beutegut einzunehmen.

Contra: Die BRD war von Anfang an militärisch nicht zu sichern. Die wechselnden Doktrinen, denen sich die Bundesrepublik seit 1955 als NATO-Mitglied unterworfen hat, haben entweder die BRD insgeheim riskiert oder aber diese Doktrinen und die ihnen folgende Art der Rüstung in Westeuropa und den USA bauten auf dem Fundament „wirksamer", kriegsverhindernder Abschreckung. Die Paradoxie der (glaubwürdigen!) Abschreckungsdoktrin besteht aber gerade darin, dass eine Drohung nur dann zu wirken vermag, wenn sie notfalls auch ausgeführt wird. Wäre die ständige Drohung „nur" ein einziges Mal „Realität" geworden, dann hätte man das Territorium von BRD und DDR und die auf ihm lebenden Menschen preisgeben müssen. Zum Zwecke der Verteidigung und des möglichen Sieges gegen den allemal einseitig vorgestellten Aggressor, die Sowjetunion. Dieser NATO- und US-Schutz Deutschlands wurde in der alten BRD bereits von der Friedensbewegung (besonders im Zusammenhang der Auseinandersetzung um die so genannte Nachrüstung) in Frage gestellt: „Wer schützt uns vor unseren Freunden?" (Oskar Lafontaine).

2. Pro Armee: Gerade weil sich die Lage in Europa verändert hat und schwerer berechenbar geworden ist, kann umso weniger eine unerwartete militärische Bedrohung durch andere Staaten ausgeschlossen werden.

Der Ostblock ist zwar zerfallen, aber die Sowjetunion noch immer die zweite Militärweltmacht. Der Balkan ist unruhig, und wer garantiert die ewige Freundschaft zum Beispiel Frankreichs und Großbritanniens? Letztere sind immerhin Atommächte.

Contra: Jede vernünftige und mit Augenmaß betriebene Vorstellung derartiger Gefahren unter dem Aspekt gegenwärtiger Bedingungen und ihren zukünftigen Entwicklungsmöglichkeiten führt unseres Erachtens zu dem eindeutigen Schluss, dass in Europa und von europäischen Mächten keine militärische Gefahr für die BRD und ihre Bewohnerinnen und Bewohner ausgeht. Es sei denn, die BRD würde ihrerseits unverhofft aggressiv. Diese Möglichkeit wäre jedoch gerade infolge eines abgerüsteten Status der BRD nicht mehr gegeben. So wenig militärische Macht zur Durchsetzung und Erhaltung herrschaftlicher Interessen zu unterschätzen ist (der Golfkrieg hat dieses Faktum wieder einmal deutlich gemacht), so sehr verfügt die Bundesrepublik Deutschland aufgrund ihrer ökonomischen Stärke und ihrer politischen Möglichkeiten über nichtmilitärische Instrumente, sich zu wehren oder notfalls andere Länder – ebenfalls nichtmilitärisch – zu sanktionieren.

3. Pro Armee: Ein Nachfolgeeffekt einseitig vorausschreitender Abrüstung wird nicht eintreten. Vielmehr werden sich die mit der Bundesrepublik seither verbündeten Staaten mit allen möglichen Mitteln dagegen wehren, dass die BRD aus dem Sicherheitsblock und vor allem dem Denken und Handeln in Kategorien militärischer Sicherheit ausscheidet.

Contra: In der Tat. Man würde die tief eingefahrene, militärisch begründete Sicherheitskonzeption übersehen, nähme man an, eine Dynamik der Waffenvernichtung und der Auflösung militärischer Institutionen käme rasch in Gang. Irritationen, Einsprüche, Widersprüche, Widerstände werden zunächst die Folge angekündigter Abrüstung sein. Jedoch: So dringlich es ist, eine solche Entscheidung prinzipiell bald zu treffen, so wichtig die BoA-Debatte bereits heute ist, so sehr versteht es sich, dass auch innenpolitisch die Bundesrepublik nicht von einem auf den anderen Tag abrüsten könnte. Die eigene Bevölkerung muss überzeugt werden, und Bürgergruppen müssen „von unten“ auf Parteien und Regierung Druck ausüben, wenn die Einsicht in die Notwendigkeit totaler Abrüstung Gestalt annehmen soll. Eine solche prinzipielle Veränderung, eine solche Emanzipation der Politik vom Militär kann und darf nicht einfach irgendwo von irgendeinem (den „zuständigen" Militärs und Politikern) einseitig beschlossen werden. Dieser Umbau der Politik und die Art, bürgerliche Sicherheit zu gewährleisten, bedarf demokratischer Willensbildungs- und Entscheidungsverfahren. Dieser innere Prozess bliebe auch außenpolitisch nicht folgenlos. Sobald vor allem in Europa (aber auch weltweit) einsichtig gemacht werden kann, dass „die Deutschen" Ungewöhnliches versuchen, aber im Gegensatz zu allen früheren „Ungewöhnlichkeiten" niemanden bedrohen, niemanden berauben, sondern umgekehrt auf die Solidarität der Völker bauen, wird die Abrüstungsdynamik auch andere Gesellschaften erfassen.

4. Pro Armee: Die Menschen sind wie sie sind. Jede und jeder ist ein potentieller Krieger und Egoist. Da ändert sich nichts. Damit sie sich nicht umbringen, hinterhältig übervorteilen, betrügen und belügen, müssen sie gezähmt werden. Ohne das staatliche Gewaltmonopol führt jede Gesellschaft in Anarchie und Selbstzerstörung. Und was im Innern der einzelnen Länder gilt, trifft auch zwischen ihnen zu. Solange es kein Weltmonopol gibt, das Aggressoren in die Schranken weist, müssen die einzelnen Staaten und Staatengemeinschaften so stark gerüstet sein, dass sie sich ihrer Haut wehren und ihre Bürger entsprechend schützen können. Wozu braucht man noch Staaten, wenn diese ihre Grenzen nicht mehr sichern können?

Contra: Die „Es-war-immer-so"-Annahmen, die alle Geschichte zur „Wiederkehr des Gleichen" verdammen, scheinen schwer zu widerlegen. Sie sind irrationale Blockaden und stecken voller Interessen. Man will, dass prinzipiell alles beim „alten" bleibt, darum behauptet man, nur das „Alte" sei wirklich. An unzähligen historischen Beispielen läßt sich beweisen, wie sehr Menschen bis ins vermeintliche Innerste ihres Gefühlslebens und ihrer „Grundbedürfnisse" hinein von den (historischen) Umständen geprägt werden. Die gerade abrollende Auflösung der „realsozialistischen" Staatengesellschaften und die in ihr kenntlichen Verwerfungsschichten bieten eine aufregende Anschauung. Wie haben allein vierzig Jahre SED-Herrschaft die Menschen in der DDR im Vergleich zu denjenigen in der BRD anders werden lassen, obgleich doch von unterschiedlichen „Anlagen“ kaum die Rede sein dürfte. Es trifft zu, Menschen sind nicht einfach „gut“. Aber sie sind ebensowenig einfach „böse“: Entscheidend ist es gerade deshalb, welche Möglichkeiten zu wachsen und erwachsen zu handeln, die gesellschaftlichen Bedingungen anbieten. Wenn von Menschenrechten nicht nur geredet wird, sondern wenn sie in Bedingungen des Bewusstseins und Verhaltens im weitesten Sinne organisatorisch umgesetzt werden, dann sind Konflikte in den einzelnen Ländern und zwischen ihnen ohne tödliche Gewalt möglich.

5. Pro Armee: Wenn aber ein Verbrecher an die Spitze eines Staates gelangt und mit kriegerischen Mitteln andere Staaten und ihre Bewohner gefährdet, dann verlangen die Menschenrechte dieser bedrohten Menschen geradezu, sie zu schützen. Da können kriegerische Mittel nicht absolut ausgeschlossen werden. Alles andere läuft auf Drückebergerei hinaus. Man wäscht sich pazifistisch die Hände in Unschuld, während vor der Tür Menschen blutig abgeschlachtet werden. Siehe als aktuelles Beispiel Saddam Hussein.

Contra: Wer dürfte dies leugnen. Notsituationen, die nicht vorausgesehen worden sind, können eintreten. Doch in aller Regel kommen unberechenbare Verbrecher nicht einfach von heute auf morgen zur Herrschaft. Sie haben Geschichte; sie müssen zuvor in der „Teufelsgestalt“ sich entwickelt haben, als die sie dann wie plötzlich wahrgenommen werden. Saddam Hussein war als ein verbrecherischer Potentat seit einem dutzend Jahren wohlbekannt. Selbst dann aber, wenn Versäumnisse nicht mehr rückgängig zu machen sind, gibt es genügend Möglichkeiten, einen Aggressor mit nichtmilitärischen Mitteln zu stoppen. Die hochgradig zusammenhängende Welt macht diejenigen, die sich isolieren oder die isoliert werden, verwundbar und lässt entsprechenden Druck ausüben. Wichtiger ist allerdings, dass, sobald das „letzte Mittel“, also der Krieg, nicht mehr zur Verfügung steht, mögliche potentielle Konflikte gleichsam zwangsläufig (systematisch) viel früher und vor allem demokratisch zu lösen versucht werden.

6. Pro Armee: Selbst wenn unterstellt wird, der Zustand einer Welt ohne Krieg sei in irgendeiner fernen „bukolischen“ Gesellschaft realistisch denkbar, ist doch der Weg dorthin unvermeidlicherweise mit Kriegen gepflastert, so dass ein Ende nicht in Sicht ist. Denn die Vorbedingungen friedlicher Konfliktlösungen fehlen heute. Waffen sind weltweit gestapelt; Massenvernichtungsmaschinen, fähig auch zum vielfachen Overkill; ABC-Waffen, zum Teil in den Händen kleiner oder gar Entwicklungsländer (z.B. Irak, Israel, Pakistan, Indien ...); High-Tech-Waffen (siehe Golfkrieg); und „konventionelles" Kriegswerkzeug – nicht zuletzt geeignet für Bürgerkriege – von der Kalaschnikow und der Uzi bis zu Panzern und Flugzeugen (aktuell „sprechen" sie z.B. in Jugoslawien). Und es kommt hinzu, dass die vorhandenen Konflikte nun einmal in Zeiten des Kriegsdenkens akkumuliert worden sind. Zum Charakter gewordene Denkmuster haben sich fixiert. Es ist zu spät für eine Welt ohne Waffen und ohne Armee, zu spät für eine Welt ohne Krieg. Einzig kriegsvermindernde und schadensbegrenzende Strategien liegen im Bereich des Möglichen und sind auch konsequent anzustreben.

Contra: Wir behaupten nicht, eine rasche und allwirksame Lösung zu besitzen. Wir wissen, das herkömmliche vorhandene Bewusstsein, die dementsprechend angehäuften militärischen Mittel, die Angst vor neuen, unbekannten Wegen, all diese unübersehbaren Faktoren begünstigen den „Status quo" und die auf ihn bezogene „Realpolitik". Wenn aber die Gefahren, die auf den ausgefahrenen Hauptstraßen herkömmlicher Politik daherrollen, verlässlicherweise die Gefahren überragen, die zu vermuten sind, wenn endlich der Mut durchbricht, neue Wege zu versuchen, dann spricht alles dafür, erste Schritte in diese neue Zukunft versprechende Richtung zu tun. Sonst geschieht es wie in Bertolt Brechts „Gleichnis des Buddha vom brennenden Haus", dass wir nämlich noch fragen, ob es draußen regnet oder kalt ist und das brennende Haus nicht verlassen, obwohl uns die Flammen schon zu erfassen drohen. Brechts Buddha, der die Menschen im brennenden Haus erfolglos warnt, resigniert: „Diese, dachte ich, müssen verbrennen, bevor sie zu fragen aufhören."

7. Pro Armee: Die BoA-Forderung ist im Prinzip eine extreme Kehrseite der „deutschen Sendungen". Am „deutschen Wesen" soll nun gleichsam pazifistisch die Welt „genesen". Aber alle Welt hat glücklicherweise von jedweden „deutschen Sendungen“ die Nase ein für allemal voll. Auch uns Deutschen sollte es ähnlich gehen, wenn wir aus der Vergangenheit zu lernen bereit sind. Lasst uns doch endlich, so wie die Menschen in anderen Ländern stinknormal sein.

Contra: Das möchte einleuchten. Und doch sind zwei zentrale Fehler solchen Argumentierens nicht zu übersehen. Zum einen heißt, die Konzeption einer Bundesrepublik ohne Armee zu vertreten, nicht einer rational perfekten Utopie nachzujagen, die die Menschen aggressions- und konfliktfrei zurechtrücken soll. Nur das Mittel des Krieges und seine rüstenden Voraussetzungen sollen bekämpft und abgeschafft werden. Welche Menschen auch immer gewaltfreie Friedensgesellschaften anstreben werden, jedenfalls sind dann auch Weg und Ziel in einem. Menschen und Gesellschaften, die darauf verzichten, weder sich noch andere gewalttätig, also mit militärischen Mitteln, ummodeln zu wollen, werden gleicherweise weder sich noch andere auf dem Altar irgendwelcher „hehren Ziele“ opfern. (...)

Auch wir wissen, dass Aufklärung, Information und Kontroversen noch und noch notwendig sind, um so eine radikale Forderung wie BoA für viele überhaupt begreifbar zu machen. Sicher ist aber: Erst wenn man die eigenen Vorurteile, also Urteile, die man nicht mehr zur Disposition stellt, riskiert, hat man auch die Chance, freier zu werden als zuvor. Um wieviel lebendiger, geselliger, solidarischer und angstfreier könnte eine Gesellschaft aussehen, wenn an die Stelle von Heldenfriedhöfen Friedhöfe träten, die derjenigen gedächten, die ihrem zivilen Beruf und Leben treu geblieben sind. Trauer bleibt genug. Sie muß nicht durch Krieg erzeugt werden. Welche Möglichkeiten hätten glaubwürdige Emissäre, die zuhause selbst auf kriegerische Gewalt bzw. kriegsfähige Einrichtungen verzichten und Vermittlung sowie Hilfe zu gewaltfreien Konfliktlösungen anbieten möchten!

Was nottut ist, mit dem „Experiment des Friedens“ zu beginnen. Einer muß anfangen. Die Bundesrepublik Deutschland ist dran. Ihre neue Verfassung gewänne einen neuen Kern, einen zusätzlichen Sinn, könnte sich die BRD, könnten sich ihre Bürgerinnen und Bürger zu einer Bundesrepublik ohne Armee durchringen.

Klaus Vack

Warum lebenslang, trotz täglicher Versuchungen der Resignation, gegen die Lebenslange Freiheitsstrafe zu kämpfen ist – bis sie ersatzlos fällt*

Vorbemerkungen

Hanne und Klaus Vack haben auf ihre älteren menschenrechtlich aktiven Tage hin mehrere Preise bürger- und menschenrechtlich ausgerichteter Vereine eingeheimst. Glücklicherweise gibt es nicht nur offizielle Anerkennungen, die, mehr als man gewöhnlich vermutet, bestehende Herrschaft(en) kitten und mit Glanz versehen sollen.

Dass Hanne und Klaus Vack den Preis erhielten, der den Namen des „Kronjuristen" der SPD während der ersten Legislaturperioden des Deutschen Bundestages trägt, hat seinen guten Grund. Adolf Arndt, während des NS-Regimes auch ein Mann der „Bekennenden Kirche", war als Politiker im Kontext etablierter Politik den Vacks in vielem fremd – von seiner besonders gut beherrschten juristischen Kompetenz nicht zu reden. Darum „Kronjurist". Darum auch der Adolf-Arndt-Preis eines Republikanischen Anwältinnen- und Anwältevereins. Adolf Arndt engagierte sich jedoch geradezu unerbittlich für die konsequente Geltung der Grundrechte, trotz aller in der alltäglichen Politik unvermeidlichen Anfechtungen (vgl. sein kleines Schriftchen zum zehnjährigen Bestand der BRD: „Das nicht erfüllte Grundgesetz"). Er tat dies zur Zeit der jungen Bundesrepublik, da sich der autoritäre, vom Kalten Krieg gesteifte Habitus nicht nur der führenden Vertreter der Politik geradezu von selbst verstand. Arndt war ein Lichtblick im postnationalsozialistisch miefigen Milieu der „frühen Jahre" (Heinrich Böll). Nicht zufällig hat ein von ihm als kurzen Kultursenator von Westberlin ge-

---

* Dankrede von Klaus Vack vom 13.6.1992, vorgetragen in der Hessischen Landesvertretung in Bonn aus Anlass der Verleihung des Adolf-Arndt-Preises des Republikanischen Anwältinnen- und Anwältevereins an Hanne und Klaus Vack für ihr radikaldemokratisches Engagement

brauchtes Rabbiwort den Titel der politischen Festschrift zu Klaus Vacks 50. Geburtstag abgegeben: „Tradition heißt nicht, Asche aufheben, sondern die Flamme am Brennen erhalten!“.

Im menschenrechtlichen Engagement taten und tun es Hanne und Klaus Vack Adolf Arndt gleich. Auch und gerade deshalb außerhalb der etablierten Institutionen und ihres Drucks, den Tucholsky trefflich besungen hat: „Machen wir ’nen kleinen Kompromiss ...“, konnten sie dies uneingeschränkter tun. Aller drei Engagement traf sich in der Kritik der Todes- und, ineins damit, der lebenslangen Freiheitsstrafe. Letztere dient allzu vielen dazu, ihr menschenrechtliches Gewissen rein und gemütlich zu halten. Als ob es grund- und menschenrechtlich akzeptabel wäre, dass Menschen andere Menschen, und hätten sie sich erheblich „fehlsam“ verhalten, wie Helga Einsele, die im Februar 2005 im 95. Lebensjahr verstorbene Freundin von Hanne und Klaus Vack, formulierte – sie war 28 Jahre Leiterin des Frauengefängnisses zu Frankfurt-Preungesheim gewesen –, als sei es menschenrechtlich zulässig, dass Menschen andere Menschen staatsmächtig, mit allen Knüppeln staatlicher Gewalt und ihren Vergitterungskästen ausgestattet, mit einer lebenslangen Freiheitsstrafe überziehen. Das heißt anderen Menschen ihre ausschlaggebende Menschlichkeit entziehen. Als wäre man Gott oder, theologisch genauer, Teufel.

Diesen Geist atmet Klaus Vacks Dankesrede. Sie belegt zugleich, wie schwer es fällt, sich allen herrschenden Gewalten, ohne zu resignieren, zum Trotz zu verhalten. Ohne solche trotzigen Vorgänger und Weggenossen wären wir alle verloren.

Dankesrede

Liebe Freundinnen, liebe Freunde!

Vielen Dank für die Gastfreundschaft in diesem Hause und für die anerkennenden, freundschaftlichen und ermutigenden Worte. Dank auch und zugleich Freude darüber, dass, obwohl sich viele Freundinnen und Freunde wegen anderer Termine entschuldigen mussten, diese kleine Feier einen so guten und aufmerksamen Zuspruch gefunden hat.

Wir möchten von dieser Stelle auch Robert Jungk grüßen, der heute in Darmstadt den „Alternativen Büchnerpreis" erhält.

Eine Frage treibt mich um, seit wir erfahren haben, dass uns der RAV mit dem Adolf-Arndt-Preis ehren will. Selbstverständlich haben wir uns gefreut. Wir alle brauchen gelegentlich Anerkennung, und sei es auch „nur" im Kreise von Gleichgesinnten. Aber die Frage: Was sind das, um Bertolt Brecht abgewandelt zu bemühen, für Zeiten, dass wir einen Preis dafür erhalten, weil wir etwas tun, was in einer zivilen, dem Anspruch nach den Menschenrechten verpflichteten Gesellschaft eigentlich das Selbstverständliche und Alltägliche sein sollte? Dieses Problem, dass das Selbstverständliche bisher nicht selbstverständlich ist, macht gerade Leuten wie uns oft ziemlich zu schaffen. Wir sind ja keine „Helden" der sozialen Bewegungen. Wir wollen auch nicht als sogenannte „Vorbilder" mit hängender Zunge soweit vorneweglaufen, dass andere nicht mehr mithalten können, sondern wir wünschen uns, dass aufklärerisches und zivilcouragiertes Engagement auch ankommt und zum Mittun anregt. Wie aber werden wir nicht zu Sektierern, wenn wir weitermachen, auch dann, wenn uns Welle um Welle die Erfahrungen der Ohnmacht entgegenschlagen? Sternstunden wie der 9. Oktober 1989 in Leipzig sind leider selten.

Wie also zum Beispiel gehen wir mit dem um, was wir jeden Morgen in der Zeitung lesen?

Da findet ein gigantischer Umweltgipfel in Rio statt, und am Ende steht ein fast wirkungsloses Ergebnis, im Vergleich zur galoppierenden und von uns Menschen verursachten Umweltzerstörung. Hilflos sind wir mit einem brutalen Krieg im ehemaligen Jugoslawien konfrontiert, organisieren wenigstens Geldsammlungen für humanitäre Hilfe, und zugleich errichtet unser Land bürokratische Hürden gegen die Kriegsflüchtlinge aus Bosnien-Herzegowina. Die Einschränkungen und Erschwernisse für Asylsuchende, bis hin zur politisch schon fast möglichen Änderung des Grundgesetz-Artikels 16 Absatz 2 lassen den Verdacht aufkeimen, als würden wir nicht von Politikern, sondern von Herrenmenschen regiert. Die aus schrecklicher Vergangenheit und Schuld geborene Verpflichtung zum Frieden hatten wir uns 40 Jahre zwangsweise bewahrt, aber jetzt, da wir doch so ein richtig großes Deutschland sind, wird von nicht wenigen Politikerinnen und Politikern ungeniert einem militärischen Eingreifen der Bundeswehr in aller Welt das Wort geredet; selbstverständlich nur dann, wenn unsere Interessen gefährdet sind, will man beruhigen; aber wo hat Deutschland keine Interessen?

Beschämend auch die diskriminierenden Angriffe gegen diejenigen, die selbst die fortdauernde Diskriminierung der Frau, vor allem in Gestalt des § 218 Strafgesetzbuch, endlich beenden wollen.

Und dann dieses ganze Trauerspiel mit den offiziellen Spar-Appellen an die Masse der Bürgerinnen und Bürger einerseits und dem schon fast selbstverständlichen Umgang hochbestallter Politiker mit dem Staat als Selbstbedienungsladen andererseits. Dass man jetzt etwas hellhörig wird, hat meines Erachtens nicht mit besserer Einsicht, sondern mit dem zu tun, was nicht ganz korrekt mit dem Wort „Staatsverdrossenheit" umschrieben wird.

Und die vielen kleinen Lügen, wie jene, wenn zum Beispiel die Hardthöhe behauptet, die militärischen Tiefflüge würden die 300 Meter Mindesthöhe einhalten, wir aber mit bloßem Auge beobachten können, wie sie nach wie vor mit ihrem Höllenlärm – ich gestehe: allerdings etwas seltener – bei uns zu Hause mit höchstens 30 Meter Abstand über die Baumwipfel und das Dorf rasen.

Mehr noch die großen Lügen, die im Zusammenhang mit der deutschen Vereinigung begangen wurden und nun fortgeführt werden. Es geht doch nicht an, alles, was da heute mit zunehmender Tendenz schiefläuft, ausschließlich den Machthabern in der ehemaligen DDR zuzuschreiben – möglichst bis zum Sanktnimmerleinstag. Auch wir haben Verantwortung. Und wir können einiges lernen, zum Beispiel von den Bürgerrechtlerinnen und Bürgerrechtlern, die kurzfristig gefeiert wurden und heute, ob liebevoll oder zynisch, wie idealistische Außenseiter behandelt werden.

Mir jedenfalls kommt die heiße Wut hoch, wie unsere Regierung zur Kasse in einen riesigen unkontrollierten Topf zwingt und den Ausverkauf in der ehemaligen DDR an das große Westgeld fördert, und zwar zu Lasten der kleinen Leute dort. Ich ärgere mich fast blau, dass man mir einen sogenannten Solidaritätszuschlag abzwackt (und dabei noch ein so gutes Wort missbraucht), während ich im thüringischen Heimatdorf meiner Eltern davon überhaupt keine Auswirkungen erkenne und deshalb freiwillig mit etwa dem gleichen Betrag den Kindergarten unterstütze.

Und nicht nur nebenbei: Seit 5 Jahren kämpfen wir, bisher erfolglos, dafür, dass ein von allen seinen Familienangehörigen verlassener Langzeithäftling seinen einzigen Wunsch erfüllt bekommt, in seiner Zelle einen Kanarienvogel halten zu dürfen. – Oder: Über 3 Jahre mussten wir mit dem bayerischen Justizministerium verhandeln, dass Gefangene von den drei Briefmarken à 1,-- Mark, die wir der Gefangenenpost beilegen, alle behalten dürfen und nicht länger zwei Briefmarken, wie es in wohltönender Verniedlichung heißt, zur Habe genommen werden.

Jedoch, liebe Freundinnen, liebe Freunde, jede und jeder hier im Raum könnte diese Aufzählung aus den eigenen Erfahrungen fast ins Beliebige verlängern.

Wen wundert es da, wenn selbst langjährige und erfahrene Menschen, die für politisch-demokratische Verfahren, Frieden und den Erhalt der natürlichen Lebensgrundlagen, Menschenrechte und grenzübergreifende Solidarität eintreten, manchmal verzweifeln möchten oder sich gar in die Einsamkeit der Resignation zurückwerfen lassen? Ich wünsche deshalb, dass solche Preise, wie er heute hier vergeben wird, nicht so sehr uns ehren, sondern vielmehr allen Mitstreiterinnen und Mitstreitern helfen, weiter zu hoffen und zu handeln.

Aber wenn wir gegen die Gefahren einer falschen, ja gefährlichen Staats- und Weltpolitik angehen, gilt es auch, immer erneut an sogenannten nebensächlichen Problemen zu handeln und Zeichen zu setzen. Frei nach Adolf Arndt, dass ein Staat, der mit seinen Minderheiten und Gegnern nicht demokratisch umgeht, kein demokratischer Staat ist. In diesem Sinne möchte ich Sie mit einer Arbeit konfrontieren, die uns zur Zeit besonders beschäftigt.

Adolf Arndt hat – als wir noch die lebenslange Freiheitsstrafe als unproblematisch angesehen haben, wie von vielen bis zum Inkrafttreten des Grundgesetzes die Todesstrafe als selbstverständlich hingenommen wurde –, also Adolf Arndt hat 1956 in einer Rede „Wieder Todesstrafe?“ einiges gesagt, was er wohl heute etwas abgewandelt für die Abschaffung der lebenslangen Freiheitsstrafe ins Feld führen würde.

So setzt sich Adolf Arndt mit der Behauptung der Präventivwirkung, das heißt der Abschreckungswirkung der Todesstrafe für potentielle Täterinnen und Täter auseinander und führt aus: „Sowohl in den USA als auch in der Schweiz gibt es Bundesländer und Kantone mit Todesstrafe und ohne Todesstrafe, so dass ein Vergleich möglich ist. Die amerikanischen Länder mit Todesstrafe, die schweizerischen Kantone mit Todesstrafe haben eine qualitativ höhere Quote an Kapitalverbrechen, insbesondere Morden, als die entsprechenden Länder ohne Todesstrafe ...“ – Und Adolf Arndt an einer anderen Stelle: „Aufgrund jahrzehntelanger Forschungsarbeiten im In- und Ausland ist daher die Gefahr nicht von der Hand zu weisen, dass die Todesstrafe nicht nur keine Abschreckung bewirkt, sondern gar eine Vermehrung der Tötungsdelikte verschulden kann.“

Den damaligen Befürwortern auf Wiedereinführung der Todesstrafe hielt Adolf Arndt entgegen: „Ich möchte zwar nicht formulieren, dass der Staat Treuhänder des Sittengesetzes sei, denn das könnte dazu verleiten, dass der Staat sich anmaßte, selber im Sinne des Sittengesetzes jüngstes Gericht zu spielen. Wohl aber ist es auch meine Überzeugung, dass der Staat dem Sittengesetz unterworfen ist. Dann aber, gerade dann, darf der Staat sein Maß nicht überschreiten. Denn es gehört zu den elementarsten, fundamentalsten Gesetzen des Sittengesetzes, dass der Mensch sich nicht eine Gottähnlichkeit anmaßen darf. Und der Staat ist doch kein Abstraktum; die Staatswirklichkeit wird von lebenden, unzulänglichen, Gefühlen und allen möglichen Eingebungen unterworfenen Menschen vollzogen ... Das gilt selbstverständlich auch für die Richter ...“

Verehrte Anwesende, in dieser Woche – das ist Zufall, weil schon lange geplant – hat das Komitee für Grundrechte und Demokratie in einigen Tageszeitungen die Erklärung „Wider die lebenslange Freiheitsstrafe!“ veröffentlicht. Wir haben für diese Erklärung 160 Unterschriften eingeholt, und zwar ausschließlich von Menschen, die als Praktiker in der Straffälligenbetreuung tätig sind oder sich als Strafrechts- und Kriminalwissenschaftler, als Juristen und Rechtspolitiker gleichsam professionell mit der lebenslangen Freiheitsstrafe und dem Mordparagraphen im Strafgesetzbuch befasst haben. Zu den Unterzeichnerinnen und Unterzeichnern zählen auch mehr als 50 Gefängnisseelsorgerinnen und Gefängnisseelsorger beider Konfessionen.

Ich will an dieser Stelle, auch wenn vielleicht einige das bereits in der Zeitung gelesen haben mögen, diese Erklärung als Abschluss meiner Dankesrede vorlesen. Zu Anregung und Nachdenken über ein schwerwiegendes, aber leider kaum öffentliches Thema und mit der Bitte um Unterstützung, denn unsere Kampagne, die auf eine Abschaffung der lebenslangen Freiheitsstrafe zielt, ist erst am Anfang und hat gewiss, wie jeder Versuch einer radikalen Humanisierung, noch einen langen Weg vor sich.

Der Wortlaut:

„‚Die Todesstrafe ist abgeschafft.‘ So heißt es in Artikel 102 des Grundgesetzes. Diese Bestimmung hat das Grundgesetz humanisiert. Sie geht jedoch nicht weit genug. Wie die Todesstrafe bietet auch die lebenslange Freiheitsstrafe dem Verurteilten keine Perspektive auf ein Leben in Freiheit. Deshalb muss die lebenslange Freiheitsstrafe abgeschafft werden.

Diesem Verlangen steht der Paragraph 211 des Strafgesetzbuches entgegen. Dort heißt es: ‚Der Mörder wird mit lebenslanger Freiheitsstrafe bestraft.‘ Und: ‚Mörder ist, wer ...‘ Der Paragraph 211 fällt also aus dem Rahmen aller übrigen Strafvorschriften, da er nicht wie sonst üblich die Tat, sondern den Täter definiert und ihn auf immer ausgrenzend zur Mördergestalt abstempelt.

Mordparagraph und lebenslange Freiheitsstrafe verletzen die Menschenrechte des Grundgesetzes. In dem für Gesamt-Deutschland gedachten Verfassungsentwurf des Kuratoriums für einen demokratisch verfassten Bund deutscher Länder vom Juni 1991 heißt es deshalb: ‚Die Todesstrafe und die lebenslange Freiheitsstrafe sind abgeschafft.‘

- Die lebenslange Freiheitsstrafe stellt die Person, ihre Lern- und Wandlungsfähigkeit in Frage. Damit widerspricht die lebenslange Freiheitsstrafe der Menschenwürde und opfert die Verurteilten einem abstrakten Strafanspruch.
- Die lebenslange Freiheitsstrafe überschreitet die Grenzen jeder gesellschaftlichen Einrichtung, also dessen, was Menschen anderen Menschen antun dürfen.
- Die lebenslange Freiheitsstrafe verstößt gegen das Strafvollzugsgesetz. Alle Menschen, die sich gegen die Gesetze vergangen haben, müssen die Chance besitzen, wieder gleichberechtigte Mitglieder der Gesellschaft zu werden. Die lebenslange Freiheitsstrafe hingegen verdammt diejenigen, die mit ihr belegt werden, zur Perspektivlosigkeit.
- Die lebenslange Freiheitsstrafe wird für Taten vorgesehen, die nicht wiedergutzumachende Opfer zur Folge haben. Doch sie mindert nicht das Leid. Sie täuscht nur Hilfe für die Opfer vor.
- Die lebenslange Freiheitsstrafe verhindert zukünftige Straftaten nicht. Sie befördert Vorurteile über einen angeblich beim einzelnen Menschen festgelegten Hang zum Verbrechen. Dadurch wird verhindert, dass sich Bürgerinnen und Bürger mit ihrem eigenen Verhalten und ihrer Verantwortung auseinandersetzen und eine Lösung individueller wie gesellschaftlicher Konflikte anstreben, die Gewalt als Tat und als Strafe ablehnt.

Wenn wir die Menschenrechte und uns selbst ernst nehmen, gibt es nur eine Möglichkeit: die Ersetzung der lebenslangen Freiheitsstrafe durch eine zeitlich begrenzte Freiheitsstrafe. Das Strafmaß Lebenslang ist inhuman.“

In diesem Sinne herzlichen Dank für Ihre Aufmerksamkeit!

Klaus Vack

Es sind die „natürlichen Gefühle“, die für Asylgewährung sprechen!*

Vorbemerkung

An dieser Verteidigungsrede aus dem Jahre 1995 bedrückt nur ein Umstand, dass der Skandal unvermindert besteht, der Klaus Vack und andere einen Abschiebeknast symbolisch entzäunen ließ. Misst man die BRD, die infolge ihrer fundierenden Vorvergangenheit, dem Naziregime, eine besondere Verpflichtung hätte, am allgemeinen Menschenrechtskriterium, wie es Otto Kirchheimer formulierte, dann versagt sie gleich wie andere Staaten und ihre Gesellschaften. Angesichts ihrer Vergangenheit versagt sie also mehr. Otto Kirchheimer, ein vom Nazi-Deutschland vertriebener Rechtslehrer, hat in seinem bedeutsamen Buch „Politische Justiz" mit gutem Urteilsgrund festgestellt, der menschenrechtliche Lackmustest eines Landes bestehe in der Art, wie in demselben und durch dasselbe mit Asyl Suchenden umgegangen werde. Aus Klaus Vacks Rede ist zugleich zu erfahren, wie gewaltfreie Proteste offen und listig zugleich anzulegen sind.

Verteidigungsrede

Sehr geehrte Frau Vorsitzende Richterin Wuttke!

(...) **Punkt 3:** (...) Immer deutlicher wurde seit dem 1.7.1993, dem Tag der Asylrechtsverstümmelung, dass mit rasender Geschwindigkeit eine Lawine der Hatz auf Asylsuchende und Flüchtlinge in Bewegung ge-

---

* Stellungnahme vor dem Amtsgericht Bonn am 20. November 1995; Wir dokumentieren eine gekürzte Fassung. Der vollständige Text der Rede ist enthalten in dem Buch: Martin Singe, Hg.: „Ziviler Ungehorsam für Asylrecht! Für die Abschaffung der Abschiebehaft!“ Verteidigungsreden vor dem Bonner Amts- und Landgericht, Komitee für Grundrechte und Demokratie, Sensbachtal 1996, S. 21-42

kommen war.

Es war dann übrigens kein Zufall, dass wir für die geplante Aktion zur Entzäunung des Abschiebegefängnisses in Worms den Tag der Menschenrechte, den 10. Dezember 1994, wählten. Die Bundesrepublik hat sich in den 50er Jahren der „Allgemeinen Erklärung der Menschenrechte" vom 10.12.1948 angeschlossen. Dort heißt es in Artikel 14: „Jedermann hat das Recht, in anderen Ländern vor Verfolgung Asyl zu suchen und zu genießen." Durch den seit 1.7.1993 im Grundgesetz stehenden Artikel 16a und durch die Streichung von Satz 2 aus Absatz 2 des Artikels 16 Grundgesetz sowie durch die Asylverfahrenspraxis, wozu Abschiebehaft gehört, wurde das Asylrecht des Artikels 14 der Menschenrechtserklärung vom 10.12.1948 in der Bundesrepublik Deutschland zur Makulatur. Das schreiben wir auch im ersten Absatz des inkriminierten Aufrufs.

Dies war die Situation, warum wir nicht mehr tatenlos zusehen konnten, wie Menschenrechte mit Füßen getreten werden, wie Menschen in Gefängnissen in Gewahrsam gehalten werden, allein wegen des sogenannten Vergehens, keine Deutschen, sondern Ausländer zu sein. Und das Ganze ging einher mit einem von der Politik beförderten Gesinnungswandel zunehmender Entsolidarisierung mit Ausländern, aber auch gegenüber anderen gesellschaftlichen Gruppen.

Deshalb wollten wir ein symbolisches Zeichen setzen, denn unser vorangegangenes politisches Engagement hatte uns gelehrt, dass es Situationen gibt, in denen die Öffentlichkeit leider nur noch auf gewaltförmige Aktionen, die wir für uns ablehnen, reagiert, oder eben auf gewaltfreien Widerstand in Form des Zivilen Ungehorsams, eine unserer Möglichkeiten eines dramatischen Protestes.

So kam es, dass sich im Spätsommer 1994 zehn befreundete Bürgerinnen und Bürger zusammentaten, die den lockeren „Aktionskreis Ziviler Ungehorsam für Asylrecht" konstituierten und die Aktion ins Rollen brachten. (...)

Punkt 4: (...) Nun, nachdem wir uns geeinigt hatten, das Augenmerk mit unserer Aktion auf die Institution Abschiebehaft zu konzentrieren, hatten wir uns recht bald auf eines von vielen uns bekannten Abschiebegefängnissen verständigt. In Worms bot die ehemalige Bundeswehrkaserne, jetzt Abschiebegefängnis für etwa 50 „Häftlinge“, gute Voraussetzungen. Im Hof gibt es ein eigens umzäuntes und mit schwerem Stacheldraht geschütztes Gelände, das für den gelegentlichen Freigang gedacht und gegen die Außenwelt hermetisch abgesichert ist.

In angemessenem Abstand dazu befindet sich ein zum Teil von Gestrüpp überwachsener Maschendrahtzaun mit Stacheldraht darüber. Dieser äußere Zaun hat keine Sicherheitsfunktion. Vielleicht hatte er eine in lange zurückliegender Zeit. Er grenzt lediglich das das Gefängnis umgebende Gelände ab. Dieses Gelände aber durfte von den Häftlingen nie betreten werden, weil es von dort ein Leichtes gewesen wäre, den notdürftigen Zaun aus dem Weg zu schaffen oder ihn zu umgehen und sich abzusetzen.

Dieser Zaun hatte also eine rein symbolische Funktion, konnte nach unserer Meinung bei einer „Entzäunung“ keinesfalls unter Paragraph 304 Strafgesetzbuch „gemeinschädliche Sachbeschädigung“ fallen, denn er zählt nicht zu den in diesem Paragraphen aufgezählten Gegenständen und kann für jeden, der sich vor Ort informiert, wohl kaum als Gegenstand bezeichnet werden, der dem öffentlichen Nutzen dient. – Vielleicht wurde dieser Zaun inzwischen bereits offiziellerseits abgebaut, weil er für die Verwahrung von Häftlingen nutzlos ist, dafür aber erneute Impulse für eine symbolische Protestaktion geben könnte.

Wie dem auch sei: Unter dem Aspekt der strittigen Gewaltfreiheit der geplanten Aktion war dieser altersschwache Zaun geradezu ein besonders geeignetes Symbol für eine „Entzäunung“ bei gleichzeitiger Inkaufnahme einer Sachbeschädigung von solcher Geringfügigkeit, dass sich im Normalfall kein Mensch, auch keine Staatsanwaltschaft und kein Gericht, dafür interessieren würde. Es sei denn, wie meines Erachtens in unserem Fall zu vermuten, aus politischen Gründen. Und politische Gründe stehen nicht nur hinter der staatsanwaltschaftlichen Strafverfolgung, sondern sie wurden auch von uns, allerdings mit anderer Gewichtung als von der Staatsanwaltschaft, einkalkuliert. Wir wollten in der Tat ein Zeichen Zivilen Ungehorsams setzen und damit unserer Gewissensentscheidung für Menschenwürde Nachdruck verleihen, um Öffentlichkeit und Mut für menschenrechtliches Engagement und für Solidarität mit den Asylsuchenden und Flüchtlingen zu befördern.

Letztlich hat uns in dieser Einschätzung der Erfolg recht gegeben, auch wenn die „Entzäunung" durch das große Polizeiaufgebot verhindert wurde. Es gab im Vorfeld zu der Aktion viel in der Presse zu lesen, auch das Fernsehen war dann am 10.12.1994 dabei und hat nicht nur gedreht, sondern auch gesendet. Selbst der Nachhall ist bis heute erheblich, denn über das noch lange nicht abgeschlossene Prozessgeschehen wird in Funk und Presse berichtet.

Man sollte gerade deshalb die kleine Zahl der gewaltfreien Aktionen Zivilen Ungehorsams, ihre Akteure, ihre Symbolik und Ausstrahlungskraft nicht unterschätzen. Ich denke, das hat die Staatsanwaltschaft nicht verstanden, und deshalb sitzen wir stellvertretend für weitere 700 strafrechtlich nicht verfolgte Mitbeteiligte heute hier. Von der Staatsanwaltschaft mit großer Wahrscheinlichkeit gedacht als abschreckendes Beispiel. Ich sehe das allerdings genau anders herum und denke dabei besonders an meine Erfahrung mit Sitzdemonstrationen, also mit dem Paragraphen 240 Strafgesetzbuch (Nötigung).

Punkt 5: Ganz wesentliche Faktoren einer Aktion gewaltfreien Zivilen Ungehorsams sind unter anderem Offenheit und Eindeutigkeit. Deshalb war es an erster Stelle wichtig, klarzustellen, welche Folgen eine Unterschrift oder auch die Teilnahme an der Aktion haben könnten und was auf keinen Fall in Frage käme.

So stellten wir fest, dass die Aktion Zivilen Ungehorsams nicht als Gefangenenbefreiung (§ 120 Strafgesetzbuch), sondern als eine symbolische Entzäunung vorgesehen ist. Auch haben wir rechtzeitig die Ordnungsbehörden der Stadt Worms informiert, einen Brief an den Leiter der Anstalt geschrieben, in mehreren Sprachen Informationen über den Charakter unserer Aktion an die Abschiebehäftlinge verteilen lassen und uns auch keinesfalls gescheut, mit der zuständigen Polizeibehörde zu sprechen.

Des weiteren haben wir aber auch sehr deutlich in den Aufruf geschrieben, dass uns Landfriedensbruch (§ 125 Strafgesetzbuch), Sachbeschädigung (§ 303 Strafgesetzbuch) und gemeinschädliche Sachbeschädigung (§ 304 Strafgesetzbuch) vorgeworfen werden könnten. Diese unsere Formulierung im Aufruf war aber nicht für Staatsanwaltschaft und Gericht gedacht, und es ging uns nicht darum, den Eindruck zu erwecken, wir selbst wollten uns höhnisch über Recht und Gesetz den Schuh der erwähnten Strafrechtsparagraphen anziehen.

Wenn dies so gesehen wird, dann hat man das Prinzip der erwähnten Offenheit und Eindeutigkeit beim Zivilen Ungehorsam nicht erkannt. Wir mussten schon aus Sorgfaltspflicht jede und jeden, die oder der sich an der Unterschriftenaktion beteiligte (und nicht alle sind im GesetzesWirrwarr beschlagen), ausdrücklich auf eine eventuelle Strafverfolgung nach den erwähnten Paragraphen hinweisen.

Wir haben uns damit aber die Anwendung dieser Strafrechtsparagraphen durch die Staatsanwaltschaft gegen uns nicht zu eigen gemacht. Wie richtig diese Sorgfalt allerdings war, zeigen die derzeitigen Strafprozesse gegen uns alle.

Wir konnten lediglich nicht ausschließen, dass es eventuell zu einer Strafverfolgung nach § 303 Strafgesetzbuch, nämlich wegen (ich füge dem Gesetzeswortlaut hinzu: einfacher) Sachbeschädigung kommen könnte. Mag das von uns anvisierte Drahtobjekt, das wir zwar wegen der Polizeiabsperrung nicht erreichten, noch so alt, morsch und überflüssig sein: es war eben doch eine für uns fremde Sache. In dieser Frage sind wir davon ausgegangen, dass im Falle von Ermittlungsverfahren (oder wenn es gar zu Strafverfolgungen kommen würde) unsere Rechtfertigungsgründe, die wir vor allem aus dem Grundgesetz schöpfen, im Verhältnis zu der materiell geringfügigen, aber für die geplante symbolische Entzäunung wichtigen Sache eine Verurteilung letztendlich verhindern würde. Und sollte es dennoch zu Verurteilungen kommen, so unsere Auffassung, dann wird dies unserem uneigennützigen, auch zukünftigen Einsatz zum Schutz der Menschenwürde keinen Schaden zufügen.

Unserer strafrechtlichen Beurteilung entspricht auch der Hinweis in dem Informationsblatt, das immer zusammen mit dem Aufruf verteilt wurde: „Es geht nicht darum, möglichst schnell den ganzen Zaun verschwinden zu lassen, sondern Teile des Zaunes abzuschneiden (normale

Drahtschere genügt, eventuell Handschuhe) und damit deutlich zu machen: Das ist ein Zaun, den wir nicht akzeptieren können – unser Gewissen sagt NEIN zur Abschiebehaft!" (...)

Punkt 6: Ich möchte nun den Aktionstag 10. Dezember 1994 über das hinaus, was bereits gesagt wurde, noch kurz erläutern. Erschienen waren 600 - 700 Menschen. Im Vorfeld hatte die Stadt Worms eine Auflagen- und Verbotsverfügung erlassen, die einem Generalverbot gleichzusetzen war. Wir richteten an das Verwaltungsgericht Mainz einen Antrag auf Wiederherstellung der aufschiebenden Wirkung, der verworfen wurde. Zugleich legten wir bei der Stadtverwaltung Worms Widerspruch gegen den ergangenen Bescheid ein. Am 8.12.1994 fand zur Vorbereitung auf die geplante Demonstration und Entzäunungsaktion zwischen uns (Martin Singe und Klaus Vack) und Vertretern des Polizeipräsidiums Rheinhessen, unter anderem dem Polizeipräsidenten selbst, eine Besprechung statt. An dieser Besprechung war auch unser Rechtsanwalt beteiligt, der als Ergebnis dieses Gespräches seiner Beschwerde gegen den Beschluss des Verwaltungsgerichts Mainz an das Oberverwaltungsgericht Koblenz unter anderem eine eidesstattliche Versicherung beifügte, aus der ich zitiere: „Gegenstand war unter anderem die Sicherheitslage. Von den anwesenden Polizeivertretern wurde auf Frage mitgeteilt, dass keinerlei Erkenntnisse dahingehend vorliegen, dass extreme gewaltbereite Gruppen oder Einzelpersonen, sei es von links oder von rechts, auf die Versammlung mobilisieren oder dort zu erscheinen beabsichtigen. Dasselbe wurde im Anschluss an die Besprechung nach der Befragung durch einen Pressesprecher des Polizeipräsidenten noch einmal öffentlich bestätigt."

Am 9.12.1994, also einen Tag vor der Demonstration, erging der Beschluss des 7. Senats des Oberverwaltungsgerichts Rheinland-Pfalz in Koblenz, wonach die Entscheidung des Verwaltungsgerichts Mainz weitgehend aufgehoben und die Kundgebung sowie die Demonstration bis zu einer Eisenbahnlinie, bei der man durch die Unterführung zur Haftanstalt hätte gelangen können, wieder zugelassen wurde. Für Ortsunkundige: Die Demonstration sollte sich nach dieser OLG-Entscheidung voll entfalten können, wobei den Demonstrantinnen und Demonstranten allerdings der Zugang in unmittelbare Nähe zur Haftanstalt und damit auch zu dem Zaun, um den es ging, verwehrt werden sollte. In seinem Beschluss wies das Oberverwaltungsgericht zwar darauf hin, dass die Vermeidung von Straftaten einen angemessenen Abstand gebiete. Greifbare konkrete, auf Tatsachen gestützte Anhaltspunkte für einen gewaltsamen Verlauf der Veranstaltung könnten jedoch seitens der Stadt Worms nicht geltend gemacht werden.

Da es dann am 10.12.1994 in der Tat nicht zu gewaltförmigen Auseinandersetzungen kam, sind auch nachträglich aufgrund unserer eigenen Voreinschätzung, aufgrund der Voreinschätzung der Polizei und aufgrund des Beschlusses des Oberverwaltungsgerichts Rheinland-Pfalz in Koblenz die in der heutigen Verhandlung laut Anklageschrift bzw. Strafbefehlen als beabsichtigte Straftaten aufgeführten Paragraphen 125 (Landfriedensbruch) und 304 (gemeinschädliche Sachbeschädigung) nur wirklichkeitsfremde Vorwürfe.

Letztlich war die Polizeiabsperrung in dem weitläufigen Gelände allerdings so umfangreich, dass niemand das im Aufruf genannte „Entzäunungs“-Objekt erreichen konnte. Und das konnten wir aufgrund langjähriger Demonstrationserfahrungen bereits im voraus auch mit Sicherheit wissen. So bleibt als potentielle Straftat lediglich der Aufruf zu einer geringfügigen und erfolglosen einfachen Sachbeschädigung. Einer sogenannten Sachbeschädigung ohne materielle Bedeutung, dafür aber von hoher politischer Symbolik. Der hierfür evtl. zutreffende § 303 Strafgesetzbuch ist deshalb an den von den Mitangeklagten hier anschließend noch vorzutragenden Rechtfertigungsgründen zu messen.

Punkt 7: In meiner bisherigen Einlassung konnte ich mich an Tatsachen halten. Was ich nun kurz ausführe, kann sich zumindest teilweise nur auf plausible Vermutungen stützen.

Nachdem am 2.12.1994 auf Veranlassung der Staatsanwaltschaft Hausdurchsuchungen in der Wohnung von Herrn Singe (in dessen Abwesenheit) und bei mir stattgefunden hatten, konnte sich die Staatsanwaltschaft hinreichend über den Charakter der Aktion informieren. Immerhin hat sie mit der Anklageschrift gegen uns beide bis zum 21.2.1995 gewartet. Also ein erheblicher Ermittlungszeitraum. Meines Erachtens kann davon ausgegangen werden, dass die Staatsanwaltschaft in ihre Ermittlungen auch die Wormser Behörden und das Polizeipräsidium Rheinhessen eingeschaltet hat, zumal der Kriminalhauptkommissar, Herr Diehl, Bediensteter im Polizeipräsidium Rheinhessen, in der Anklageschrift als Zeuge aufgeführt wird.

Dass in diesem Falle die Staatsanwaltschaft eine Anklageschrift vorgelegt hat, stützt die Vermutung, dass sie in völliger Verkennung der Verantwortungskriterien bei Aktionen des Zivilen Ungehorsams von einer Art Verschwörungstheorie mit den Rädelsführern Singe und Vack an der Spitze ausgeht. Die leicht erklärliche Tatsache, dass bei jeder kollektiven Aktion ein Gelingen im Sinne der postulierten Gewaltfreiheit am besten dadurch zu verwirklichen ist, dass zum Beispiel eine Postadresse, also eine Anlaufstelle existiert, scheint der Staatsanwaltschaft nicht in den Sinn zu kommen. Auch sollte im Zweifel schneller Abstimmungen (siehe Verwaltungsgerichtsstreit gegen die Stadt Worms oder Gespräche mit der Polizei) diese oder jene weitere Person schnell greifbar sein.

Ähnlich verhält es sich mit den weiteren acht Personen, die sich zu einem eher lockeren und prinzipiell offenen „Aktionskreis“ zusammengeschlossen haben. Sie könnten in den Augen der Staatsanwaltschaft so was wie ein harter Kern, vielleicht sogar eine potentielle kriminelle Vereinigung sein. So gesehen ist es nur „logisch“, dass die Staatsanwaltschaft gegen alle aus dem „Aktionskreis“ Strafbefehle veranlasst hat, wobei in der Ermittlungsphase interessanterweise (mit Ausnahme von Martin Singe und Klaus Vack) den anderen Mitgliedern des „Aktionskreises“ erfolglos eine Einstellung der Ermittlung gegen Zahlung einer Geldbuße von 300 DM angeboten wurde, also in diesem Ermittlungsstadium gegen den „harten Kern“ und gegen die über 700 „Mitläufer“ verfahrensgleich vorgegangen wurde.

Das lässt zwei Vermutungen zu: Dass es irgendwann einen Zeitpunkt gab, zu dem versucht wurde, Martin Singe und mich von den anderen zu trennen, und da dieses „Angebot“, mit einer Geldbuße von 300 DM die Sache zu bereinigen, ein Schlag ins Wasser war – sich die Staatsanwaltschaft, wie ich einschätze, völlig verrannt hat und dass sie sich in einer relativ unerfreulichen Entscheidungssituation befand.

Um sich nicht dem Vorwurf auszusetzen, dass sie ausschließlich gegen die Mitglieder des „Aktionskreises" strafrechtlich vorgeht, mussten noch sechs sogenannte „Mitläufer" herhalten. Allerdings „Mitläufer" einer besonderen Art, nämlich solche, die, wie es so schön heißt, „einschlägig vorbestraft" sind. Dabei wurde die Recherche nach meiner Kenntnis allerdings besonders leger geführt, denn bei genauerem Hinsehen wäre die Staatsanwaltschaft unter den 720 Unterzeichnerinnen und Unterzeichnern bestimmt auf 100 oder mehr „einschlägig Vorbestrafte" gestoßen.

Aber was berechtigte die Staatsanwaltschaft überhaupt, eine solche Selektion vorzunehmen? Ich will nun keineswegs fordern, dass die über 700 verschonten Unterzeichnerinnen und Unterzeichner auch einen Strafbefehl erhalten, was übrigens auch juristisch nicht mehr möglich ist, da in diesem Fall das Presserecht zur Geltung kommt und die Sache verjährt ist.

Da diese Hierarchie der Strafverfolgung durch die Staatsanwaltschaft Methode hat, indem sie, meines Erachtens, der politischen Disziplinierung dienen soll, ist der Ausschluss Hunderter Bürgerinnen und Bürger aus der Strafverfolgung eine gezielte Diskriminierung von 16 Angeklagten, mit dem impliziten Vorwurf, sie hätten 700 Unterzeichnerinnen und Unterzeichner zum Mitläufertum veranlasst. Immerhin wird uns Angeklagten von der Staatsanwaltschaft das als kriminell vorgeworfen, was sie bei den etwa 700 Verfahrenseinstellungen als geringfügig ansieht.

Punkt 8: Im Zusammenhang mit diesen Ungereimtheiten scheint mir eine Sache noch sehr wichtig. Es geht um den Ausschluss des Rechtsanwaltes Dr. Heinrich Comes, der einer der Unterzeichner des Aufrufs war, gegen den aber das Ermittlungsverfahren längst eingestellt wurde und dessen Sache inzwischen zudem verjährt ist. Aber es geht mir nicht darum, die Probleme dieses Verteidigerausschlusses, die hier auch nicht zur Debatte stehen, abzuwägen. Über deren Rechtmäßigkeit entscheidet letztendlich das angerufene Bundesverfassungsgericht.

Was sich jedoch auf das Verfahrensgeschehen in solchen Prozessen ausgewirkt hat, ist die Tatsache, dass das Oberlandesgericht Köln in seinem Beschluss vom 23. Juni 1995 zum Ausschluss von Rechtsanwalt Dr. Comes als Verteidiger feststellt: „Das öffentlich zur Verteilung gelangte Flugblatt beinhaltete einen Aufruf zu einer rechtswidrigen Tat, nämlich zu einer gemeinschädlichen Sachbeschädigung nach § 304 Absatz 1 Strafgesetzbuch. Die Umzäunung der Abschiebehaftanstalt in Worms stellte einen zum öffentlichen Nutzen dienenden Gegenstand im Sinne dieser Bestimmung dar." Diese apodiktische Aussage im Beschluss des OLG Köln, das zugleich Revisionsinstanz in all unseren vor Gericht anstehenden Fällen ist, wurde in drei wiederum selbstständigen Prozessen 1. und 2. Instanz, bei denen ich als Zuhörer anwesend war, von Staatsanwälten und Richtern zum Anlass genommen, um festzustellen, dass unser Aufruf für die Entzäunungsaktion in Worms bereits nach Auffassung des OLG eine gemeinschädliche Sachbeschädigung darstellt. Angesichts dieser fatalen Sicht möchte man durchaus an den Prinzipien eines demokratischen Rechtsstaates verzweifeln, vor allem, wenn zum Beispiel ein und dieselbe Abteilung am Amtsgericht Bonn, bevor die OLG-Entscheidung gerichtsbekannt war, auf Sachbeschädigung nach § 303 Strafgesetzbuch verurteilt hat und in einem zweiten Verfahren, nachdem der OLG-Beschluss sich herumgesprochen hatte, nach § 304 Strafgesetzbuch. Wir müssen also in diesen mir bekannten Fällen vermuten, dass Gerichte der 1. und 2. Instanz, die die Tatsachen unabhängig zu prüfen und zu beurteilen haben, plötzlich beginnen, die vom OLG Köln getroffene Wertung zu übernehmen, also davon ausgehen, in diesem Strafverfahren handle es sich um ein Vergehen nach § 304 Strafgesetzbuch. Träfe das zu, würde meines Erachtens ein Verstoß gegen Artikel 97 Absatz 1 Grundgesetz vorliegen, wonach die Richter unabhängig und nur dem Gesetz unterworfen sind. Ich hoffe sehr, dass sich dieses Gericht von dem leiten lässt, was die Beweisaufnahme ergibt und aufgrund der erkannten Tatsachen sein eigenes Urteil spricht.

Punkt 9: Sehr geehrte Frau Richterin! Die Zeit verstreicht schnell, und nicht alles konnte ich ansprechen oder von meiner Warte ausreichend ausführen. Deshalb will ich zum Schluss nur knapp zusammenfassen, angereichert um einige wenige kurze und bündige Ergänzungen:

- Frau Dr. Steven und wir vier Männer können für uns wie für die meisten Unterzeichnerinnen und Unterzeichner des Aufrufs in

Anspruch nehmen, dass wir alle sogenannten legalen Möglichkeiten, die in unserer Macht liegen, ausgeschöpft haben um Asylsuchenden und Flüchtlingen zu helfen und um gegen die menschenunwürdige Deformation des Asylrechts anzugehen.

- Der Aufruf zur Entzäunungsaktion am Abschiebegefängnis Worms, die für den 10.12.1994 vorgesehen war, sollte kein Aufruf zu Landfriedensbruch, gemeinschädlicher Sachbeschädigung oder Sachbeschädigung sein und war es auch nicht. Der Aufruf und die Aktion waren ein Hilferuf gegen die administrative Asylhandhabung und für die in ihrer Würde und zum Teil an Leib und Leben gefährdeten Menschen und dabei insbesondere gegen das Instrument Abschiebehaft.
- Wir hatten eine Aktion gewaltfreien Zivilen Ungehorsams geplant. Es ist uns aufgrund vieler Erfahrungen aus ähnlichen Aktionen gelungen, unsere Garantie für eine friedliche und gewaltfreie Demonstration auch einzulösen.
- In einigen Urteilen von anderen Abteilungen des Amtsgerichts Bonn wird ausdrücklich ausgeführt, wir könnten uns nicht auf ein Widerstandsrecht nach Artikel 20 Absatz 4 Grundgesetz berufen. Das haben wir auch nie getan, und es wäre absurd, solches zu tun. Wir sehen in der Bundesrepublik Deutschland viele schwarze Flecken auf der Weste des demokratischen Rechtsstaats, aber das konstituiert kein Recht zum Widerstand nach Artikel 20 Absatz 4 Grundgesetz, gerade weil andere Abhilfe möglich ist.
- In diese Kategorie der Abhilfe gehört der Zivile Ungehorsam. Er ist für uns kein Rechtsinstitut. Aber er legitimiert sich zum Beispiel aus der Art und Weise, wie das Asylrecht verbogen wurde, wie mit Asylsuchenden und Flüchtlingen in der Bundesrepublik Deutschland umgesprungen wird.
- Der Zivile Ungehorsam ist für uns keine Garantie für Straffreiheit. Über Straffreiheit ist zu entscheiden in der Abwägung zwischen einem eventuell unter Strafvorbehalt stehenden Tun einerseits und unserem Gewissen, unserer Rationalität sowie den aus gesellschaftlicher Würdelosigkeit gegen Menschen abgeleiteten Recht-

fertigungsgründen andererseits.

- Ziviler Ungehorsam nimmt durchaus auch ungerechtfertigte, weil illegitim, aber formal legale Strafe in Kauf Er orientiert sich, Strafe hin, Strafe her, vor allem an der Lernfähigkeit in der Gesellschaft, die unverbrüchlichen Menschenrechte zu respektieren und aktiv wahrzunehmen.
- Gewaltfreiheit ist für Zivilen Ungehorsam konstituierend. Gewaltfreiheit heißt im Kern, die Integrität der anderen, selbst der Gegnerin und des Gegners, zu achten. Gewaltfreiheit heißt nicht, erst die eine und dann die andere Backe hinzuhalten. Im Gegenteil ist konsequente Gewaltfreiheit kämpferisch. Wir ignorieren nicht Konflikte, Ungerechtigkeiten und Ungleichheiten. Gewaltfreiheit will vielmehr zu Gewalt und Ungerechtigkeit tendierende Konflikte politisch und friedlich lösen.
- Gewaltfreier Ziviler Ungehorsam ist mehr als Aktion. Er ist eine Art politische Philosophie. Dazu gehört das mitmenschliche Verhalten im täglichen Leben. Dazu gehört Offenheit und kein Versteckspiel, selbst dann, wenn man sich dadurch eine Verurteilung einbrockt. Diese Offenheit ist vor allem wichtig als Gegenpol und letztlich als Alternative zu Verschwörer-Denken und Gewalt, wobei der kollektive gewaltfreie Konsens aus den Individuen selbst erwächst. Nur so kann gewaltfreier Ziviler Ungehorsam ansteckend sein, Mut machen und helfen, dass Missstände überwunden werden.

Schlussbemerkung

Das Asyl hat eine fragwürdige Geschichte, das Wort sowohl wie die Sache. Darin kreuzen und überlagern sich religiös-mythische, historische, gefühlsmäßige, rechtliche Bedeutungen. Das Wort Asyl hat guten Klang; erst recht das schöne deutsche Wort Zuflucht, das ihm genau entspricht. Es ist eine Urform des menschlichen Mitleids.

Im „Kaukasischen Kreidekreis“ sagt der Richter Aztak, dem der Autor Bert Brecht seine Meinungen in den Mund legt, zu dem vor ihm erscheinenden Flüchtling: „Sie sind hinter dir her – das spricht für dich.“ Das ist nach Brecht'scher Art lakonisch. Man kann dahinter das mitmenschliche Gefühl, das „Richtet nicht!“ der Bergpredigt, einen Zweifel an menschlicher Schuld überhaupt entdecken; oder, da es ein Richter sagt, dass es dessen Sache sei, den Schwachen zu schützen, was ja der eigentliche und ethische Sinn jeder Gerichtsbarkeit ist. Auf jeden Fall, es sind die „natürlichen Gefühle“, die für die Asylgewährung sprechen.

Klaus Vack wurde vom Bonner Amtsgericht zu 15 Tagessätzen à 60,- DM wegen Aufrufs zur Sachbeschädigung (§ 303 StGB) verurteilt.

Weitere Veröffentlichungen von Klaus Vack – eine Auswahl

Autobiographische Texte

Erinnerungen im Selbstgespräch, in: Hellmut Lessing (Hg.), Kriegskinder, Frankfurt/M 1984, S. 111-122

Versuch, Geschichte und Erfahrung darzustellen. Mehr als biographische Daten, weniger als eine Lebensgeschichte, in: Komitee für Grundrechte und Demokratie (Hg.), Für und über Klaus Vack. Geburtstagsbuch zum 50. Geburtstag, Sensbachtal 1985, S. 151-225

Bücher

(Hg.) Friedenspolitik mitten im Krieg. Das Exempel Ex-Jugoslawien, Sensbachtal 1996

(gem. mit Wolf-Dieter Narr als Herausgeber) Verfassung – Oder: Wie können wir in Zukunft leben? 61 Texte: Ein Lesebuch für die Bürgerin und den Bürger, Komitee für Grundrechte und Demokratie, Sensbachtal 1991

(gem. mit Wolf-Dieter Narr und Roland Roth), Wider kriegerische Menschenrechte. Eine pazifistisch-menschenrechtliche Streitschrift. Beispiel: Kosovo 1999 – Nato-Krieg gegen Jugoslawien, Köln 1999

(gem. mit Wolf-Dieter Narr und Roland Roth), Politische Korruption – Korrupte Politik. Am Beispiel: „System Kohl", Köln 2000

Aufsätze

(mit Andreas Buro) Sozialistisches Büro und autonome Basisgruppen, links 39/1972, S. 12f.

(mit Andreas Buro) Was heißt Solidarität mit Chile, links 48/1973, S. 6ff.

Sozialistisches Büro und Chile-Woche, links 59/1974, S. 6ff.

Überwintern in repressiver Epoche?, links-Sondernummer 73/1976, S. 63ff.

Sozialistische Praxis und Widerstand gegen die Repression sind ein und dasselbe (Pfingstkongress-Rede), links 79/1976, S. 22ff.

Aktueller Stand Russell-Tribunal, links 97/1978, S. 19f.

(mit Wolf-Dieter Narr) Zum Stellenwert des Russell-Tribunals, links 98/1978, S. 9f..

Berufsverbote gehen weiter, links 175/1984, S. 3f.

(mit Wolf-Dieter Narr), Gespräch mit H. Gollwitzer, links 106-107/1979

Strauß, die Linke und die Grünen, links 118/1980, S. 11ff.

(mit Wolf-Dieter Narr), Form und Inhalt der Politik – ein fiktives Gespräch, links 122/1980, S. 45ff.

(mit Wolf-Dieter Narr), SPD und Linke, links 132/1981, S. 3ff.

Ostern 1982, links 144/1982, S. 18ff.

Friedensbewegung, soziale Bewegungen, Erfahrungen mit Basisopposition, Gespräch mit Klaus Vack, Vorgänge 64 + 65/1983, S. 85-94

Gegen Tiefflugmanöver und Tieffluglärm, Komitee-Jahrbuch 1985, S. 23-28

Tschernobyl – Auch unsere Niederlage (Rede, Biblis 1986), Komitee-Jahrbuch 1986, S. 37-42

Ungehorsam als BürgerInnenpflicht. 30 Thesen zum Zivilen Ungehorsam. Versuch einer Zwischenbilanz, Komitee-Jahrbuch 1987, S. 331-350

(mit Hanne Vack), BoA – Die Verfassungsparole am Ausgang des 20. Jhts., links 258/1991, S. 14ff.

(mit Wolf-Dieter Narr) Aufruf zum gerechten Krieg. Bemerkungen ketzerischer Pazifisten, links 287/1994, S. 7f.

(mit Wolf-Dieter Narr) Menschenrechte, Bürgerrechte, aller Rechte Freiheit + Gleichheit, 1/1979, S. 5-11

(mit Wolf-Dieter Narr) Menschenrechte wofür? Entwurf einer menschlichen Praxis, Freiheit + Gleichheit, 4/1983, S. 93-130

Linke Ängste – linke Zensur. „Fotografierverbot" in der Friedensbewegung, Vorgänge 71/1984, S. 1-3

Ein Aufschrei? Oder: Gemeinsam werden wir es schaffen, Vorgänge 72/1984, S. 16-19

(mit Wolf-Dieter Narr) 8. Mai 1945 – 8. Mai 1985. Menetekel oder Chance?, Sensbachtal 1985

(mit Hanne Vack) Die Volkszählung 87, Eine Bewegung des Zivilen Ungehorsams, Ziviler Ungehorsam, Sensbachtal 1992, S. 191-214

Ein Leben mit Kindern (Gespräch mit Wolf-Dieter Narr), Komitee-Jahrbuch 1999/2000, S. 251-274

(mit Wolf-Dieter Narr), Amnestie der gefangenen RAF-Mitglieder, in: Maelicke/Simmedinger (Hg.), Schwimmen gegen den Strom. Um der Überzeugung willen. Eine Festschrift für Helga Einsele, Frankfurt/M 1990, S. 111-123

Wie es anfing oder Durch Verlässlichkeit Vertrauen lernen, in: Hanne + Klaus Vack (Hg.), Politische und soziale Lernprozesse. Möglichkeiten, Chancen, Probleme. Andreas Buro zum 65. Geburtstag gewidmet, Sensbachtal 1993, S. 91-106

Reden

Sozialistische Praxis und Widerstand gegen die Repression sind ein und dasselbe (Pfingstkongress-Rede), links 79/1976, S. 22ff.

Ballonstart gegen Tiefflugmanöver, Böllstein 20.10.1985

Volkstrauertag am Munitionslager Hainhaus, 17.11.1985

Darmstadt (Biblis abschalten!), 10.5.1986

Biblis, Biblis abschalten!, 25.5.1986

Darmstadt, 2 Jahre Tschernobyl, 30.4.1988

Naturfreundejugend Landestreffen Rheinland-Pfalz, 4.9.1988

Biblis, Anhörung Reaktorsicherheit, 17.12.1988

Antikriegstag – Hainhaus, 1.9.1989

Golf-Krieg, Bonn-Beuel, 26.1.1991

10. Odenwälder Friedensmarsch, 30.3.1991

Ostermarsch, Munitionslager Viernheim, 20.4.1992

Adolf-Arndt-Preis, Bonn, 13.6.1992

Verteidigungsreden

Mutlangen, 4.9.1986

Mutlangen, 29.1.1987

Bonn, 6.12.1988, Hasselbach 1987

Mainz, 3.10.1989 Hasselbach

Michelstadt, 23.1.1990, Volkszählungsboykott

Pirmasens, 7.11.1990, Fischbach

Bonn, 20.11.1995, Worms/Entzäunung 1994

Berlin, 12.4.2000, Fahnenflucht-Aufruf 1999

Zum Weiterlesen:

Publikationen des Komitees für Grundrechte und Demokratie

Bestellungen gegen Vorauszahlung (Verrechnungsscheck oder Überweisung) bei:

Komitee für Grundrechte und Demokratie

Aquinostr. 7-11 - 50670 Köln - info@grundrechtekomitee.de

Geschichten aus der Friedensbewegung

- Persönliches und Politisches -

von Andreas Buro gesammelt und herausgegeben für das Komitee für Grundrechte und Demokratie

DIN A5, 2005, 240 Seiten, 10,- Euro

Das Buch enthält viele kurze Geschichten, erlebt und erzählt von Frauen und Männern aus den sozialen Bewegungen. So ist ein sehr lebendiges und vielfältiges Mosaik der deutschen Friedensbewegung entstanden.

Lesebuch zu Verfassungsfragen. Oder: Wie können wir in Zukunft leben?

DIN A5, 1991, 496 Seiten, 15 Euro

Das Lesebuch zur Verfassung besteht aus Textausschnitten vieler Autorinnen und Autoren quer durch die Jahrhunderte. Die vielen kleineren und größeren Verfassungen - von der Art, wie Kinderkliniken und Kinderhorte organisiert sind, bis zu der Art, wie Altenpflegeheime eingerichtet sind - hängen miteinander zusammen, sich fördernd oder hemmend, sich bestärkend oder konterkarierend. Ihr Teilfundament und ihr Dach in einem bildet die geschriebene Verfassung, die der staatlichen Politik gilt.

Komitee für Grundrechte und Demokratie

Das Komitee begreift als seine Hauptaufgaben, einerseits aktuelle Verletzungen von Menschenrechten kundzutun und sich für diejenigen einzusetzen, deren Rechte verletzt worden sind (z.B. sogenannte Demonstrationsdelikte, Justizwillkür, Diskriminierung, Berufsverbote, Ausländerfeindlichkeit, Totalverweigerung, Asyl- und Flüchtlingspolitik), andererseits aber auch Verletzungen aufzuspüren, die nicht unmittelbar zutage treten und in den gesellschaftlichen Strukturen und Entwicklungen angelegt sind (struktureller Begriff der Menschenrechte). Die Gefährdung der Grund- und Menschenrechte hat viele Dimensionen, vom Betrieb bis zur Polizei, vom „Atomstaat" bis zur Friedensfrage, von der Umweltzerstörung bis zu den neuen Technologien (nicht zuletzt im Bereich der Bio- und Gentechnologie), von der Meinungsfreiheit bis zum Demonstrationsrecht, von Arbeitslosigkeit bis zur sozialen Deklassierung, von den zahlreichen „Minderheiten" bis zur längst nicht verwirklichten Gleichberechtigung der Frau.

Vor allem praktische Hilfs- und Unterstützungsarbeit ist arbeits- und kostenaufwendig. Helfen Sie uns helfen! Spenden für die Komiteearbeit sind steuerlich absetzbar. Auf Anfrage senden wir gerne nähere Informationen zur Komiteearbeit, unsere Publikationsliste sowie Hinweise zur Möglichkeit der Fördermitgliedschaft zu.